普通本科学校创业教育示范教材
《创业基础》配套用书

U0646616

# 创业基础 学生用书

主编　张　广　董青春
编委　蔡晓霞　丁　丹　庞少召

CHUANGYE
JICHU

北京师范大学出版集团
BEIJING NORMAL UNIVERSITY PUBLISHING GROUP
北京师范大学出版社

**图书在版编目（CIP）数据**

创业基础学生用书/张广，董青春主编. —北京：北京师范大
学出版社，2014.6（2015.8 重印）
ISBN 978-7-303-15741-9

Ⅰ.①创… Ⅱ.①张…②董… Ⅲ.①创造教育-高等学校-教
材 Ⅳ.①G640

中国版本图书馆 CIP 数据核字（2014）第 082813 号

营 销 中 心 电 话 010-58802181　58805532
北师大出版社高等教育分社网　http://gaojiao.bnup.com
电 子 信 箱　gaojiao@bnupg.com

出版发行：北京师范大学出版社　www.bnup.com
　　　　　北京新街口外大街 19 号
　　　　　邮政编码：100875
印　　刷：保定市中画美凯印刷有限公司
经　　销：全国新华书店
开　　本：170 mm×230 mm
印　　张：21.75
字　　数：353 千字
版　　次：2014 年 6 月第 1 版
印　　次：2015 年 8 月第 3 次印刷
定　　价：36.00 元

策划编辑：马佩林　　　　责任编辑：薛　萌
美术编辑：焦　丽　　　　装帧设计：耿中虎
责任校对：李　菡　　　　责任印制：陈　涛

# 目　录

目录 ▶

# 第一章　创业、创业精神与人生发展

创业首先是一种人生活动，每个创业者都有自己的创业目的与创业动机。追求财富的高度增长只是众多创业动机中的一种，而追求人生的更高价值的实现，也是当今创业者的一个主要目的，对于创业者来说，拥有技术并不是创业成功的必要条件，而体现在创业者身上的更多的是创业精神，这是一种能够持续创新成长的生命力，包括具有创新精神的思想、意志、希望不断提升的个人愿景等，在创业精神的指引下，创业者会迅速走上创业的道路。

本章内容将会告诉你如何提升自己的创业愿景，培养自己的创业精神，为创业做好准备。大学生的创业活动往往是与职业生涯的展望和人生的发展相连的。在创业精神的五大要素中，大学生的积极性表现得更加突出。

# 第一节　创业与创业精神

**学习目标**

学习本节后，你应该：

1. 了解创业的基本要素。

2. 界定创业行为的特点。

3. 明确创业过程的各个阶段。

4. 探究自己的创业风格。

## ▸▸ 引导案例

### 大学生胡启立创业传奇

2002 年 9 月，胡启立带着对大学的憧憬和从姑姑那借来的 4000 元学费，到武汉科技学院报到。进校后，胡启立感到大学生活比高中生活轻松多了，空闲时间也多，他利用这些空闲时间逛遍了武汉所有高校，也熟悉了武汉的环境，这为他的下一步创业打下了基础。大学时间相对充裕，稍不注意就会养成懒散的习惯。胡启立是个闲不住的人，他决定提前走进社会，大一下学期就开始自己的创业之路，比原来计划提前了半个学期。

2003 年春季一开学，胡启立就给一所中介机构贴招生海报，这是他找到的第一份兼职工作，并且交了 10 元会员费。

3 天后，胡启立按规定将海报贴在各个校园里，结账时获得 25 元的报酬，同行的几个人嫌少都退出了，而胡启立却又领了一些海报，继续干起来。不过，他心里也在想别的门道了。

他在中国地质大学附近贴海报时，看到一家更大的中介公司，就走了进去，在那里遇到一位姓王的年轻人。王某是附近一所大学的大四学生，在学校的网络中心搞勤工俭学，几个学生商量，能不能利用网络中心的电脑和师资面向大学生搞电脑培训。网络中心同意了，但要求学生们自己去招生。

胡启立印海报，买糨糊，邀请几个同学去各校张贴，结果只花了600元钱，净落1200元钱，这是他挣来的第一笔钱。尽管只花了600元钱，但招生效果还不错，一下子就招到了几十个人。然而，这些学生去学电脑时却遇到了麻烦，因为动静搞得太大了，学校知道了这个事情，就叫停了网络中心的这个电脑培训班，胡启立几次跑到网络中心，都没办法解决这个事情。他无意间发现网络中心楼下有个培训班，也是搞电脑培训的，能不能把这些学生送到那儿去呢？对方一听来了几十个学生学电脑，高兴坏了，提出按人头给胡启立提成，每人200元。非常意外的，胡启立一下子拿到了数千元钱。

就这样，胡启立开始了自己的创业之路。

**思考**

1. 你未来希望完成怎样的人生目标？
2. 你能否在大学校园里发现商机？如果发现了，你打算怎么办？
3. 如果创业，你第一步打算怎么做？

## 一、理解创业及其要素

一般情况下我们将创业理解为发现信息、资源、机会，或者掌握了某种技术，利用或借用相应的平台，将其发现或掌握的技术以一定的方式转化创造出更多财富，并实现某种追求或目标的过程。在这个过程中，创业者发现、创造和利用创业机会，寻找利用创业资源，组合生产要素，创立自己的企业，获得商业成功，产生财富。

虽然很多人都开办企业，但是并不是所有新企业都属于创业，只有那些不断成长、拥有活力、能够推动经济发展、创造就业机会的企业，才能成为创业企业。创业企业与普通的小企业最大的不同是在企业的成长期。尽管大多数企业都会经历一个较为漫长的成长期，但是一些创业者只想把企业发展到一个收入稳定、人员稳定的水平；而另一些创业者即使在成功地创办企业之后，仍然制定了企业高速发展的战略，并保持他们进入商业领域时的创业精神，使他们的企业成为一个成长型企业，这样的企业通常被称为创业型企业。

从创业者角度来说，今天创业的定义不仅包含企业的创立，而且包括一种创意的产生和实施。创业者虽然并不一定是开拓创新的人才，但是必须能够理解和管理他所创企业的创新过程。当他们不能自己产生新颖的想法时，他们也会在其他地方寻找到创新，将之不断开发并且利用到自己公司。创新包括方方面面，例如，小米手机是国产手机中较为独特的一款产品，能够从世界知名品牌与大量资金雄厚的国产手机中脱颖而出，其总裁雷军功不可没。我们都知道小米手机的饥饿营销手段源于苹果手机的销售，但是小米的低价销售的策略受益于互联网，这就减少了库存、店铺等一系列成本，这种销售手段的应用，我们似乎又可以看到戴尔电脑的影子，这种组合式的销售策略，正是雷军的创造；再加上技术的领先，使得小米手机在上市之初就创造了一个销售奇迹，并最终赢得手机发烧友的狂热追捧。

创业过程中，创业者、创业机会、创业资源是不可缺少的要素。"创业过程是商业机会、创业者和资源三个要素匹配和平衡的结果。"美国学者、"创业之父"蒂蒙斯指出，"商业机会是创业过程的核心驱动力，创始人或工作团队是创业过程的主导者，资源是创业成功的必要保证"。虽然"创业过程始于创业机会，而不是钱、战略、网络、团队或商业计划。开始创业时，商业机会比资金、团队的才干和能力及适应的资源更重要"。但并不是商机出现就能产生新的企业。今天我们定义的创业，对创业过程中人的因素更加重视，身为创业者，理解并执行团队概念是成为成功创业者的必要条件。一个人如果想要独自承担巨大风险，尝试创新，没有进行调查就盲目跃进，只靠延长工作时间和不计代价求得成功，那他就背离了当今全球经济的潮流。创业者不但要与内部团队精诚合作，还要与外部利益相关者紧密沟通。这些外部利益相关者包括投资者、银行家、企业合伙人等企业成长道路上不可或缺的关系人。我们仍旧用小米手机的案例来分析，小米手机在创业之初，就有一支豪华的创业团队，企业创始人均来自世界各大公司，其中包括手机产品技术、互联网建设、产品外观设计、产品销售、企业管理等各种人才，且都有在国际大公司的从业经验，这就可以预测，小米公司在创业之初必定是一个技术上优势明显、资金雄厚的新创企业。

大学生创业，外部利益相关者的关系链条是短板，外部利益相关者和关系人没有或很少往往会影响到产品的营销、企业的资金等方面的问题，因此，一般的创业者都会选择在所希望创业的行业中就业，取得从业经验，积攒一定的人脉关系。

创业的要素一般来说包括创业机会、创业团队与创业资源三个部分，创业机会是指创业者可以利用的商业机会，从创业者角度来说，机会是创业的起点，创业过程是围绕机会进行识别、开发与利用的过程。

创业团队是指在创业初期（包括企业成立前和成立早期），由一群才能互补、责任共担、愿为共同目标而奋斗的人组成的特殊群体。

创业资源是指新企业再创造价值的过程中需要的特定资产，包括有形与无形的资产，它是新企业运营的必要条件，主要表现在创业人才、创业资本、创业技术和创业管理中。

没有机会，创业活动就成了盲目的行动，机会虽然普遍存在，但是如果没有创业团队去识别和开发，创业活动也不可能发生，创业团队不仅需要把握机会，还需获得资源，否则机会将无法被开发利用。

## ▸▸ 案例

### 靠一瓶辣椒酱起家的"老干妈"

"老干妈"创始人陶华碧，出生于贵州省湄潭县一个偏僻的山村。由于家里贫穷，陶华碧从小到大没读过一天书。20 岁那年，她嫁给了地质队的一名队员，但没过几年，丈夫不幸病逝了，扔下了她和两个孩子。为了生存，她不得不去打工、摆地摊。

1989 年，陶华碧用省吃俭用积攒下来的一点钱，在贵阳市南明区龙洞堡的一条街边，用四处捡来的砖头盖起了一间房子，开了个简陋的餐厅，取名"实惠餐厅"，专卖凉粉和冷面。为了佐餐，她特地制作了麻辣酱，专门用来拌凉粉，结果生意十分兴隆。

有一天早晨，陶华碧起床后感到头很晕，就没有去菜市场买辣椒。她想：

反正拌凉粉的佐料有好几种，缺少麻辣酱也不会耽误生意。谁知顾客来吃饭时，一听说没有麻辣酱，居然都转身就走。

这件事对陶华碧的触动很大。机敏的她一下就看准了麻辣酱的潜在商机，从此潜心研究起来，经过几年的反复试制，她制作的麻辣酱风味更加独特了。很多客人吃完凉粉后，又掏出钱来买一点麻辣酱带回去，甚至有人不吃凉粉专门来买她的麻辣酱。到后来，她的凉粉生意越来越差，可麻辣酱却做多少都不够卖。她心里又纳闷了：麻辣酱充其量只是一种佐料，这些人买这么多回去，吃得完吗？

有一天中午，她的麻辣酱卖完后，吃凉粉的客人就一个也没有了。她心里憋得慌，就关上店门，想出去看看别人的生意咋样。她走了十多家卖凉粉的餐馆和食摊，却发现人家的生意都非常红火。什么原因？原来就因为这些店铺做佐料的麻辣酱都是从她那里买来的！

第二天，陶华碧说什么也不单独卖麻辣酱了。结果，那些买不到麻辣酱的老板纷纷来求她，还半开玩笑地说："你既然能做出这么好的麻辣酱，还卖什么凉粉？干脆开家麻辣酱工厂算了！"这话一下触发了陶华碧的灵感：是呀，有这么多人爱吃我的麻辣酱，我还卖什么凉粉？趁机开家工厂，岂不更好？

经过一段时间的准备，陶华碧舍弃了苦心经营多年的餐厅，于1996年7月借南明区云关村委会的两间房子，招聘了40名工人，办起了食品加工厂，专门生产麻辣酱，定名为"老干妈"麻辣酱。

让她发愁的是，办厂之初的产量虽然很低，可当地的凉粉店还是消化不了，余下的都要自己出去推销。于是，陶华碧亲自背着麻辣酱，送到各食品商店和各单位食堂进行推销。没想到，效果还真不错，不到一周的时间，那些试销商便纷纷打来电话，让她加倍送货，她派员工加倍送去，竟然很快又脱销了。陶华碧深感意外，却也因此吃了一颗定心丸。

1997年6月，"老干妈"麻辣酱经过市场的检验，在贵阳市稳稳地站住了脚，而且有冲出贵阳的势头。于是陶华碧就索性将工厂办成了公司，企业也走出了贵州，走向全国。

资料来源：《新烟草》，2012(10)。

## 二、创业过程与阶段的划分

创业一般情况下起源于一个好的创意，当创业者发现这种创意能够带来商业机会，获得利润时，就可以着手创业了。但也有一些人是主动创业者，他们希望摆脱事业或企业的限制，获得独立自由，能做自己喜欢的事，做自己喜欢的决定，并能最大限度地掌控工作环境，这比在公司或者事业单位中循规蹈矩的生活更加具有吸引力。另一部分人相信建立起一家公司能带来不断涌现的机遇。还有一部分人认为创业是为了拥有弹性多变的生活。当然创业还能够带来大量的资金回报。对于主动创业者来说，寻找并发现一个好的创意就会带来成功。

识别一个好的创意是否能够带来创业机会是创业者商业敏感度的体现，在此阶段，创业者产生或者发现一个新的创意并由此勾画出企业愿景。有时一个好的创意会在一个偶然的机会获得，我们熟知的"好利来"蛋糕连锁企业，其创意产生于 CEO 罗红的一次为母亲买蛋糕的经历；而"老干妈"香辣酱，最初只是"老干妈风味食品有限公司"的 CEO 陶华碧卖冷面时的一种佐料。

# 案例

## 小米手机创业
### 一封邮件引发的创业

2010 年 4 月，雷军的师弟李华兵给雷军发了一封邮件，推荐一个从德信无线出走的无线业务团队，他们希望做一款独立的手机硬件，得到了小米 CEO 雷军的支持，随后这个团队被更名为"小米工作室"，也就是小米公司最早的前身，而他们的计划目标就是制作一个完整的手机体系——"小米手机"。

### 创新的企业营销

小米科技自称"首创了用互联网模式开发手机操作系统"，成为一个以软件主导硬件发展的手机制造企业。目前，小米科技通过将手机的硬件研发、制造全面外包给第三方企业的形式，自身只关注手机应用软件的研发和建立一个第三方的手机应用开发者群体，节省了公司的运营成本。通过互联网的销售，也可以使自己通过"电商"和"大客户定制"主导市场营销。小米的公司产品属性也就定型了：互联网产品。所以，当小米手机出来的时候，它只有在网上卖才能体现自己的公司产品属性。这就变成了电子商务。

## 创业团队是精英

小米的创业团队是一支超豪华的团队。原谷歌中国研究院副院长林斌担任公司总裁，原微软中国工程院开发总监黄江吉、原谷歌中国产品经理洪锋、原金山词霸总经理黎万强、原摩托罗拉北京研究中心高级总监周光平、原北京科技大学工业设计系主任刘德担任副总裁。用雷军自己的话说，这是一支他一开始觉得"优秀得以至于不知道该拿来干什么"的豪华团队。

## 小米的销售奇迹

当小米手机以"国内首款双核 1.5G、1G 大内存的高端硬件配置"的互联网手机与"1999 元"的市场零售价格碰撞后，小米手机很快便以"价格优势"在竞争白热化的国内智能手机市场上抢夺到第一波眼球。

小米手机在第一次开放销售 3 小时，10 万部手机便销售一空。产品上市不到 3 个月便获得了中国联通超百万台的采购订单。成立不足 2 年便完成第三轮 9000 万美元的融资，公司整体估值高达 10 亿美元。

雷军语录：大家认为对互联网行业来说，40 岁已经老了，应该要退休了，还折腾什么。但是我特意查了一下，敬爱的柳传志是 40 岁创业的，任正非（华为科技有限公司）是 43 岁，我觉得我 40 岁重新开始也没有什么大不了的，我坚信人因梦想而伟大，只要我有这么一个梦想，我就此生无憾。

资料来源：《小米创业记："雷布斯"、米粉与饥饿营销》，http://tech.sina.com.cn/i/m/2012-12-11/14457876345.shtml。

作为大学生创业者，如何将好的创意变成生产项目，或者评估一个创业机会是否能有好的发展前景的过程是他们将要面对的巨大挑战之一，因为他们必须考虑市场需求、定价策略、销售战略等需求，而这些内容没有任何实践经验的人完成起来非常困难。我们的建议是：大学生如果有创业的想法，可以先积攒一些从业经历，以便获得知识，当然寻求专家指导也是不错的主意。这个阶段长短不等，但是完善想法，形成战略，并将其修改成为可行的商业计划大纲是这一阶段必须要做的事情。

我们在研究美国的企业发展时，发现在互联网中产生的企业或者依托互联网而产生的企业正在成为新兴企业的主要组成部分，网络技术的普遍应用，带来了新的技术革命，这是从强调某地区的产品和生产力到全球知识共享的巨大变化，我们正在享受这些变化带来的成果。尼尔森网络流量统计公司（Nielsen-Netratings）2003 年 2 月的研究表明，世界范围内超过 5.8 亿人拥有互联网通路，从 Nua Internet Surveys 互联网调查公司的网站 http://www.nua.ie 提供的资料，我们可以推断这个数字将会很快上升到 7 亿。[1] 而中国互联网信息中心（CNNIC）发布的《第 19 次中国互联网络发展状况统计报告》，显示截至 2006 年年底，我国网民人数达到了 1.37 亿，占中国人口总数的 10.5%，对于上网方式的调查结果显示，宽带上网人数继续增加，达到 9070 万人，占网民总数的 2/3。而新兴上网方式——手机上网也初具规模，达到 1700 万人。[2] 互联网的出现，带来更多的创新。例如，它可以使顾客立刻选择和订购产品，自由选择购买时间以及邮购方式，顾客还可以通过互联网寻找和对比产品，甚至还能够订购产品。互联网的出现改变了顾客对待供应商的方式，顾客的消费不仅以获得商品为目的，而是越来越多地希望解决自己的问题，因此企业经营也由提供产品进而变成提供服务。而作为生产方，也可以借助互联网不受地域限制获得需要的技术、人才甚至是专家的帮助。利用互联网不仅可以加速传统的商业模式和销售模式，甚至可以创建基于网络的全新的商业模式，如零库存的销售模式，或者建立一个总部设在广东，研发在北京，而生产基地位于西部的资源最优化的公司。大学生特别是理工科的大学生创业，在互联网的应用上有很强的优势，而且也有很多国外的成功案例可以借鉴。

---

① ［美］杰克·M. 卡普兰、安东尼·C. 沃伦：《创业学》（第 2 版），冯建民译，21 页，北京，中国人民大学出版社，2009。

② 资料来源：人民网 http://www.people.com.cn，2007-01-23。

创业过程一般分为四个主要阶段：机会识别、资源整合、创业计划、新企业的管理。创业者如果能理解、遵循并执行这四个阶段的基本步骤，就可以提高创业的成功率。如表 1-1 所示，每一个阶段都会包括一个核心活动，探讨完成任务的策略，以及每一阶段预计所需的时间，还包括每阶段所需成本。

表 1-1　创业过程四个阶段的核心活动

| 机会识别 | <ul><li>创新并勾画愿景</li><li>进行市场分析与研究</li><li>竞争评估</li><li>商业模式开发</li></ul> |
|---|---|
| 资源整合 | <ul><li>流程与技术调研</li><li>确定价格、市场与销售模式</li><li>保障启动资本</li><li>管理资金</li><li>制订成长期资金计划</li><li>投资谈判</li></ul> |
| 创业计划 | <ul><li>准备财务计划</li><li>掌握投资信息</li><li>讨论计划方案</li></ul> |
| 新企业的管理 | <ul><li>制订企业发展的计划</li><li>寻找合作联盟</li><li>出售或并购</li><li>上市</li><li>继续管理或退出</li></ul> |

但是我们也应该清楚，创业并不像想象的那么简单，对于想创业的人来说，非凡的勇气、高度的自信和娴熟的技能，有时还加上那么一点点运气——所有这些，决定了创业的成败。

## 三、创业精神

创业精神是指在创业者的主观世界中，具有开创性的思想、观念、个性、意志、作风等品质的高度凝练，主要表现在积极寻找的创新精神、雄心壮志、领导力与执行力、合作与执着等一系列的精神特质。

对于创业，我们有着更广泛的理解。需要指出的是，针对创业精神的作用，并不只是代表着建立一家企业所需要的精神能力。我们对企业的界定中，创业型公司并不是指那些在创立之初就获得大力发展的企业，这些公司的创业者在创办企业之初，与其他人并没有什么不同。但是，创业者经营公司的时候，会利用他们的知识、技能与管理才能或者天赋，使企业获得良好的发展，使之很快成为一家能够给其他企业甚至是社会带来影响的充满创造力的企业。因此，有创业精神并不是指有单纯的创办企业的精神，尽管有时候创业者没有创建一家企业，但是将企业管理成为一家有活力、充满创造力的企业，或者在工作中创造了一种和谐进取的工作氛围，都是企业精神的体现。

拥有创业精神，建立一家充满活力的企业，仍然是创业指导者们希望做的事情。创业精神是什么，如何培养自己的创业精神，也一直是大学生创业者关心的问题。针对大学生创业者，我们总结一个创业者应具有的精神。它包括以下几个方面。

1. 积极寻找的创新精神

哥伦比亚商学院教授丽塔·麦格拉斯教授的著作《创业者的心智》一书中，对创业者的创新精神做了详细的描述："有些具有创新精神的人也许会重新设计现有的进货渠道，重塑市场并在产品变化上具有奇思妙想。"这些创业者共同的特征是：他们在不断变化中创造机会；他们充满热情地寻找新的机遇，不放过任何新的想法；即使在传统的经营活动中，他们同样可以找到创新的方向；他们创造全新的商业模式，改革获利模式，寻找成本的产生根源并得到节省成本的方法，研究运营流程，以获得更简洁便利的获利方式。

大学生创业，创新想法是很容易产生的，尽管这些想法有时显得较为简单或者幼稚，不具备商业机会，但是这并不意味着就轻易放弃，在技术快速发展、商业条件逐步成熟的情况下，几年之后原来过于前卫的想法也许就可以找到商业出口。

2. 雄心壮志

雄心壮志是一个创业者必须具备的精神，创业者的雄心壮志是决定企业未来的关键，也是将企业建设成为一家成长型企业的必备条件。大多数企业都会

"低调地开办并长期缓慢发展"，但是创业者的雄心往往会帮助企业很快地度过这段时间并使企业迅速成长。具有这一精神的创业者往往会更多地考虑企业今后的发展，有将事业做大做强的决心，在这样的决心之下，企业的发展动力一般能够得到充分发挥。例如，戴尔在大学期间就已开始了自己的创业活动，当母亲因为担心儿子影响学业来学校劝说他时，他的回答是"您的儿子正在和IBM竞争"。对于创业者来说，雄心壮志并不仅仅意味着更多的金钱收益，有时自我价值的实现或者得到更多的社会认同也是创业的心理因素。

# 案例

## 创业者马云的第一桶金

对所有创业者来说，永远告诉自己一句话：从创业的第一天起，你每天要面对的是困难和失败，而不是成功。困难不是不能躲避，但不能让别人替你去扛，任何困难都必须你自己去面对。

——马云

"我就像一个骑在盲虎身上的盲人。"2008年，在亚洲协会（Asia Society）于旧金山举办的午餐会上，马云以带点武侠色彩的开场白讲述自己如何取得成功。他并不是要贬低自己，"马云是一个勇猛而强大的对手。"杨致远曾做出如此评价。

马云勇猛的性格从小就已现端倪。童年恰逢"文化大革命"，由于爷爷曾当过保长而被认为是"资产阶级"，他在学校一直被同学认为是坏家庭出身。在受到侮辱时，跟姐弟们的默不作声不同，马云一定会回击，因而成了小学和中学老师眼里打架最多的学生。后来，马云还练过8年散打，并坚持打太极拳，喜欢武侠小说的习惯也因此养成。

大学毕业后进入一家学校当英语老师，马云也一直尝试去改变自己的生活，他每天骑车40分钟去西湖边上的香格里拉酒店，做国外游客的导游，练习英语。后来，马云碰到了一个澳大利亚的游客，还邀请马云去澳大利亚度假。这次出国彻底改变了马云的思维，"我意识到世界和我之前被教导的差异巨大，我不再跟随别人的意见，发展出了自己的思考方式。"

后来，马云辞职后换了几份工作，包括做过一个新开张的肯德基店的店长助理。1995年他创办了海博翻译社。因为帮助杭州市政府和美国一家公司谈合作，马云在去美国时第一次接触到了互联网。1995年4月，马云垫付7000元，联合家人亲朋凑了2万元，创建了中国最早的互联网公司之一"海博网络"，并启动了中国黄页项目。

那时的马云与其说是总经理，不如说是个推销员。一位曾在大排档里见过马云的老乡这样描述他：喝得微醺、手舞足蹈，跟一大帮人神侃瞎聊。那时大家还不知道互联网为何物，很多人将马云视为到处推销中国黄页的"骗子"，而他还是一遍遍地"对牛弹琴"。到了1997年底，网站的营业额不可思议地做到了700万元！

随着互联网在中国升温，中国黄页在一夜之间冒出许多竞争者，当时最强大的当属本地的杭州电信。实力悬殊的竞争使得马云最终向对方出让了70%的股份，但双方合作并不愉快——失去决策权的马云完全施展不开手脚。

但是有过一次创业经历的马云并不甘心，很快他就又开始了自己的新的创业历程。

3. 领导力与执行力。

一个创业者的领导力表现在他们能激起共同领域的相关人士对目标的激情。创业者会在追求机会的过程中集合很多人的力量。他们会营造并维持一个关系网络或团队，在这个网络或团队中，人尽其才，物尽其用，每个成员都能达成自身的目标。成功领袖都有明确的始终如一的目标。这种"目的性"和"方向感"是领袖行为的基础，它决定了具体行动和政策的成败。执行力最重要的一点是学习能力，同样的，领袖也要不断进步，终身学习。领导者首先会感到学习的重要性，永不满足、永不懈怠、终身学习、不断进取。作为领导力的一个重要表现是要为他人"增加价值"。事实上，一个好的领导者，一定会主动帮助下属，提升下属，全方位地影响下属。他有一种让下属迅速成长进步的热情和渴望，并具备这样的能力和魄力。所以，真正的领导者应当是一个很有影响力的人，这种影响力并非来自权力，来自官威，来自武力，而是来自他对别人的尊重所换来的敬仰。

执行力是一个创业者必备的素质之一，创业者以身体力行而不是说教来领导企业，随着经济环境愈加复杂，每一个成功的创业企业也都各不相同，创业的方式也多种多样，但是我们仍旧可以看到创业者的普遍共性，这些创业者都会为自己的企业投入全部的金钱、精力和时间，并愿意承担相应的资本及心理压力、社会风险。对于创业者来说，执行力意味着责任意识，创业者在投入金钱与精力之后，需要靠强大的责任意识为企业谋得发展。

### 四、创业者的创新精神

我们在分析创业者的成功之后，很容易找到他们背后的相同的品质与共同的精神特点，但是，这并不是说创业者一定需要完全具备所有的创业精神，在今天这个时代，个性已经成为最被允许与鼓励的一种精神，这种个性体现在创业精神中，就是创新精神。

创业者一定要非常重视创新，但并不是所有的创新都要有新的开拓，很多事例告诉我们，在传统行业中的创新也无处不在。例如，戴尔就是一位成功的创新者。戴尔的产品与竞争对手如惠普、IBM 等公司的产品并没有什么不同，但是戴尔却将制造、销售按照订单直接发给消费者与客户，这种直销是一种全新的商业模式，而不是单纯的新产品创新。

与创新精神互为补充的是一种冒险精神，这种冒险精神体现在一种敢为天下先的做事方法上，并且创业者必须是勇于为这种方式承担后果并且不怕失败，不会被失败打倒的人。

## ▶▶ 实用案例

### 谭小芳谈创业

"创富——创业以后才能富！"这是谭小芳老师在一次创业论坛上最经典的总结。所以创业成为今天的时尚；当老板成为一大批年轻才俊们的流行梦想。

"不想当将军的士兵不是好士兵！"同样的道理，"不想创业的员工不是好员工！"创业是"大势所趋""人心所向"！外国如此，中国也如此。"创业"成为点石成金的神话——微软来自偷偷跑出家门写程序的比尔·盖茨，苹果来自乔布斯家的车库，Google 来自 Paloaito 城里"大学街"上的一个小房子，据说，那栋小房子此前的租户创建了罗技(Logitech)和支付宝(Paypal)，因此风水极好，租金日涨。

在中国，经济复苏期悄无声息地来临，许多经理人绝处逢生——谋划着要创业，在这里我提醒经理人创业时需要防范以下风险。因为，创业时期企业面临着很大的风险，其中最大的是生存风险，此外，有些虽然完成了企业初创，解决了生存风险，但企业后来的很多风险，也都是创业时期积累下来的。因为不知道创业时期需要防范的风险。

在谈论创业风险之前，我们先看看创业的周期吧——企业发展过程都是有周期的，创业过程中分几个阶段，第一阶段叫婴儿期，头三年；第二个儿童期，四岁到七八岁，这一阶段过不去的话，企业是很难生存下去的；第三阶段，少年期，八岁到十三四岁；第四阶段，青年期，十五岁到二十岁；企业到二十岁才能相对成熟。但是经理人创业，应该说99％都死在怀孕期，根本就没有进入婴儿期，通常情况下是几个所谓志同道合者商量怎么干，还没有到婴儿期就死了，应该说经理人创业只有万分之一的概率进入婴儿期，大多数创业计划都胎死腹中。即使进入了婴儿期，能熬过婴儿期的也很少，有30％就不错了，其中很重要的原因是资金准备不足，现金准备不足的原因是客观的现金储备与心里想干的事情之间的巨大的差距，本来计划投100万元就干成的事情，其实际可能需要1000万元，而这些经理人创业是没有思想准备和概念的。

很多有才华的人，之所以没有什么大成就，就是因为惧怕失败，却忘记了，避免了失败，也就避免了成功。马云之所以能够成功，正如其所言："我不会因为做了什么而后悔，而会因为没有做什么而后悔。"

创业是有风险的，这话谁都懂。谭小芳了解到，国外的一项统计资料显示，自行创业的中小企业中，有40％的小老板，在创业的第一年就不得不面临关门的命运，而存活下来的60％中，约有八成无法欢度五周年庆，更令人惋惜的是，能够熬过五年的中小企业主，其中只有20％能继续走完第二个五年。

谭小芳吸取李嘉诚和诸多成功、失败的创业者经验，特整理出关于创业的十个忠告公布于下，希望帮助各位创业者顺利通过雷区。

1. 懂得做人

品德高尚是成功之本。会做人，别人喜欢你，愿意和你合作，才容易成事。能真诚地欣赏他人的优点，对人诚实、正直、公正、和善和宽容，对其他人的生活、工作表示深切的关心与兴趣。

台湾著名企业家张忠谋在"黑金"横行的社会大环境下依然从来不走后门、不走政商关系，更拒绝钻法律漏洞，赢得企业界和民众的极大尊重，官员也因此从来不敢故意刁难他的企业。

2. 善于决策

一个成功的企业领导者的价值在于"做正确的事情"，同时帮助各阶层的主管"把事情做正确"。面对不断变化的市场，企业经营方案总是不止一个，决策就是要对各种方案进行分析、比较，然后选择一个最佳方案。四川长虹总裁倪润峰1996年率先拿起价格武器将彩电大幅降价，从而确立国产彩电的主导地位，正是看准市场、果断决策的典型。

3. 相信自己

一个成功人士都有很强的信心，有时会有咄咄逼人之势。他们既会在自己内心里相信自己，也会在公众面前表现出这种自信心。成功学的研究成果表明：成功的欲望是创造和拥有财富的源泉。英特尔总裁葛洛夫认为"只有偏执狂才能生存"，坚持与自信成就了英特尔今天的伟业。

4. 激励团队

一家企业的领导人必须是一个能激发起员工动力的人。组织起一个优秀的团队，是一件非常艰难和重要的事情。激发起他们的热情，挖掘出每一位团队成员的聪明与潜力，并将他们协调起来，是成功的领导者必须具备的一种能力。

5. 创新精神

我们举一个例子吧。就说徐静蕾。她做电影，走出了编、导、演的路子；做博客，做着做着，做出了新路子，在博客上延伸做了电子杂志。电子杂志"开啦"，又细分出"开啦街拍""开啦职场"，而且每个细分出的项目都切合实际，能赢得受众，也可以说赢得了市场的平台。我们可以来一个设想：现在国内外的这些著名的企业家，如果他们的企业倒闭，如果他们身无分文，让他们重新创业，又不允许动用原来的一切关系的资源，包括个人的影响力和公司品牌的影响力，从零开始。我想，他们中的一部分人照样会看到很多创业、创新的出路。

## 6. 创业精神

关于创业的话题，我们总要谈到温州人——在温州是老板多，创业者多；在青岛呢，打工仔多，连张瑞敏也是一个高级打工者，因为海尔不是他的，他只是海尔的职业经理人。在温州，因为老板多，10万家企业，每个企业至少有夫妻俩操心，整个温州就有20万人操心。即有20万人一天干十多个小时，在青岛，因为老板少，操心的人就少，整个青岛经济主要靠张瑞敏、周厚建等少数人操心。因此，我们也可以把温州经济称为"有更多人操心的经济"。把青岛经济称为"只有较少人操心的经济"。两种经济模式的最终结果是，温州的富人多，青岛的穷人多。在温州，有近2000亿元民间存款，有1000多亿元现金，再把各家各户的厂房和楼房加起来，整个温州的民间财富不会少于1万亿元。而青岛因为打工仔多，大家都是工资劳动者，千万富翁、亿万富翁比起温州来自然会少得多。在温州，包括机场在内的许多基础设施都有民间投资，有些基础设施甚至主要靠民间投资。而在青岛，大量的海滨别墅闲置。据说这些别墅的买者主要是外地人。所以，全国各个地区的人们，如果想自己的生活变得很富裕，就要有创业的精神！

## 7. 心理准备

可以说95%以上初创企业是在即将走出沙漠，望见绿洲的时候死掉了，因为，在出发前他对路途没有足够的估计，没有带上足量的"水和食物"。会创造的是科学家；会管理的是经理人；会投资的是资本家；会借的才是企业家。基层员工的工作是由少到多；中层经理人的工作是由小到大；企业家的工作是由无到有。如何做到由无到有？企业家要学会整合资源。

## 8. 学会把日常工作交由他人来做

这样你可以有更多时间来发展自己的事业，要授权，而不是对整个程序全盘管理。

## 9. 有经商技巧的头脑

必须经过这样一些过程才能造就用户深入地了解你的产品，经常地听取用户意见，培养你的搭档和下属具有一种能感知企业内部资金流入流出状况的直觉能力。与你的搭档和下属一起精诚合作，并把自己以往获得的经验，与他们分享，商业头脑的获得会使你的注意力迅速地集中在点上。

## 10. 抓住机会

小小的机会往往是伟大事业的开始，当你做好迎接机会的准备而机会没有来，总比有一个机会而你却没有做好准备要好。每个人都被机会包围着，但是机会只是在它们被看见时才存在，而且机会只有在被寻找时才会被发现，关键在于你如何去认识机会、利用机会、抓住机会和创造机会。

最后，在我十年的营销和创业的生涯中，记忆中这个故事让我深深思索并受益匪浅，但愿也能对在创业的朋友们有所启发：英国前首相乔治有一个习惯——随手关上身后的门。有一天，乔治和朋友在院子里散步，他们每经过一扇门，乔治总是随手把门关上。"你有必要把这些门关上吗？"朋友很是纳闷。"哦，当然有这个必要。"乔治微笑着对朋友说，"我这一生都在关我身后的门。你知道，这是必须做的事。当你关门时，也将过去的一切留在后面，不管是美好的成就，还是让人懊恼的失误，然后，你才可以重新开始。"还记得当代大提琴演奏大师卡萨尔斯在他93岁生日那天说过的一句话："我在每一天里重新诞生，每一天都是我新生命的开始。"我将这句话送给每一位创业路上的朋友。

【应用练习】

一次成功的创业，往往是从一个好的想法或者好的创意开始的。随时记下你灵光一闪的念头或者卫生间的新想法十分重要，现在你就要拿起笔，准备随时记下你为创业所产生的理想。你准备好了吗？我们现在开始。

1. 你在生活中常会产生新鲜的想法或者新创意。请写下五条。

A. _____

B. _____

C. _____

D. _____

E. _____

2. 谁是你想法的参与者。你最欣赏他哪些优点？请写下他的名字吧。

_____

3. 你可以调查周边的小型店铺，询问老板的生意情况与他们遇到的烦恼，然后写下来并试图为他们找到解决方案，并可以从中收费。

4. 如果你有创业的打算，可以从下面的问题中，选择一个认真地想一想，能否获得解决方案？

A. 学校图书馆中的图书借阅处的图书总是丢，如果让你解决这个问题，你应当怎么办？

B. 学校旁边的一家经营办公用品的小店将要被转让，你觉得是什么原因？如果你来经营，你打算怎么办？

C. 你的室友在一次叫外卖吃的时候，抱怨饭菜有点凉，这让你想到了什么？

D. 你参加了学校的哪些社团？你能写下这些社团的人员的名单吗？你可以试着和他们建立关系，这些人也许就是你未来的合作伙伴或者潜在的客户。

## ·▸ 内容拓展

### 创业者的梦工厂——创新工场

创新工场（Innovation Works）由李开复博士创办于2009年9月，是一家致力于早期阶段投资，并提供全方位创业培育的投资机构，是一个全方位的创业平台，旨在培育创新人才和新一代高科技企业。创新工场通过针对早期创业者需求的资金、商业、技术、市场、人力、法律、培训等提供一揽子服务，帮助早期阶段的创业公司顺利启动和快速成长。同时帮助创业者开创出一批最有市场价值和商业潜力的产品。创新工场的投资方向将立足信息产业最热门领域：移动互联网、消费互联网、电子商务和云计算。创新工场无论在公司规模、孵化项目数、聚集精英人才数目，还是募集资金、知识产权申请等参数，都已大大超出创新工场建立时的预期。

截至 2011 年 7 月，创新工场已审阅了超过 2500 个项目，投资孵化了 39 个项目和公司，总投资额超过 2.5 亿元人民币。

创新工场投资牵头者为刘宇环先生创立的中经合集团，投资者还包括财富 100 强企业、知名创投和中美精英人士，其中有郭台铭领导的富士康科技集团、柳传志领导的联想控股有限公司、俞敏洪领导的新东方教育科技集团、YouTube 创始人陈士骏等。同时也得到了来自硅谷银行、中华电信、联发科，以及美国、欧洲、亚洲等多位顶尖投资者的鼎力相助。在这些已经是成功传奇的明星创业者中，很多人表示愿意共同辅导青年创业者，他们的加入为创新工场如虎添翼，他们的参与将使创业精神在一批批创业者中薪尽火传。

资料来源：百度百科。

# 第二节　知识经济发展与创业

**学习目标**

学习本节之后，你应该：

1. 了解经济转型与创业热潮的关系，了解创业热潮形成的深层次原因。

2. 了解创业的功能，明确创业活动对社会经济发展的贡献。

3. 明确大学生创业的积极意义。

▶▶ 引导案例

## 柳传志的创业

柳传志是一个创业的传奇。这个传奇的意义，不仅仅在于他领导联想由 11

个人 20 万元资金的小公司成长为中国最大的计算机公司，更重要的是，他的传奇故事对许多立志创业的青年人来说，是一种激励。这个传奇让每一个创业青年都可以怀有这样一个希望——"如果我足够地努力，也可以像柳传志那样地成功。"柳传志以其亲身经历告诉青年人，创业成功所必需的要素其实并不多。十五大鼓励多种所有制并存的前提，也使柳传志乐观地认为："今后一个时期会涌现大量的创业者，因为创业的难度大大降低了。"

柳传志走上创业之路，是因为"憋得不行"，"我们这个年龄的人，大学毕业正赶上'文化大革命'，有精力不知道干什么好，想做什么都做不了，心里非常愤懑。""突然来了个机会，特别想做事。科学院有些公司的总经理回首过去，总喜欢讲他们从前在科研上都多有成就，是领导硬让他们改行。我可不是，我是自己非改行不可。"柳传志非要从头开始的时候，已经整整 40 岁了。创业之前，柳传志在科学院计算所外部设备研究室做了 13 年磁记录电路的研究。柳传志不太愿意提那段经历，因为"虽然也连续得过好几个奖，但做完以后，却什么用都没有，一点价值都没有。只是到最后，1980 年，我们做了一个双密度磁带记录器，送到陕西省一个飞机试飞研究所，用了起来。我们心里特别高兴。但就在这时候，我们开始接触国外的东西，发现自己所做的东西，和国外差得太远。这使得我坚决地想跳出来"。1984 年，科学院办科技展览，赵紫阳没有到会，科学院对此议论纷纷。柳传志也琢磨为什么赵紫阳不来看？"我觉得不来的道理是，赵紫阳更重视应用研究，更重视技术转变为现实的生产力。但应用研究怎么能够推广变成产品，我当时也想不好该怎么走，但研究所的路，肯定行不通。"柳传志领头办公司的背景是，当时，中关村街上哗啦一下办起了一片公司，中科院计算所也有人出去办公司，或者给人打工，验收机器，验一天收入三四十元。当时计算所一个月的奖金也就三十多元，这对计算所正常的科研冲击很大。面对于此，计算所所长曾茂朝想：能不能计算所自己办个公司，积累点钱，上缴给所里，解决所里的实际困难。柳传志以往表现出来的组织能力使曾茂朝觉得他是最佳人选。

至于想没想过失败，柳传志说："当时的情况已经是最糟了，还能怎么糟？我真的去做一个一般的干部，我相信我也能做得好。我会分析：要升迁？到底是做事重要，还是做关系重要？"

# 张朝阳的创业

1996 年，无论对于张朝阳还是后来的搜狐，抑或是今日的互联网，都是个不同寻常的开始。尽管在这一年，中国的 CERNET 到美国的国际线路带宽仅仅 2M。

在这一年，大部分中国人还不知道互联网为何物。事实上，根据中国互联网信息中心 CNNIC 的统计数据，即便到了 1997 年 10 月 31 日，中国也才有29.9 万台计算机上网、区区 62 万网络用户以及可怜的 1500 个互联网站点，那时的国际出口带宽也仅为 25.408M。

同样是在这一年，从麻省理工学院归来并且一心想在中国创立自己的公司的张朝阳正在焦急地等待着千辛万苦融到的第一笔风险投资——总共 22 万美元。

尽管只有 17 万美元最终进入了张朝阳的账户成为创业资金，但它促成了首个携带海外风险投资回国的创业者迈出了艰难的第一步。而张朝阳在 1996年前后所遇到的一切正在今天几乎所有互联网创业公司内部不停地重演。

唯一不同的是，这一年的张朝阳处在一种极其艰难却又极具机会的时代，风险投资远在美国而且对中国网络公司兴趣缺乏；而十年后的今天，情景却似乎恰恰相反，风险投资商不惜远渡重洋蜂拥而至并认真对待每一份有潜力的中国商业计划书，但是看起来机会却越来越少。

生日，另一个开始，几乎没有人知道，张朝阳特地选择了在 1995 年 10 月31 日登机回国，是因为他希望自己的生日能够带来一次"新生"。

1981 年从西安考取了清华大学物理系的张朝阳，在 1986 年——大学毕业前夕，又考得了"李政道奖学金"，获得去美国麻省理工学院（MIT）的留学资格，在美国一住就是七年。在这七年里，他获得了物理学博士学位，并从事了两年的博士后研究。1994 年，张朝阳在 MIT 的实验室里被当时的"互联网"的奇妙所震撼。

"事实上，那时是一些校园内部网之间的互联，也不叫互联网，而叫'信息高速公路'，"张朝阳回忆说，"我们已经可以通过 Unix 代码和电子邮件进行网上交谈，虽然不像现在有图文界面，但即便如此简单的应用，网络的这种独特魅力也已经让我下定决心，不走正常的道路，而是去创办网络公司，回国创业。"

"那时我就觉得，当今时代有两大趋势——Riding the waves of our times, one is the coming of age of the information super high way, another is the mergence of China as a global power。（顺应我们这个时代最伟大的两个潮流，一个是信息高速公路时代的到来；另一个是中国作为全球大国的崛起）"这两句英文被张朝阳写在了他的第一份商业计划书——"中国在线"的封面上。但是那个时候他并不知道自己的创业能够做什么，并且在中国也没有任何资源。这个时期张朝阳有机会多次往来于美国和中国之间，其间在一家美国互联网公司ISI的短暂工作经历，更加坚定了他自己创业的决心。ISI从事一些基于互联网的封闭式服务，即收集一些信息，例如金融信息以及各种数据，并把他们在互联网上出售。张朝阳曾是这家公司的中国区首席代表，在加盟ISI之初，他已经与ISI有过"君子协定"——"只干一年，然后自己创业"，于是一年后张朝阳在自己31岁生日那天回国开始了自己的创业。

第一桶金。1996年7月，张朝阳正式开始了他的融资之旅。

"那两三个月里，我经常往返于中国、纽约和波士顿之间。"张朝阳无比感慨地说，那个时候美国的风险投资人根本不相信远在中国的创业者。

为了给投资人打电话，他在美国大街上的公用电话亭排队，他甚至尝到过被投资人赶出办公室的狼狈滋味。这个时候的张朝阳，为了拿到融资而忍受了颇多美国投资者的要弄。"他们把我要得团团转。"张说。经过持续努力，张朝阳见到了MIT媒体实验室主任、《数字化生存》的作者尼葛罗庞蒂，这位风云人物在与张朝阳会谈之后答应给他的爱特信公司进行天使投资。

"最终经过很长时间的接触才确定了三个比较有兴趣的投资人。而我已经被折磨得很厉害。可能是因为当时我很年轻，气势很强，做事情也很专注，他们三个可能就是被我眼中流露出的对成功的欲望所吸引，才给我机会。事实上，也是在麻省理工学院教授的引荐下，我才得到了第一笔天使投资。"1996年8月，ITC爱特信电子技术公司（北京）有限公司正式注册。10月13日，张朝阳终于在自己的账户上看到了15万美元，这是爱特信公司获得的第一笔风险投资，投资者包括麻省理工学院教授尼葛罗庞蒂和斯隆管理学院的教授爱德华·罗伯特，尼葛罗庞蒂的另外2万美元在1997年到位。

这笔对张朝阳来讲重要之极的投资共有22.5万美元，尽管最终只有17万美元供他创业，但他终于可以干他想干的事。

思考

1. 你的创业梦想是什么？你认为能实现吗？为什么？

2. 创业的道路并不是一帆风顺的，你将要做好哪些准备？请写下来。

3. 你认为作为一名知识型的创业者，除拥有的技术外，哪些仍然是你需要准备的？

4. 你对当今世界知识经济的发展有什么样的认识？

## 一、经济转型与创业热潮的关系

### （一）知识经济的内涵与特征

1. 知识经济的内涵

知识经济即以知识为基础的经济，是以现代科技技术为核心的，建立在知识信息的生产、储存、使用和消费之上的经济。

当我们跨入 21 世纪的大门，知识经济的钟声已经敲响。迄今，人类已历经以土地和劳动力为基础的农业经济、以原材料和能源为基础的工业经济，正大踏步走在知识经济时代的征途上。与过去依靠物资和资本这样一些传统生产要素投入的经济增长相区别，现代经济的增长则越来越依赖于知识含量的投入和应用。知识在现代社会价值创造中发挥的作用越来越不可小觑，甚至在某些领域达到核心地位。如微软公司的比尔·盖茨在 1995 年到 2007 年的《福布斯》全球亿万富翁排行榜中，连续 13 年蝉联世界首富；马云带领的阿里巴巴集团也在短短 14 年之间发展成为全球最大的 B2B 网站之一，构筑了中国的商界神话。由此可见，知识作为蕴含在人力资本和技术中的重要成分，是经济持续发展的核心。

2. 知识经济的特征

相对于农业经济和工业经济，知识经济在产业支柱和资源配置等方面，表现出一些明显的特征。首先在产业支柱方面，它不同于简单传统的农业经济和工业经济，知识经济以高科技产业为主要支柱，你可以没有土地没有资源，但通过高科技手段，你依然可以创造无可比拟的财富。如创办美国社交网络 Facebook 的马克·扎克伯格在《福布斯》杂志 2013 年全球富豪排行榜中，以 133 亿美元身家成为全球最年轻的富豪，也是历来全球最年轻的自己创业亿万富豪。"科学技术成为第一生产力"已经成为现实，科技进步日益成为世界经济发展的决定性因素。

其次从资源配置方面来看，知识经济在资源配置上以科技人力资源为第一要素。在这样的一个知识经济全球化时代，科学技术日新月异，知识经济蓬勃发展，知识密集型产业正在迅速崛起，作为知识的创造者和拥有者，科技人力资源逐渐成为国家最重要的战略资源，也是社会经济发展的主要动力，其规模和素质是衡量一个国家综合国力和发展潜力的重要指标。

### （二）经济转型与创业热潮的关系

#### 1. 创业是经济转型的主要产物

经济转型是指一个国家或地区的经济结构和经济制度在一定时期内发生的根本变化。可以说经济转型的历史是一部传统产业改造提升的历史，又是一部新兴产业崛起的历史。在这个过程当中，各类知识创新活动、技术创新活动应运而生，创业成为市场经济中一种重要的社会经济现象。尤其是 20 世纪 90 年代知识经济的蓬勃发展，促成了创业的高潮，大大小小的企业如雨后春笋般涌现，极大地推动了社会经济的发展。

这主要是由于计算机、通信等高科技技术的发展，改变了人们对时间、空间、知识等的概念，同时也改变了人们对需求、市场、管理、价值及财富等概念的基本认知。可以说，经济的转型催生了创业热潮的兴起，创业是经济转型的产物。

#### 2. 经济转型让创业变得更加容易

在经历了农业经济和工业经济之后，迈入知识经济时代的创业者们面临网络和电子信息产业的飞速发展，可以接触到更为先进的科学技术、更丰富的知识体系、更便捷的信息获取方式、更多的市场机会，这就让创业的源泉大大增加，创业也不再是想象的那般复杂和不可捉摸，而是变得更加容易。

在这样一个日新月异的知识经济时代中，只要你有技术有想法，你就可以找到创业的机会。如 20 世纪八九十年代的中国，随着市场机会的不断扩大，大量满怀激情的人们选择创业。如 1989 年仅 27 岁的史玉柱就凭借其研制的"M－6401 桌面排版印刷系统软件"成了年轻的百万富翁，随后其推出 M－6402 汉卡，1991 年巨人公司成立又推出 M－6403 汉卡，1992 年他率 100 多名员工落户珠海，"巨人"也迅速发展起来，资产规模很快接近 3 亿元。

可以说，在现代科学技术条件下，网络、电子等通信手段让知识的传播速度大大加快，人们能够更广泛、更及时地实现知识、信息及资源的共享，这也使得创业者的交易成本大大降低，为企业的发展提供了更加便利的空间，使创业行为变得更加方便快捷。

3. 创业推动着社会经济的不断发展

杰弗里·蒂蒙斯在《创业学》一书中提到，"创业者们创造了新的技术、产品、流程和服务，这些将成为下一轮的新兴产业，又会进一步推动经济发展"。在知识经济时代，良好的创业环境大大增加了创业者们创造、提高和实现价值的可能性。发达国家用于衡量经济是否处于成长期的一个重要指标是新创企业的数量，这也正说明创业是社会经济增加的重要动力，它推动着经济的不断发展。

经济转型的社会为创业者提供了更广阔和更便利的发展空间，创业企业的发展又为社会注入了新鲜的血液和蓬勃生机，从而实现经济社会的良好循环和运转。以马云创立的阿里巴巴集团为例，其所搭建的电子商务平台在短短 14 年间估值已经超过 350 亿美元，现服务来自超过 240 个国家和地区的互联网用户，在中国、日本、韩国、英国及美国超过 50 个城市提供了超过 17000 个工作机会。

# 拓展阅读

## 知识经济时代创业领域的新贵：创业新人类

什么叫创业新人类？可以用这样几句话概括：他们是引领时代的新行业缔造者，创造了新的生意模式和价值标准；他们是新时代财富的主流，带来新的领导风格和行为理念；他们是创业领域中的新贵，往往有着高学历和傲人的行业背景；他们领导的企业，具有较高的成长性和稳定性；他们是新时代的财富榜样和领军人物；他们开发和运用的高新技术成为推动人类社会加速发展的重要力量。

《福布斯》上榜富豪刘永行在回忆自己的创业历程时曾说："为了办企业，

我们四兄弟凑了1000元钱……我们花了一年时间，把1000元变成了3000元，……到了第7年，1000元钱已经变成了1000万元。那是1989年。"在20世纪80年代末，这种财富增值已经是奇迹了，而在技术领军的21世纪里，新技术的开发和应用就像神奇的催化剂，使财富呈几何级数飞速膨胀，其速度甚至超出了人们的预想。2004年6月16日，腾讯控股在香港联交所正式挂牌交易。根据持股比例，马化腾因持有14.43%的股权，其账面财富是8.98亿港元。马化腾成为身家9亿元的财富新军，仅仅用了6年时间。

知识创造财富。正是新技术、新模式、新生意在市场上的力量，催生了新一代的超级富豪。在知识经济时代，用科技、知识创业是新模式，也是必然趋势。在通往新兴市场的成功之路上，无数像马化腾这样曾经拥有梦想并在用新方法实现梦想的人们在努力着。他们的技术和个人魅力虽然不可复制，但其成功模式、财富历程却有许多值得借鉴和效仿的闪光点。

凭什么是他们？

斯坦门茨是一位著名的德国技术专家，一次美国福特公司的一台电机坏了，几经努力都没修好。于是他们请来了斯坦门茨。他检查之后，在电机外壳画了一条线，说："打开电机，记号处里面的线圈减少16圈，毛病就好了。"人们将信将疑地照办了，果然成功。电机修好后，斯坦门茨向老板收取1万美元的报酬。老板说："用粉笔画一道线就要1万美元，这也太贵了！"斯坦门茨说："用粉笔画一道线并不贵，只要1美元，但知道在哪里画线却要9999美元。"老板折服，照付了钱，并重金聘用了他。

创业中新行业的选择和斯坦门茨画的这道线相似。世界上会用粉笔画线的人很多，但知道在哪里画线的可能只有一个人。线画对了地方，既昭示了其智慧和水平，也表现出其对事情的一种判断力和魄力。新锐创业者的创业背景和其他创业者似乎没有什么不同，大多数也是白手起家，辛辛苦苦打天下。关键在于，他们是怎样发现新的盈利空间和生意的？是什么触发了他们的创业灵感，从而塑造了一个个新的财富奇迹？凭什么是他们而不是别人成为新的创业领袖？

有些看似容易发现的商机，摆在别人面前就被忽视了，而他们抓住了，然后成功。任何成功都不是偶然的，背后一定有其必然的规律。《科学投资》在研究新锐创业者的创业案例时发现，虽然他们与其他创业者处在同一起跑线上，但他们普遍具有比较高的学历，受过良好的教育。高等教育开阔了他们的眼界，知识的积累使他们的目光格外敏锐，也给了他们发力的支点。此外，高校毕业后的从业历程对他们的创业活动也起到了推波助澜的作用。无论工作的时间长短、待遇高低、就业企业的知名度大小，从工作中获取的行业讯息和人际关系网络的建立，都成为他们创业无形的推动力。由于深谙该行业的运作规律，他们的创业无形中少走了很多弯路。

他们大多选择志同道合的同学或者好友共同创业，创业动机或者源自闲聊中迸发的灵感，或者出于对潮流趋势的预测，或者是看到了空白市场的巨大商机。他们共同的特点就是，有了想法就毫不犹豫地去实施，没有瞻前顾后，用最短的时间切入市场，从而赢得商机。

资料来源：http://finance.21cn.com/create/view/2004/07/14/1652101.shtml.

## 二、创业活动的功能

### （一）创业是社会经济转型和升级的发动机

从某种程度上来讲，进入 21 世纪的新千年迈入了一个全新的"创业时代"。创业正在改变社会，在改变人们的生活，它将激发企业的创新、发展，并产生全新的资本基础，创造新的财富和价值。一方面，利用科学技术、思想观念创新的创业活动能够促进物质生产、生活方式的变革；另一方面，它推动着社会经济的转型和不断升级，进而为整个社会不断地提供新鲜的养分，提高整个国家的经济水平，推动经济的增长。

根据《全球创业监控系统 2000 年报告》（*Global Entrepreneurship Monitor 2000 Report*），在创业活动处于高水平的国家中，多数的经济增长也高于平均水平。在美国，创业已经成为秘密的经济武器，"为自己工作的理念"属于美国文化中非常重要的一部分。在经济变革大潮中的创业一代不仅通过自己的知识和才能创立了无数新企业，而且还给社会带来了大量的就业机会。改革开放之后的中国，创业热潮逐渐兴起，越来越多的有志之士瞄准市场机会投身创业，通过新技术新模式开创了一片天地。可以说，创业热潮的本质驱动力量来自于社会经济的转型，伴随着社会转型和升级的创业活动才会持久。

## （二）创业是科技发展和进步的新载体

不同于农业经济和工业经济时代，在知识经济时代，科技和创新越来越成为社会经济发展的制胜法宝，微软、谷歌、百度等大企业的崛起充分说明这一点。对于现在以高科技为核心的创业者而言，要想在激烈的市场竞争中站稳脚跟，必须具备核心的有竞争力的高科技技术，并能根据市场的要求和特点不断修正和改进。如资深信息检索技术专家、超链分析专利唯一持有人——李彦宏创立的百度公司，从最初的后台服务逐步转向独立提供搜索服务，并应势推出多款产品和服务，最终成为中国最大的中文搜索技术提供商；"QQ之父"马化腾自主开发了基于 Internet 的网上中文 ICQ 服务——OICQ，创立腾讯计算机系统有限公司，不久腾讯成为全国在线人数最多的中文 ICQ 服务商。这款即时聊天工具也改变了人们的生活方式。由此可以看到，高科技让创业迸发出新的生机与魅力，创业又成为科技发展和进步的新载体，这让科技创业成为社会经济发展的一个重要标签。

## （三）创业是转变就业促进模式的新机遇

进入 21 世纪后，随着商业经济的高速发展和知识经济的迅猛来临，人们的就业观念发生了很大的变化，越来越多的人投入到创业的浪潮中去。创业不仅能够产生一些杰出的公司，还能创建和领导某个全新的行业，越来越多的大学毕业生也选择加入了创业的队伍。这不仅能解决就业难的问题，还能为其他毕业生提供一些就业岗位，缓解日趋严重的就业压力，这也逐渐发展成为一种新就业模式的潮流。在美国创业活动就显得更为普遍和成熟了，如麻省理工学院各级校友在美国创办了 2 万余家企业，每年收益 2 万亿美元，每年新增企业数百家。各级校友目前在全球经营着 25600 家公司，雇员达到 330 万人。麻省理工学院也因此被称为美国的"创业工厂"。

所谓就业为民生之本，创业为民生之源。解决就业问题的关键之一是创造更多就业岗位，而创业是促进就业机会不断增加的动力。这也充分说明，在"创业时代"是需要培养和激发全民创业热情的时代，而创业就是提高就业能力、提升城市发展活力的有效途径。

## （四）创业是实现人生价值的重要途径

20 世纪 90 年代初期，中国政府开始提出要建设社会主义市场经济，创业开始成为一个时代的主题。在这个时期，科学技术的力量开始被认识，普通人的创业雄心被点燃，他们在错综复杂、机遇挑战并存的社会大舞台上，抓住商业机遇，利用自己的聪明才智来实现创业梦想。在 2000 年左右的中国，随着互联网的出现，则是"海归"回国创业的高潮，如创建百度的李彦宏、创建搜狐的张朝阳等，其中还有不少受国内改革开放成就的鼓舞和高新技术产业发展环境的感召而回国创业。他们中大多都接受了西方的精英文化，拥有良好的教育背景，充满梦想和战斗力，他们通过创业将自己或团队所掌握的核心科学技术转化为社会生产力，不仅增加了社会财富，刺激了经济增长，同时创业也成为他们实现个人价值的重要途径。

在全球经济化和就业多元化的今天，国际加工型产业、服务型产业向新兴市场国家转移的步伐很快，给我国的创业活动带来很大的历史机遇。越来越多的青年人选择将科学技术最大程度转化为社会需要而走上了创业的道路，这不仅给经济发展注入了新鲜的活力，也让其个人价值得到充分体现。

## 三、大学生创业的积极意义

在知识经济时代，随着高新技术的迅猛发展，社会的经济结构、生产方式、人们的生活方式和价值观念都发生了深刻的变化，全世界都几乎卷入了创业的热潮之中，创业成为世界性的主题。大学生作为新时代的接班人，其创业对于个体价值实现、国家发展、社会进步的实现意义重大。

### （一）有利于增强大学生个人综合素质

1999 年我国高校扩招以后，关于大学生的综合素质教育一直成为社会广泛关注的话题。在提高大学管理水平和提高大学生综合素质培养的探索中，鼓励大学生创业是最有效的途径之一。大学生通过自主创业，不仅可以将自己的专业所学和自身兴趣相结合，还能在创业过程中学习时间管理和团队协作，拓展人际关系，提升独立解决问题的能力、判断能力、组织能力等，进而实现个人价值的最大化。如陕西师范大学学生李江华就是通过在校期间创业提高了自身综合素质，毕业后就注册了西安中天联创信息科技有限公司，专门从事硬盘数据恢复业务，目前，该公司已经占领陕西数据恢复业一半的市场。他说："虽然自己创业很不容易，也遇到了不少困难，但这对我的成长来说是一种很好的磨炼。"这也说明，创业虽然不一定都能成功，但是在创业过程中的实践与摸索对于大学生而言就是一堂生动的自修课程，能够激发其创新精神，提高综合能力。这样他们即使在将来可能没有坚持创业，但是这段经历依然可以作为人生最宝贵的财富。

### （二）有利于创造就业机会，缓解就业压力

2013 年，全国普通高校毕业生达到 699 万，创历史新高，而用人单位的招聘岗位普遍下降 10%～15%，不少学生惊呼 2013 年为"史上最难就业年"。而国家也出台了相关政策来鼓励和支持大学生创业，如出台《国家鼓励高校毕业生自主创业政策公告》，地方政府也在税收、场地、资金等方面对大学生创业给予了一定的扶持。

在知识经济时代，市场经济的快速发展为创业者提供了大量的机会。大学生结合自身的特点和优势，找准行业和定位，利用自己的聪明才智去创业，有利于增加就业机会，缓解就业压力，解决大学生就业难的问题。

### （三）有利于促进科技成果向生产力转化

鼓励和支持大学生创业是我国提出"科教兴国"战略的重要举措，这对于增强国家的竞争力具有重要的意义。大学生创业项目大多集中在高新技术领域，这和当代大学生富有创造力的特点是密切相关的。根据教育部门公布的数据，我国高校科技成果转化率不到 20%，专利实施率不到 15%，而这两个数据，在发达国家则分别高达 70% 和 80%。这也说明大学生创业具有很大的发展空间。

大学生创业如果能够建立在将科技成果向生产力转化的基础上，就能充分利用高校科技创新资源和设施，就能充分发挥自身的特点和优势，创业的成功率也自然会提升。如由北京航空航天大学的大学生创立的北京兰亭华谊文化传媒有限责任公司，就是基于无人直升机航拍系统的专业化服务型公司，他们以"云台可三轴精确定向的无人直升机航拍系统"为载体，顺利切入具备发展潜力的无人机航拍市场，目前已经为中央电视台、大型企业及个人等提供过航拍服务，企业整体运营状况良好。

### （四）有利于推动社会经济更好更快地发展

我国目前正处于市场经济体系不断完善的发展过程当中，大学生创业不仅能催生大批新企业，增加个人和社会的财富，还为我国逐步完善经济结构发挥了巨大的推动作用。20 世纪 80 年代以后，全世界的经济由于创业革命发生了巨大的变化。以中国为例，20 世纪 80 年代，中国改革开放初期，创业活动并不是非常活跃，创业的大多是生存性的小企业；到了 90 年代邓小平同志"南方

谈话"后，"全民创业"热潮兴起，以民营经济为主的创业活动广泛开展，极大地推动了经济的发展。目前的中国正处于平民创业阶段，范围更广，层次更高，竞争更激烈。具备创造力和活力的大学生群体作为高新技术创业的重要主体，他们思维活跃，敢想敢做，不仅在社会上产生了一些杰出的公司，还创建和领导了全新的行业，这些新行业对中国经济的发展也起到了极大的推动作用。

# 实用案例

## 技术员开发环保铅笔

25岁的顾志钢性格沉稳内敛，自主创业前曾在某废旧物资再生利用厂当技术员。两年多前工厂经营失败关门，顾志钢却看中了厂里一个环保纸质铅笔的项目，认为很有发展前途。而几年的打工生涯，也让他感到心有不甘，希望能自己掌握自己的命运，于是便有了创业的想法。

第一步，他花了半个月时间说服了父母，赢得了家庭的支持，创业过程中家庭共为他提供了20多万元的资金。创业之初，样样都要自己动手。顾志钢曾在某国企工作过两年多，学会了焊接、切割、机械维修等各方面的技能，使他能自行设计制作出一些设备和工具。在废旧物资再生利用厂时，又曾做过出纳工作，使他学会了财务知识。而做技术员又使他接触到环保纸质铅笔项目，他花了大半年时间研制出了纸张硬化剂的配方。2004年1月领到执照后，开始了小批量的试生产。现在他的公司已拥有专兼职员工7人，厂房面积220平方米，全年共制笔40万支，产品通过权威认证，目前是上海唯一的环保纸质铅笔生产厂家。

创业是艰难的，这点顾志钢深有体会。创业之初，顾志钢"事必躬亲"。一次，在检修设备时，右手不慎被尼龙带卷住，十指连心，顾志钢痛得差点没晕过去……右手总算保住了。可手背缝了17针，再加一根钢钉。只休息了几天，他就用一只左手骑着自行车去厂里。

回忆当时的情景，不善言辞的顾志钢感叹着说："身体受的苦还容易克服，关键是如何战胜自己心理和性格上的弱点。"刚开始推销产品时，他还闹过"笑话"。走到别人的店里，性格内向的他红着脸不知道该如何开口推销，最后他产品没有推销出去，反而是掏钱买了人家的商品离开了。

在创业过程中，顾志钢经历了很多挫折，可他始终坚持着。2004年夏天，他听了别人的建议，在共康路上租了个门面。本想只要保本就可以，可没想到开张后一个月要倒贴2000多元，撑了不到两个月就关门了。2004年底，由于销售没有起色，他和他的家庭几乎都要对公司失去信心了。最后是靠"硬撑"才迈过了这道坎。2005年，公司情况有了好转，顾志钢正在寻求外销的机会。

点评：上海市创业指导专家、上海维纳咨询有限公司总经理周卫民先生认为，顾志钢的初步成功有一些可取的经验：这个项目和他个人经历密切相关，他在个人能力范围内靠自筹资金起步，瞄准了一个特殊市场，环保铅笔符合循环经济和节约资源的产业导向。他能艰苦创业坚持不懈，同时既脚踏实地又眼光长远。缺点还是在营销。直到现在，顾志钢的营销能力和推广能力已有长足进步，但还是有点不尽如人意——参加这样的大型活动，居然连名片都没带几张。所以要加强营销能力。

【应用练习】

1. 作为一位创业者，如何才能掌握经济时代的脉搏进行创业？你想过吗？

A. 你对目前经济的发展关心过吗？

B. 你对哪些新技术的应用感兴趣？

C. 你认为传统行业能有新的发展吗？你考虑过在传统行业进行创业吗？

2. 当前的知识经济发展与创新紧密联系，你准备好了吗？

A. 假如是一个普通的小的零售企业，你准备如何使它的营业额再提高一点？当然是在成本少量增加的情况下。

B. 有一家就要倒闭的蜡烛厂，运用你的创新能力，帮助它摆脱困境吧。

你的建议是_____

3. 在你思考创业问题的时候，你觉得哪些问题是需要解决的？

A. 没有启动资金。

B. 没有项目，不知道该做些什么事情。

C. 我是一个技术性的人员，对于如何管理企业，没有任何经验。

D. 我想创业，也有了好的项目，但是对于市场的开发，没想法。

E. 我的创业马上就要启动了，资金也基本到位，可是我不知道第一步该怎么做。

4. 你的创业计划准备好了吗？请你写一份简单的实施线路图，以帮助你理清思路吧。

_____

_____

# ▶▶ 内容拓展

## 知识经济的几大特征

1. 生产特征：创意成为生产的主要内容

从生产投入来看，创意的生产主要依靠知识的投入。在农业社会及以前的时代，创造财富更多地依赖于体力而非脑力，人口的数量是社会财富生产能力的重要指标。知识投入十分有限。工业社会初期，机器虽然代替了许多人力，但技术与管理人员在生产中的作用并没有充分显示出来。大部分工作仍是体力活，个人技能、技巧开始受到重视。随着技术的发展，脑力劳动的比重增大，科研和教育培训的投入上升。在整个工业社会中，虽然知识始终在经济中起着作用，但是资金投入对经济增长至关重要。近年来，知识在经济中的地位不断上升，成为最重要的生产投入。这主要体现在：研究与发展的投入成为企业最重要的投入，对无形资产的投入超过了对有形资产的投入；资金投入必须和知识投入匹配才能避免风险，获取利润；经济增长主要依靠知识的投入，对研究与发展、教育培训等无形资产的投入回报率大大高于对机器、设备等有形资产投入回报率。

从产品的生产类型来看，人类的生产经过了这样两个阶段，即以硬件类产品生产为中心的阶段和以软件类产品生产为中心的阶段。

硬件类产品，主要包括制造业、加工业等有关行业的产品。其生产的特点是：硬件投入比例大，服务业还不发达，科研、学习还未引起足够的重视。这一阶段和整个农业及工业前期相对应，目前这类产品的生产固然仍在进行，但其产值在国民经济中的比重却大大降低了。软件类产品，主要包括服务业，以及与学习、旅游、娱乐等相关的文化业所生产的一般产品。这一阶段与工业社会中、后期相对应。信息技术在这类产品的生产中发挥着越来越重要的作用。

信息技术的发展，不仅使软件类产品的生产迅速成为生产过程的中心，而且也促使创意产品的生产取而代之。这种状况可以从以下三个方面来认识。其一，信息技术加速了产业的分层。一方面，产业不断地分化，出现了非同以往意义上的农业、工业、服务业。信息技术的应用使这些产业含有更多的信息。这不仅意味着生产过程需要越来越多的知识投入，而且也意味着更多的知识生产，从而使生产向知识型升级。另一方面，知识产业，尤其是高技术、文化类产业也在迅速崛起，成为重要的经济成分。其二，知识产业分化成上游产业、中游产业和下游产业。下游产业和一般知识的复制传播相联系，与传统产业有着比较密切的关系。其产品生产基本属于软件类产品的生产，不过是低级的软件类产品。中游产业和软件类产业相联系，大部分软件类产品由它来生产。这是发展中国家可望首先参与竞争的产业。信息产业和服务业，绝大部分属于这一类。上游产业，主要和创意生产相关。创意按其技术倾向和管理倾向又可分为硬创意和软创意。硬创意包括高技术的研究与发展，它的产品主要是专利以及重大的科研成果。目前企业投入的很大一部分是在这个领域。软创意主要包括管理类知识的生产。它的产品包括重大的经营方针、发展规划等。它关系着国家竞争力。其三，创意生产从一般生产中独立出来，成为和一般生产过程相并列的生产，甚至成为生产过程的中心。现在许多大公司开始重视新技术、新产品的生产，而把产品的一般生产让给其他生产者。比如，耐克鞋业公司是世界上最大的鞋业公司，这个年产160亿美元的鞋业公司根本不生产鞋，而是专门研制新产品。他们从世界上收集大量的消费信息，进行创意生产。再把形成的创意成果——新产品的一般生产让给其他企业。又如，有的新型医药是直接从实验室生产出来的，并不需要建立相应的工厂，实验室就是工厂。

2. 分配特征：知识的占有程度成为分配的主要依据

知识的占有程度包括知识的占有量和占有能力。

从分配的基础看，传统的分配是以生产资料的占有为基础的。农业社会，生产资料主要包括土地、劳动工具。地主由于拥有土地和劳动工具，在分配中处于主导地位。工业社会，资金可以购置生产需要的生产资料，是分配的主要依据。资本家由于拥有资金，在参与分配中处于主导地位。随着技术的进步，知识劳动在财富生产中的地位日益突出，经济的增长越来越依靠知识的生产、扩散和应用，知识变为传统意义上的生产资料和生产中最关键的要素。知识劳动者由于拥有了生产资料意义上的知识，使传统的雇佣关系发生了变化。近年来，资金的过剩和投资风险的增大，使资金直接参与分配的竞争力减弱。手术室对外科医生的需要，大于外科医生对手术室的需要。医院真正的财富不是昂贵的设备，而是拥有数十年经验的医生的技术和知识。没有这些知识，医院的昂贵的手术室一钱不值。知识的这种特性使知识的占有程度成为分配的依据。

　　从分配的决策来看，以往的分配是由劳资双方一方决定的。农业社会，地主掌握着分配的主动权。农民只拥有有限的发言权。工业社会，资本家掌握着分配的主动权。工人只有有限的发言权。随着蓝领工人阶层队伍的壮大，工会在争取发言权方面做出了重要的贡献，进行了劳资双方平等参与分配的前期工作。知识劳动者的出现，使蓝领、白领的区分变得模糊，传统意义上的蓝领工人逐渐衰落。知识劳动者由于拥有生产资料意义上的知识，在参与分配中拥有了和资方平等的地位。目前出现的劳动合作制公司、劳动与资金合作制公司、风险投资公司，有不少是建立在这种平等基础上的：知识和资金共同参与产权和既得利益的分配。事实上，知识在分配竞争中已经处于更为主动的地位。许多人靠知识成为亿万富豪改写了资本称霸分配舞台的历史。"知识就是财富"在知识经济时代有了新的含义。

　　当然，知识劳动者亦有层次之分，区分这种层次，主要依靠他们的学习、创造和应用知识的能力。值得注意的是，这种分层虽然具有传统意义上的绝对性：高知识阶层拥有更多的分配权，知识学习、创造和应用水平低的人在参与分配中处于劣势。但是，它也获得传统意义上不具有的相对性：知识不分高低，以往认为哲学高于手工艺技能的看法已经过时。知识的应用拥有更广的市场：对于一个异国旅游者来说，一个翻译的知识比一个作家的知识更重要；对于一个相信神灵的人来说，牧师的知识比科学家的知识更有用。知识像天上的星辰，有它自在的位置。在它能照耀的地方，人们就会获得它的光明。这种现象，有利于人们的平等交流和创造能力的发挥，因为它使全体劳动者趋于无人格意义上的能力平等，从而使社会分配趋于公平。

从分配的内容看。以往的分配主要指资金的分配。如今以知识为依据的分配中，分配内容已发生了变化。学习机会、宜人环境、发展的美好前景，都进入了分配的考察范围。目前许多人在就业时不在乎所谓高工资，更看重单位的地点、人际关系的融洽程度、公司的发展前景、个人的锻炼机会等，也反映了这种倾向。不少人之所以离开高收入的岗位，是因为觉得工作太累，他们需要休闲。

从分配的目的来看。以往的分配目的，主要是为了满足物质生活的需要。如今，人们的分配目的不仅超越了传统物质生活的框架向精神方向发展，而且获得创造性的精神活动的机会已经构成分配的目标。许多职工乐于参加公司提供的各种比赛、旅游、学习深造、新工作的机会，就是一个说明。当然，这些机会只能依据知识应用能力来支付。

专家的待遇和一般知识劳动者的待遇不一样，熟练技工和非熟练技工的待遇不一样。不过，这种差别也在缩小。

3. 消费特征：知识消费成为主导消费

人类的一切经济活动都是为了满足不断增长的物质生活和精神生活的需要。随着社会的进步，产品和服务中的知识含量在不断地增加。工业时代初期，物质还不丰富，人们处于温饱阶段，对产品要求以实用为主。随着物质的逐渐丰富，人们生活从小康进入富裕，对产品要求已经从实用扩大到舒适、方便等方面，物品外面是否华美、质料是否细腻均匀也在考虑之列。事实上，知识时代的产品技术含量高，蕴含大量的软件类知识，知识产品的消费，不仅需要相应的知识，而且需要相应的技巧。比如玩电子游戏，不同技巧的人从中得到的娱乐是不一样的，学到的和创造的东西也不一样。这种现象体现在不同的知识消费层面。永无止境的对物质消费知识化的需求使得产品开发从原料消耗型向智力消耗型转变。知识消费逐渐成为主导消费。

知识消费大体可分为三种：日常消费、特色消费和工作消费。日常消费，指和人们日常生活有关的知识消费。比如，可口可乐是一种饮料，有人用它做调料，煮出味道鲜美的鱼。特色消费，指比较特殊的知识消费。就整个社会而言，它主要包括旅游业、体育业、教育业等产业提供的消费。就个人而言，有的人喜欢集邮，有的人喜欢绘画。社会中存在着许多由共同特色消费倾向的消费者结成的群体。远隔重洋对峙下棋，遥遥千里讨论政局。网络提供了更多的交流机会。工作消费，即为工作而进行的学习。工作消费成为知识消费的重要内容，有以下背景：蓝领工人需求下降，知识劳动需求上升，职业结构发生了变化；知识社会的蓝领工人也已不是传统意义上的体力劳动者而是自动化生产线的操作者，随着技术的不断更新，对蓝领工人科学文化的素质需求也不断提高；更重要的是，科学技术的飞速发展使工作的知识含量逐渐增加并在不断翻新，人们对知识的需求迅速上升，对教育和学习的要求日益强烈。

事实上，随着生产和管理技术的进步，人们的业余时间在不断增加。与此相应，利用业余时间充实文化生活已经成为社会的时尚。例如，德国的北威州拥有8770个书籍和文学企业、8440个电视录像企业、7660个音乐录音企业、3450个文化市场，1995年其总收入为480亿马克，从业人员占该州总就业人员的1/3。美国的旅游业的产值1996年已经突破631亿美元，收入超过了化工工业和汽车制造业。众所周知的好莱坞大片和迪斯尼乐园已经成为巨大财富的来源。

同时，消费的个性化是知识消费的重要表现。日用产品不仅要适应不同的人群，不同的性别，不同的年龄以至不同的职业，而且还要满足个人的兴趣、爱好和特殊要求。满足小批量、多品种的个性化需求已经成为市场竞争的新焦点。比如自行车，有儿童专用的，有妇女专用的，还有走山路的和比赛用的。用户还可以把自己对产品的要求通过计算机传给生产厂家，直接参与生产过程。

4. 就业特征：知识劳动者成为社会的主要就业者

这主要表现在两个方面。

其一，劳动者必须接受正规的教育才能胜任工作需要。工作需要的信息在剧增，劳动者必须在信息的大洋中寻找自己所需的信息；工作面对的信息是迅速变动的，劳动者必须不断学习新知识。"知识工作者只有通过正规教育才能获得相应的工作和社会地位。"社会需要的知识劳动者，并不是仅仅拥有专门技术的人，"事实上，知识社会的工作中心并不是由高度专业化的人组成，……而是一些知道获取传统知识尤其是能迅速获取工作所需的知识，以便能很快从一种工作转到另一种工作的人"。固定职业将是没有意义的。结论是，"对许多工人而言，学习将是经常性的，那些认为年轻时可以经过培训掌握一种受益终身的技能的想法是不切实际的"。人们必须不断学习才能满足新形势下就业的需要。

知识社会，从业人员面临三种前景：第一，进一步学习专业知识，成为专业领域中跟上时代步伐的知识劳动者。第二，由于行业的衰落，接受新的教育培训，准备转行。第三，再就业。由于下岗，以往的工作和社会需要大相径庭，他们必须从头开始，寻找新的生路。不管哪一种情形，他们必须不断地学习，成为知识劳动者。

其二，信息技术促使劳动力结构巨变，使知识劳动者迅速增多。随着信息技术的发展，信息的贮存、加工、传播等需要更多的人员，知识劳动的机会增多。劳动者在劳动过程中，也不断地学习和运用新的知识。技术的进步使人们从繁重的体力劳动和简单重复的脑力劳动中解放出来，进入更加专门的知识劳动领域。人们业余时间的增加，为学习提供了更加宽松的氛围。早在 1965 年，美国的"白领"工人的人数已超过了"蓝领"工人的人数。近 20 年来的就业统计资料显示，90％以上的新增就业机会发生在服务业和知识密集型产业，也反映了这种倾向。

资料来源：http://ks. cn. yahoo. com/question/？ qid＝1307012315215＆source＝ysearch_ks_question_knowledge.

# 第三节　创业与职业生涯发展

## 学习目标

学习本节后，你应该：

1. 明确创业的本质，树立正确的创业观。
2. 培养自己的创业素质。
3. 规划自己的职业，为创业做好准备。

## 创业与职业选择

有一位朋友，曾经做了很长时间的软件企业，当很多大学同学都还在为生存奔波时，他已经住上了一所不错的房子，并且开着一部名车。他的同学来看他，为了节约一些费用，住在他家里，那时他觉得非常成功。但是不久之后，他就自己不做老板了，去了一家比较大的公司担任副总，而他的那位同学现在已经有了近1亿元的资产，住的房子也比他当年的好多了，开的车也好过他的车。为什么他自己不做企业呢？以后还会不会做自己的企业？他的回答是：他觉得前段时间做不动了，以后有可能会再做。什么是做不动了呢？没有现金收入，也就没有多少客户，他所做的企业收益低于成本，他每天都在亏损，问题在于，这影响了他对未来的判断，他觉得不会再有收益大于成本的经营状况，更为重要的是，他将自己当老板与当副总的收入做出了比较，觉得自己当老板投入的精力太多，现在和未来的收益都小于做副总的收益，他也就做出了解散企业，重新找工作的决定。

[大学生创业案例及分析]

2007年，武汉工业学院2006级土木系工程管理专业学生王彪，也加入了学生老板族。一个偶然的机会，王彪认识了做通信器材生意的合伙人周闻。面对该校常青花园校区1万多学生的群体，他们想通过生日主题的特色在酒店扎堆的美食街上找到一席之地。虽然酒店开张十来天生意依然冷清，坐在200多平方米新开张的酒店里，王彪和合伙人对自己的创意还是不无得意，"10000个学生里面，同一天过生日的有27人，如果再加上他们的朋友，那该是多大的一个消费群!""我们调查过了，其他地方还没有这种主题，才取名叫'同生缘酒店'。"王彪说，他们前期已经投入20多万元，除了餐饮，现在的包房只有K歌项目，下一步要上游戏机和上网项目，让来的人可以玩上一天。8月26日那天，整个中午只来了两桌客人，同生缘两层楼的店面里显得较为冷清。对此，两位老板表示，酒店定位于大学生和小白领阶层，开学后再守几个月才能验证创意的成败。合伙人周闻表示，开学后急需通过一些渠道拿到学生的全部生日数据，把蛋糕店和礼品店发展为合作商，以打折的形式让学生自己选货。"建立数据库后，就可以打电话或上门拉学生来过生日吃饭。"然而，情况并非像几位创业者一开始所料想的。该校学生对此反应不一。计算机系大一男生朱岚听到此消息比较兴奋，他说，如果只是吃饭，在哪都一样，但如果能碰上同一天过生日的校友，会很高兴的。人文系女生徐艳则表示，过生日只希望找一个经济实惠、好吃的地方，对其他不是很看重。王彪说，7、8月份筹备开店时，自己并没有想到会出现这么多意外情形。"管理服务员团队需要仔细琢磨。"面对临时招募的大学生服务员，王彪坦言，员工之间的合作不够，常在一些干多干少的问题上推诿。"我最大的收获是社交能力提高了，但如何让员工有团队精神还需要学习。"原料价格上涨是他们面对的又一难题。王彪说，现在客人对饭菜口味认可，但嫌分量少，"调料稍微用得差一点，口味立马就变。调料得用好的，分量又要足，利润真的很难控制。"一年5万多元的房租也让他们多少感到有些压力，而且店里空调急需更新也要花钱。"我们的优势在于创意，但没想到后续还要投入，我们现在的主要困难在此。"合伙人周闻说出了他们的困惑。在补修管人理财课时，王彪感到学业压力也逐步显现。"上学期高等数学和计算机没有通过。很多同学认为我将过多的精力放在了校外，现在酒店的事情更忙了，这对我确实是个矛盾。"

王彪同学的创业精神值得赞赏，以生日主题为基础的异业整合（网吧、电子游戏、蛋糕点、饰品店）很有创意，但他们的创业带有极大的冒险成分。首先，两位合伙人都没有直接或间接从事过餐饮行业的经验，这是创业的大忌。俗话说"做熟不做生"，最好在某个行当里干一阵子，哪怕是实习或帮工。其次，创意较理想化，有纯理论的幻想在里面，而忽视了消费习惯的差异，未能进行详细而周密的市场调查。例如，一万个学生中同一天过生日的学生中，也有贫富有差距，不一定都能上饭店大撮一顿。而且不少男女情侣更喜欢过安静的生日，这都需要考虑到。最后，王彪同学的这次的"创业"，严格来说只能算是"社会实践"，因为他缺乏必要的实践能力和经营管理经验。此外，对市场、营销、目标市场和竞争对手情况等缺乏足够认识，创业过程中除了"纸上谈兵"，很难胜任管理者的角色。这也是许多在校大学生创业失败的主要原因，即没有"风险意识"。对于想从事餐饮服务的大学生创业者来说，不妨参考一下餐饮服务专家、中国烹饪大师鲁永超的意见，要想长期在酒店扎堆的地方生存下去，"一定要研发有特色的菜肴，同时要把服务做好，不能仅靠些学生充服务员"。他还特别提醒王彪，没开过餐厅的人千万要搞好成本核算，否则很容易一时冲动都赔进去。

思考

1. 你认为一个人选择创业或是就业的决定因素是什么？

2. 如果你想在毕业后进行创业，你认为需要做哪些准备？请你写下来。

3. 有些大学生在学习期间就已经开始创业了，还有一些大学生选择在就业一段时间后再进行创业。请你调查一下，哪种创业方式企业更容易生存？

4. 抛开经济因素，还有哪些因素是鼓励人们进行创业的要素，你认为非经济因素的创业会成功吗？

## 一、创业的概念与本质

创业有狭义与广义的区分。一般来说，创业是指发现、创造和利用适当的创业机会，借助有效的商业模式组合生产要素，创立新的事业，以获得新的商业成功的过程或活动。狭义的创业是指创业者的生产经营活动，主要是开创个体和家庭的小企业。广义的创业是指创业者的各项创业实践活动。因此在广义的创业活动中，创业者不再以获得资金为标准，他们获得的是一种自我价值的提升。这也恰恰体现了创业的本质。创业的本质有以下几点。

1. 价值的追求。创业的本质是价值的追求活动。我们在调查中发现，真正创业获得成功的人，在最初创业时，并不是一味地追求金钱的人。创业的目的虽然包含希望获得比雇佣多得多的金钱利润，但是这并不是唯一的目的，很多创业者，都会将价值的追求放在首位。他们追逐利益，追求自我实现，享受创业实现的过程。这些人往往有高远的理想，渴望成功。现实中，创业经常被定义为创建者创建一个新企业，而美国哈佛商学院的教授斯蒂文森对创业的表述则是：创业是基于当前的形势创造价值的过程，在这个定义中包含了创业的本质和价值的追求。

2. 机会的识别。究竟什么样的机会是创业机会，如何做出评估，对机会的掌握程度如何，这是考验创业者的能力的一部分内容，创业的本质就是创业者对机会的掌握。在创业者过程中，机会转瞬即逝，难以掌握，李嘉诚曾经说过："当一个想法 5％的人知道时，你去就会赚钱，50％人知道时，就不再赚钱，超过 50％，这个连看都不用看啦！"而创业者要做的事情就是要从众多的经济生活中，找到机会，抓住机会，并且利用机会来获得成功。

3. 资源的整合利用。创业的本质也是对资源的整合与利用。资源的整合就是资源的配置与优化，在资源整合的过程中要有进有退，有取有舍，以便获得整体资源的最优。创业者在创业的过程中，会获得不同层次，不同结构不同内容的资源，要能够将这些资源进行识别与选择、汲取与配置、激活与融合。

作为一个创业者，对资源的整合表现在战术选择的层面上，资源整合是优化配置的决策。就是根据企业的发展战略和市场需求对有关的资源进行重新配置，以突显企业的核心竞争力，并寻求资源配置与客户需求的最佳结合点。目的是要通过组织制度安排和管理运作协调来增强企业的竞争优势，提高客户服务水平。

4. 创新。创新也是创业活动的本质之一。创业中的创新不仅是新产品的开发和市场的开拓，而且是一种将新事物、新思想变成现实的过程，戴尔在创建自己的计算机王国时，将全新的销售模式引入企业活动，这种创新的零库存的商业模式不仅带来了个人财富的增加，而且使之变成了一种新的经济方式。

创业本质的理解，有助于大学生在创业活动中针对自己的行为展开科学的分析，任何一种创业活动，不仅仅是简单地使企业生存下来即可，而且是要使企业获得发展，充满活力，因此创业者的目的，就是将企业变成一家充满活力的、不断创新的新兴的企业，即使在已经创业成功的企业中，新的创业或者二次创业也不会停止。

# ▸▸ 案例

## 李江华的创业故事

"虽然自己创业很不容易，也遇到了不少困难，但这对我的成长来说是一种很好的磨炼。"谈及自己创办公司近两年的感受，今年25岁的陕西师范大学计算机科学学院毕业生李江华语气中透着自信和成熟。

李江华创业的想法源于一次病毒侵扰的意外。2006年夏天，李江华还在读大三。有一天，他的同学电脑中了病毒，所有的资料都没了。"那时候我们这些学计算机的学生都没听过'数据恢复'这个词，当时完全不知道该怎么办。"

李江华看到室友难过的样子，便安慰他说："要不咱在网上搜搜看有没有什么解决的办法。"李江华在网上找到了一些有关数据恢复的教程，按照网上的方法谨慎操作，很幸运，硬盘上大部分的数据居然都被找回来了。

那天晚上，同宿舍的人都在说这次电脑数据恢复的事情，李江华忽然很认真地提出来："现在用电脑的人那么多，咱们学计算机专业的人都能把硬盘数据弄丢，其他人丢了资料更不知道该怎么办了，我们应该好好研究一下这门技术。"

李江华用了一段时间好好钻研了一下网上的数据恢复教程。2006年10月，他试着在网上一些论坛发布了数据恢复的广告信息。"一个星期之后，有个电话打过来，让我帮着找回数据，2个小时，我挣了200元！"此后，每隔两三天就会有客户打电话过来。转眼就到了大四，很多同学都忙着考研、找工作，李江华的父母希望他回老家青海当一名计算机老师。

在学校实习了一段时间后，李江华觉得自己还是想留在西安创业。他和有同样想法的一位同学找到学院负责就业工作的老师，谈了自己的想法。老师当即对他们的想法表示支持，并给他们介绍了创业的相关政策，建议他们先做市场调研。

于是，在大家都忙着找工作时，李江华开始进行市场调研。他跑到西安一家电脑城，发现这里有几家做数据恢复业务的，但几乎都是维修电脑的店面。李江华意识到，如果选择去电脑城，他和那些老店面相比没有任何竞争优势，"我们想做的，是写字间里专业的'西安数据恢复中心'"。2007年6月初，他们终于在西安小寨选中了一个写字间，粉刷了墙面、买了一些简单的办公家具后，便开始在这里办公。他们很快办妥了相关手续，并商定了公司的名字：西安中天联创信息科技有限公司。后来，又有几位同学先后加入他们的创业队伍当中。6月20日，陕西师范大学计算机科学学院为毕业生举办了2007届毕业生毕业典礼，当天上午，他们的公司接到了第一单生意，"我们的创业梦想随着毕业开始了"。

公司刚起步，没有更多的资金去请业务员，他们只能自己发传单、做推广。7月的西安骄阳似火，"回到公司，经常是一身臭汗，然后大家坐在一起探讨今天出去的心得，探讨自己对市场的感受，为市场开拓出谋划策，然后制订具体的方案，再分头去落实"。

虽然创业的道路并非一帆风顺，也遇到了不少困难和挫折，但是李江华认为这对他来说都是难得的经历和考验。"刚开始我们对创业可以说是一无所知，可以说是摸着石头过河。我们几个人凑了1万多元钱交了租金、买办公家具，电脑也是各自上学时用的电脑。为了公司的发展，起初我们几个人都没有工资，只能维持基本的生活，有时只能吃挂面和方便面。最困难的时候，资金周转不开，写字间的租金无法按时交，我们就和物业公司去沟通交涉，希望能缓交，他们得知我们是大学生创业后，也比较通情达理，同意了我们缓交租金的请求，后来接到了一个大订单，才使我们渡过了难关。"李江华说。

目前，他们公司的业务宣传和广告都在网上进行，业务已经拓展到青海等周边省份。公司现在固定资产达30万元、员工12人，业务也从数据恢复拓展到了广告等方面。"现在我们在积蓄力量的同时，正谋划着下一步的路该如何走。"李江华说。

通过自己的实践，李江华认为，大学生创业应该从自身实际出发，不应盲目地追求高精尖，而应选准切入点，选择那些资金不需要太多、社会资源能够维持的项目。同时，他希望政府部门应对大学生创业给予更多的指导管理和政策上的扶持，帮助更多有创业理想的大学生实现自己的创业梦。

资料来源：http://news.xinhuanet.com/newscenter/2009-04/12/content_11171934.htm.

## 二、创业者的素质要求

创业者的素质是指创业者身上应当具有的与众不同的品格与个性，它是随着创业活动的深入而不断提高和逐步完善的，创业者的素质在一定程度上决定了创业企业的成败。

成功创业者应具有什么样的创业素质，一直以来就有许多的研究与争论。关于创业者是否天生的问题，一直以来就有着广泛的议论，每个人的成长与其所处的社会环境、家庭、文化背景有很大关系，创业者的成长更多地与其所处的经济环境也有很大关系。例如，俗语说世界上有一半的金钱都在犹太人的口袋里，说明这是一个天生会赚钱的民族；再如我国江浙一带都是以经商为荣的，是因为这里是我国对外开放较早的地区，因此有更多的经商意识而较少受到内地的重农抑商的传统的束缚。

应具备什么样的素质才能成为创业者，各国学者都进行了研究。《科学投资》(2003)通过对创业者案例的研究，发现成功创业者具有多种共同的特性，认为创业者需要的是综合素质，每一项素质都很重要，不可偏废。张悦月、高山行等人曾对西安交通大学在校学生进行创业素质的抽样调查，提出大学生八种创业基本素质：创业意识、冒险精神、创新意识、敬业精神、自制能力、管理意识、竞争意识和应变能力。在国外，1999 年由英国伦敦商学院和美国百森学院共同发起成立了 GEM(全球创业观察)项目，旨在研究全球创业活动态势和变化。Gideon D. Markman 和 Robert A. Baron 在借鉴个人——组织适合理论的研究成果的基础上提出了独特的个人——创业适合度模型，指出创业者的个性特征与成为创业者的要求越匹配，创业成功的可能性越大。该模型通过对创业者各种明显差异特征的分析，指出自我感知能力、识别机会的能力、坚定不移的意志、丰富的人力和社会资本、出众的社会技能是影响创业者的关键因素，也是个人——创业适合度模型分析的主要内容。该模型框架为创业者努力寻找创业机会和成功创业提供了新的有价值的方法。以下是对创业者做出的素质要求。

1. 有战略家的眼光。在经济领域，有战略家的眼光尤为重要，这是指作为创业者要有一定的前瞻性，能够整体预测到经济趋势，又能从微观角度准确分析经济信息，从中预见企业发展的契机。

2. 有敢于决策的胆量。创业者首先必须是一个敢于担当的人。没有人可以不犯错误，但犯错误并不可怕，可怕的是不能够正确认识错误并从中找到正确的解决方法。良好的创业素质还表现在当创业机会来临时，能迅速作出反应，对机会做出正确的评估并能抓住机会，做出迅速的决策。创业者绝不是一个犹豫的人。

3. 只会追寻那些最好的机会。创业者不会将自己与组织的精力耗费在每一个机会上，他们大多保持高度的自律与识别机会的能力，对于创业计划实行严格的审查。在获得机会时，他们就会抓住，从而获得最大化的财富。

4. 有良好的组织能力。对于一个集体而言，建立一种能使员工为实现集体目标而在一起最佳工作并履行职责的正式体制，即组织结构，是实现目标的重要保证。创业者同时也是一个领导者，他应当将组织中的各位成员聚合起来，发挥其各自的作用，并形成一个绩效明确的组织，从而能够使其成员获得一个更好的发展。

5. 重视行动，没有一个创业者是在办公室里成功的，创业者需要果断的行动，并且是好的创意消失之前。

6. 有社会责任感。创业者的社会责任感首先是将企业作为社会的一个组成部分，因此企业的发展将是对社会有所贡献。这是因为创业是一个艰难的过程，会遇到许多的问题，而一个怀抱着社会责任感的创业者，在创业过程中，必定会用心地去处理和解决问题，这样一来，他在业界的良好口碑便会逐渐形成，也就树立起了良好的形象。有了良好口碑作为前提，创业者只要再趁着火候加强宣传，一传十，十传百，带动起来的人将会更多。正如马云所说：只有当创业者将社会责任与商业模式和发展战略融为一体，成为企业发展的内在核心基因，企业未来的发展才具备持久性和可持续性。

### 三、创业能力与职业生涯发展

职业生涯是指个体职业发展的历程，一般是指一个人终生经历的所有职业发展的整个历程。职业生涯是一个人一生中所有与职业相联系的行为与活动，以及相关的态度、价值观、愿望等的连续性经历的过程，也是一个人一生中职业、职位的变迁及工作理想的实现过程。简单来说，职业生涯就是一个人终生的工作经历。

创业，从广义的角度理解，是一种根据自己的性格、技术能力、机会掌握等因素，建立自己的事业，并且为了这个事业，努力工作，寻找资源，最终实现自己的人生目标和人生价值的过程。从这个角度说，创业也是一种职业，创业者可以将自己的创业活动看成一种职业生涯，在创业过程中，创业者所展现出来的能力，是可以作为职业能力来看待的，创业能力会对自己的职业生涯产生积极影响。对于大学生来说，创业是一种精神、一种素质，有了这些素质与能力，即使最终没有创业成功，也会在自己的其他职业生涯中发挥积极作用，我们发现，有过创业经历的大学生即使创业没有成功，但是在其谋求职业的过程中，创业经历也会为其提供很好的借鉴与帮助。

# ▸▸ 扩展案例

## 案例一："不安分者"眼中的商机

高中毕业后干起家电维修的小胡和小姜，每天都以修收录机、电视机为生，但前者是一个经营上的"不安分者"，后者则是一个循规蹈矩的"老实人"。不久前，小胡又突发奇想，寻找到新的商机：他发现当地的农民用上了自来水后，将来就有可能使用洗衣机，有洗衣机便会有维修洗衣机的业务。于是，他买回本地市场上常见品牌的洗衣机供周围的人使用，目的之一是让人们尝尝洗衣机的甜头，目的之二是学习洗衣机的结构、保养和维修。果不其然，1 年后，一台台洗衣机进入农村，维修业务几乎全被小胡包揽了，而小姜只能眼睁睁看着自己失去一次扩大维修范围的机会。

一般人总是等机会从天降，而不是通过努力工作来创造机会。殊不知，人们遇到的问题和未满足的需要总是不断提供新的商机。优秀创业者的一个基本素质，就是善于从他人的问题中发现机会，主动把握机会。对照一下你自己，又作何感想？

## 案例二：许小姐能做老板吗

许小姐一门心思想做老板。经过 7 年的努力工作和省吃俭用积蓄了一笔资金，其中 10 万元做了注册资金，5 万元用于流动资金。她认为，个人创业必须有丰富的工作经验。所以在过去的工作中，她总是分内分外的事全都抢着干，从不计报酬。尤其是经营方面的事，她更是竖着耳朵听，目的就是为了多学点本事，为自己开公司做准备。另外，她认为个人创业必须有一个好的项目。她选择了一个当时的朝阳项目——房地产租赁咨询。

在办齐所有手续后，她勤勤恳恳努力工作，但她怎么也没想到，最初的 3

个月几乎没有生意，直到第 6 个月才稍有收入，可生意很不稳定，半年来，她赔了 3 万元。她开始动摇了，觉得自己是在靠天吃饭，靠运气吃饭。她认为做生意不应该是赌博，肯定是哪儿弄错了。她不想再这样干下去了，她认为不能等到这 15 万元都赔光的时候才行动。她要去弄明白问题到底出在哪里。第 7 个月她关掉了公司。

导致许小姐失败的原因很复杂，但其中一条重要原因就在于没有一个完整的创业计划。小企业抗风险能力很低，考虑不成熟，一厢情愿，自然危机重重。要想创业成功，还要学会怎样避免"打水漂"。仔细分析许小姐的案例，你会终生受益！

# ▸▸ 扩展阅读

俞敏洪在多伦多大学创业论坛讲话中，列举了大学生创业的八种能力，请你进行一下自我考察，哪些能力自己已经具备，哪些能力需要培养。

第一个能力是目标能力。首先，大家都想创业，谁不想当自己的老板呢？可是你还得问自己一个问题：为什么要创业？你有什么样的目标？想把它做成什么样的状态？我们不是为了创业而创业，而是为了做好一件事情，做大一件事情，并且前提是你在进行自我评估后发现这是有可能实现的，这个时候你才能够开始创业。如果说你都没有目标，只是一时的冲动，只是觉得你应该去干点什么，并且对所干的事情又没有太多的热爱，那创业就只不过成为一种风气，而不是现实，你也不一定能做成大的事情。

第二个能力是专业能力。当你白手起家、身无分文，或者资金有限的时候，有一个重要前提：你必须是你创业的这个领域中的专家，是一个能控制住专业局面的人。比如你开一个软件设计公司，自己都不懂软件，你首先是把控不了质量；其次你把控不了人才，会很麻烦。

第三个能力是营销能力。营销分两部分：实的营销和虚的营销。所谓实的营销，比如我做新东方，营销的是新东方的课程，告诉学生为什么要来上这个课，上完能有什么收获。但是无数的培训机构一直以来也在营销课程，却始终只是小机构，而新东方能做大，这是什么原因呢？很简单，因为我们营销了品牌。就是说，新东方开始不断有内涵，到最后人们不是因为听到新东方有什么课程来上课，而仅仅只是听到新东方三个字就来上课，这个时候品牌营销就算是成功了，这就是虚的营销。

第四种能力叫转化能力。第一种转化是把科学技术转化成生产力，这是我们常说的一句话。你拥有了技术，拥有了能力，但没法转化成产品卖出去，这是不行的。像比尔·盖茨要是一辈子待在实验室的话，我估计他就是个穷光蛋了，他把自己的研究成果转化成了微软产品，推销到全世界，他就成了全世界的首富。所以，把科学技术转化成生产力、转化成产品能力是非常重要的。第二种是转化你个人的能力，一般情况下，知识分子创业都有一个前提条件，就是能把在大学里学的专业知识转化为社会能力、管理能力。也就是说把专业能力转化成综合能力，把专业才能转化成领导才能。而这种转化是要经历很痛苦的过程的，能力是能够成长的，现在我在新东方手下管着近一万人的教师和员工，依然没出现什么大的差错，表明了新东方管理能力的增加。所以人的能力是在不断转化的，关键是你自己要努力去转化，比如有很多大学生性格很内向，不愿意跟社会人士打交道，那你要想创业的话，这个交道是不能不打的，不打的话你就封闭了自己，同时把可能成功的机会也封闭了。

第五个能力是社交能力。进入社会，首先你要理解社会，要理解别人为什么要这么做。慢慢学会了把自己心态放平和，去理解这些社会上的人，最后当你开始混迹于这个社会，并且思想和境界又超越这个社会的时候，你大概就能干出点事情来了。你不能显示出不愿意跟社会打交道的样子，但你看事情的眼光又是超越社会的，"大隐隐于市，小隐隐于山"就是这个概念，小的隐士、没有什么出息的隐士才跑到山里去隐居起来，不愿意跟社会打交道，那些大的圣人、智者都是在社会中跟人打交道而思想境界又超于社会的人。做企业也是这样，一个企业家，如果不能和社会同存却又不超越于社会，就会很麻烦，所以社交能力对一个企业家或创业者来说，十分重要。

第六个能力是用人的能力。仅仅一个人做事情不能叫创业，那叫个体户，所以想创业的话你就得找一帮人，你的合作伙伴，你的同事，你的下属，这些人从一开始你就得用对了，挑了没有能力的人最后做不出事情来，挑了过于有能力的人最后跟你造反，老是跟你过不去，你也做不出事情来，把人招进来了就得让人服你，因此就得展示你的个人魅力，还得展示你的判断能力、设计能力，让大家觉得跟着你走是有前途的，哪怕在最艰难的时候大家也愿意跟着你。它是领导能力的一个典型体现。假如新东方没有相当一批人才，是做不到今天的。新东方有一句话叫作：一只土鳖带着一群海龟在这儿干，这只土鳖就是我，而海龟呢就是围绕在我身边的新东方几十个高层管理者，他们大部分都是海外留学归来的。大家都知道，海归本身眼界是比较高的，很多人眼睛都是长在额头上的，是很容易看不起土鳖的，所以我就必须抱着为他们服务的心态，同时我自己的学习能力必须超强，在很多方面必须接近甚至超越他们，他们才会服你，才会跟着你干。当然，当你想做出一番大事业的时候，会发现身边的人越来越多，各种各样个性、想法的人越来越多，你要能把他们统一在一起，既要运用利益的杠杆，又要动用感情的杠杆、事业的杠杆把他们完美地结合在一起，是一件挺不容易的事情。

第七个能力就是把控能力。包括几个方面，首先是对企业的把控，企业的发展速度是什么？发展节奏是什么？什么时候该增加投入？什么时候应该对产品进行研发？等等。其次是对人的把控，当一个人走进你的公司之后，他会根据自己的能力和贡献每天衡量自己到底应该得到什么，人与人之间永远会寻找一种平衡关系；人与人之间还有另外一种关系，就是每天都在衡量我在对方心中的分量到底有多重，当对方觉得你的分量重、他没有分量的时候，他是不会来跟你计较的，等到对方觉得他的才能、他的技术或者他的领导力已经达到能和你较劲的时候，对方不提出来，那他就是傻瓜。所以，人与人永远都是在一种平衡中间，而这种平衡需要你对人性进行很深刻的了解，并且随时把握每个人的动向，满足他们的需求，同时还能压制住他们不合理的要求和欲望，能够让他们跟你一条心、不断往前走。其实对人的把控能力、对环境的把控能力、对企业发展步骤的把控能力，构成了你创业是否成功的重要条件。

最后一个能力就是革新能力。所谓革新能力就是需要你不断把旧的东西去掉，把新的东西引进来，进行体制上的革新、制度上的革新、技术上的革新，以及思想上的革新。从我自己做事情的过程来看，一个人或者一个企业家成长的过程，就是不断否定自己的过去，承认自己的现在，追求自己的未来的过程。一旦你觉得现在这样就已经挺好，做成这样已经不错，就不会有更大的发展空间。

**【应用练习】**

1. 大学生是否拥有创业品质，对创业成功至关重要，请你认真总结一下自己是否具有一位企业家的品质，考量一下自己创业的可能性。

2. 针对目前的就业形势，大学生该如何规划自己的职业生涯，是非常值得思考的。请写出自己的职业规划，并且写出实现这一规划的第一步。

3. 大学生目前普遍存在的现象是，有热情，有技术，但是环境适应差，思想单纯，不愿意做困难的事，你认为这些会妨碍自己的创业活动吗？如果你发现自己也具有这些问题，请你记录下来，并且改正吧。

# 第二章　创业者与创业团队

创业者的概念经历了一个演变过程，1755年，法国经济学家坎蒂隆首次将"创业者"的概念引入经济学的领域。1880年，法国经济学家萨伊将创业者描述为将经济资源从生产率较低的区域转移到生产率较高区域的人，并认为创业者是经济活动过程中的代理人，首次给"创业者"做出定义。美籍奥地利经济学家熊彼特认为创业者应该是创新者，具有发现和引入更好的能赚钱的产品、服务和过程的能力。

我们认为，创业者首先是一个有追求的梦想者，他追求的是未来的回报，而非现在的回报。如果未来的回报低于预期，或者低于现在的回报，一个人不可能有创业的动力。因此，我们总结创业者进行创业活动，是为了获得更大的价值，这种价值的实现，既有物质上的诉求，更多的是自身价值的实现。创业者的未来收益是一种投资性活动的收益，这些投资既可能是实际的资本投入，也有本人和团队的时间和精力的投入，而收益也就不只是金钱上的收益，还应包括价值的收益、理想的实现等。

# 第一节　创业者

## 引导案例

### 用友软件：发现机遇，成就创业

　　1988 年，用友的创始人王文京、苏启强发现了两个问题：一是各个单位都在做财务软件，自己开发自己用，低水平重复，表明各个单位对财务软件都有普遍的要求；二是 1988 年北京实验区成立，鼓励专业人员到中关村办企业。于是他们就产生了一个想法：如果能够开发一种大家都适用并提供售后服务的财务软件，这样的商品化软件一定会大有市场。

　　在创建期，企业在各方面存在相当大的风险，企业与投资者也存在非常明显的信息不对称。资本市场和商业银行出于稳健经营的考虑，不会向处在创建期的个人、机构、企业提供资金支持，创业资金绝大部分只能来自于个人资产、私人借款或天使基金。因此，两位充满创业热情的年轻人从最早的一个用户那里借了 5 万元。花了 2 万元买了一台长城 0520DH 电脑，在中关村海淀南路一个居委会租赁了 9 平方米的一个小屋，在 1988 年 12 月 6 日成立了北京市海淀区双榆树用友软件服务社。开始了他们富有传奇色彩的创业历程。

　　就是这不起眼的 5 万元"种子"。经历了十几年的风霜雨雪，变成了今天几十亿元的参天大树。显然用友公司的种子期资金采用的是向朋友和亲戚借款的债务性融资策略，它是高新技术创业资金的重要来源之一。

到了1989年的时候，用友开始用商业银行贷款来支持企业的发展，1989年向银行的第一笔贷款是10万元，而同期有很多做软件的企业不敢用商业银行贷款发展自己的业务。经历过艰难的创业期，服务社已经发展到了二十几个人，个体工商户形式已经开始阻碍用友的发展。因此，在1990年2月。用友电子财务技术有限公司成立。

用友真正在市场立住脚主要靠1990年发布的两个产品：一是王文京开发的1990版用友财务软件；二是苏启强负责开发的UFO财务报表软件。UFO的成功使得用友在财务报表软件上的优势一直保持到现在，王文京曾经说过，"1990年，我们向银行贷款30万元。集中所有资金在这个软件上共投入了50万元"。1990年4月，用友财务软件通过财政部评审；1991年，用友成长为国内财务软件第一。并占住第一的位置，一直没有下来过。王文京在面对记者采访时说："差不多两到三年，我们就要换一批主要的竞争对手。软件企业的发展轨迹是一浪接着一浪的浪潮，有的企业把握住机会上来了，没有把握住的下去了，每一次技术的变革是市场份额重新划分的时刻。对一个软件企业来说，跳上一个浪尖可能比较容易，把握住两个浪潮也是可能的。但是几个浪潮都要把握住，那才是一种真正的挑战。"

用友的过去和其他企业一样，也是一步一个脚印走过来的，市场上永远有机会，也永远有风险。我想说的是，第一要找准自己的定位，具体的方向要选准，不一定太大，但一定要实际。二是要围绕这个方向，尽快培育起自己的核心竞争力。三是专注和持之以恒。有的企业往往行百里者半九十，可能坚持一步就成功了但最终却放弃，十分可惜。看看国际知名的软件巨头，哪个不是经过几十年的时间磨砺出来的？所以一定要专心致志、坚持不懈地向目标前进，终会有所回报。

资料来源：百度百科，作者加工整理。

# 案例

## 玫琳凯——创业不怕晚

玫琳凯，一个美丽的名字，创造的也正是跟美丽有关的事业。在她的手上，诞生了世界著名的化妆品公司——玫琳凯公司。从最初的小店面，到现在已经将业务拓展到 37 个国家，销售组织高达 75 万个，2000 年的销售额达到 130 亿美元的大公司，这是她 45 岁开始创业的结果。这样一个不平凡的女子，她的传奇和毅力已经永远镌刻在人类的历史之上。1938 年，20 岁的她把家搬到了达拉斯，在那里，这位年轻的单身母亲带着三个孩子，并没有停滞不前，尽管日子那么艰苦，她还是用常人难以想象的毅力完成了她的大学学业。为维持家里的种种花销，她找了一份家庭日用品销售的工作。为激励自己努力工作，她把自己每周要销售的肥皂数量目标写在卫生间的镜子上，每天早上起床就能看到，不断加大自己的压力。

11 年后，因为刻苦和努力，玫琳凯已经积累了丰富的销售经验，她转到了一家叫作"礼物世界"的直销公司。由于勤奋工作与业绩突出，她成功地在公司主任委员会里赢得了一席之地，并且把公司的销售区域扩展到 43 个州。1963 年，公司为她聘请了一位助手，但所付年薪高出她本人的一倍，只因为助手是个男人。玫琳凯不能忍受这种轻视妇女的行为，一气之下便辞职回家。这时她已 45 岁了。

退休后的玫琳凯打算写一本书，指导女性如何在男性统治的商界里生存。她在自家的餐桌上列出了两个写作提纲：一个是她在自己曾经工作过的公司里看到的好的东西；另一个是她认为应当改进的东西。

在看这些文字时，玫琳凯的灵感突然降临了：既然自己有这么多的经验和想法，为什么不自己开一家理想的新型公司呢？它将是无数女性实现自身价值的载体。玫琳凯想到自己曾经接触过的一种护肤品非常有效，便准备开办一家特别的化妆品公司，它将不仅满足顾客的需要，更重要的是满足女性个人成就的愿望，这是一个圆梦的公司。1963 年 9 月 13 日，在儿子理查德的帮助下，玫琳凯倾其积蓄5000美元成立了玫琳凯化妆品公司。成功之路总是荆棘密布，就在玫琳凯的公司要开张的一个月前，她的第二任丈夫因急病骤然去世。大家都劝说玫琳凯等待一段时间再开始事业，然而倔强的她还是出发了，而一个传奇也就此诞生了。

### 美梦成真——只要你肯努力

1963年9月13日星期五，一个西方人认为不吉利的日子，刚刚失去丈夫的玫琳凯开始在达拉斯的一个约46平方米的店面里开始了自己的梦想之旅。玫琳凯以自己的名字命名新公司，最初的职员只有她和儿子理查德及9名美容顾问。玫琳凯直销的化妆品来自于她从自己美容师手中买下的一种美容配方。

玫琳凯说："许多人开创新事业是为了赚钱，但这绝不是我的主要动机，并不是我相当富裕而可以不在乎钱，我只是认为这个事业必须成功，否则我将没有第二次机会开创自己的事业了。"因为这时她已经是祖母了。

公司开张伊始，玫琳凯就致力于为广大妇女提供前所未有的经济独立，以及个人发展和个人成就的机会。玫琳凯将自己所信奉的"你要别人怎样对待你，你也要怎样对待别人"的黄金法则作为她公司的指导哲学和市场理念，大力倡导"信念第一、家庭第二、事业第三"的生活优先次序，用"你能做到"的精神来激励其他女性加入自己的事业。

资料来源：新浪读书，《一个女人的能量(1)》，作者加工整理。

### 思考

1. 你想成为一名创业者，应该怎样培养你的素质？

2. 你身上具有哪些创业家的潜质？还有哪些素质是不具备的，你如何锻炼？

3. 你希望得到什么样的成就？目前你是否已经朝着这个目标努力了？

4. 用友软件的创业故事，对你的创业有启发吗？如果有，是什么？

5. 玫琳凯女士是一位杰出的女性创业者，你认为可以从她身上学到些什么？

## 一、创业者及其类型

创业者(entrepreneur)一词来源于17世纪的法语词汇，表示某个新企业的风险承担者，早期的创业者也是风险承担的"承包商(contractor)"。在欧美的经济学研究中，将创业者定义为一个组织、管理生意或企业，并愿意承担风险的人。

创业者一般被界定为具有以下几点的人：

1. 创业者是一种主导劳动方式的领导人；

2. 创业者是具有使命、荣誉、责任能力的人；

3. 创业者是组织、运用服务、技术、器物作业的人；

4. 创业者是具有思考、推理、判断的人；

5. 创业者是能使人追随并在追随的过程中获得利益的人；

6. 创业者是具有完全权利能力和行为能力的人。

在实际生活中，与一般人的观念恰恰相反，创业者所谓高度的商业才能，不仅仅是创办一个企业，而且是在企业的整个发展过程中，都能够做出正确的决策，及时解决面临的问题，修正企业的发展方向，使企业长期保持活力，不断发展壮大，成为具有影响力的企业的才能；同时，我们界定一个创业者，还应该从社会发展的角度，那些建立了新的商业模式并获得了好的发展的企业，并且为其他企业的发展提供样板，为社会提供就业，不断带来财富，这些企业的创立者通常也被称为创业者，例如我们熟悉的乔布斯、戴尔，中国的俞敏洪、马云等。

## ▶▶ 案例

# 亚马逊商业理念对初创企业的启示

在千千万万的创业大军中，成功者寥寥。创业艰难，许多人都是摸着石头过河，当创业者意识到存在错误时，已经无法挽回，加上资金匮乏，多数初创企业都以失败而告终。

美国人特别热衷于成功创业的企业家故事,使得一些企业家获得了明星般的瞩目。亚马逊的创始人——杰夫·贝索斯就是这其中的一位。在过去的18年里,贝索斯一直经营着自己创立的企业。亚马逊就是其中最为成功的,目前其市值已高达1320亿美元,年收入610亿美元。

除了成功,贝索斯还有什么地方值得人们崇拜?大概是他不断面对艰难的商业挑战的勇气。就在2013年8月份,贝索斯就以个人身份,用2.5亿美元成功收购了经营惨淡的华盛顿邮报。就在9月2日,华盛顿邮报撰文称,贝索斯将亚马逊的成功归功于三大经营理念:将顾客放在首位;创造;耐心。让我们看看这三大理念对亚马逊究竟意味着什么,你的初创企业该如何借鉴?

## 将顾客放在首位

将顾客放在首位的理念已经出现了10多年——20世纪80年代最畅销的商业书——《成功之路》,就谈到了贴近顾客的重要性。但在实际中,如何将这一理念运用到实际商业操作中确并非易事。在这方面,亚马逊做了许多努力工作,确保将顾客放在第一位。20世纪90年代,亚马逊在其购物网站上设置了购物车功能,一键式的购买使得用户无须在每次购买时都反复输入自己的信用卡信息、邮箱地址和邮寄地址等。

不过,最初的亚马逊在准确完成订单方面还存在不小的问题,因为当时亚马逊并没有全在线出售商品。许多年,亚马逊都在仓库和系统上投入大量资金,不断完善订单处理系统的质量和效率。

由于它的规模和高效,亚马逊能够以较低的成本购入库存中的商品,而不是一味地抬高价格获取暴利,它将大部分的节约成本都转给消费者,只获取微利。

作为一个企业家,如果将顾客放在首位,就必须具备一颗同理心——能够分享顾客的感受,以带给顾客更好的产品和服务为宗旨去经营你的企业。

当消费者开始接触一家初创企业时,总不免担心它什么时候会倒闭。所以,创业者们要准确把握顾客的需求,就是其他竞争企业也在努力解决的问题。

当你找到了,你也就抢先一步成功,你需要及时不断地发掘最新的消费者需求。

## 创造

贝索斯展现了自己不凡的创造才能。他决定进一步完善线上食品的快递业务，2007 年在美国西雅图的 Medina and Mercer Island 社区推行亚马逊生鲜业务，2012 年之前亚马逊的生鲜快递已经扩展到西雅图的其他社区。2013 年 6 月，这项业务已经延伸到洛杉矶的一些特定地区。

对于生鲜业务的成功，贝索斯是依靠 Mickmountz 发明的专利技术——kiva 系统。"在多年前，当我第一次看到 kiva 的产品时，我一下子就被它吸引了。它的主体是一个飞盘形状的机器人，通过地面磁铁引导。它可以根据客户订单资料，从仓库货架上取下订单上的物品，交给操作员。操作员会扫描货品条形码，确认货品准确无误，然后进行装箱，贴好顾客邮寄地址后，进行邮寄。"

2012 年，亚马逊以 7.75 亿美元收购 kiva 公司，利用 kiva 技术成功推出亚马逊生鲜服务。对于初创企业而言，贝索斯对发明的热情需要创业者们去思考，能够解决顾客需求的全新商业模式。而有时，创业者们也要认识到，利用其他人的产品或工作可能比你自己研发一个独创的技术要成功得多。

## 耐心

亚马逊生鲜的故事也让我们了解到关于贝索斯的一些秘密：他并不期待在第一次就可以把事情做到完美。他懂得建立一个成功的新型商业模式不是单单依靠一个好创意，而是来自于不断地学习。

这意味着，当你全身心投入到解决企业问题、面对消费者时，你就会进行一系列的小型试验。比如，与潜在的客户群沟通交流，了解产品在市场上失败的根本原因，并解决这些问题。快速研制出产品的底价样品，搜集市场反馈。根据反馈情况，再次调整产品和市场战略。

持续重复这一处理过程，直到你建立一套自己的解决问题的方法。这也是贝索斯如何让困境中的华盛顿邮报开始盈利的秘密所在。

试用一下杰夫·贝索斯的三大理念吧——亚马逊的成功已经有力地证明了这些理念的力量。最大的挑战就是你如何将这三大理念融入到你的创业中。

资料来源：http://bschool.hexun.com/2013-10-10/158604376.html.

创业的开始往往是基于一个好的想法或者创意，这样的创业被称为机会拉动型创业。一个好的创业者可以敏锐地发现创意后面暗含的商机，将创意转变成创业机会并建立起盈利模式。一些创业者会在企业发展之初就能够为企业制定未来的发展战略。但是也有些创业者是在企业发展过程中与企业一起成熟的，他们随着企业的发展不断地修正发展方向并为企业带来持续的利润。前者如著名的蒙牛集团 CEO 牛根生，后者如新东方教育集团的俞敏洪。

另外一些人的创业是首先从有创业的想法开始的，这些人怀着强烈的创业梦想，被创业热情驱动，梦想着自己可以成为自己的老板，尽管目前这些人还无法摆脱自己当前的职业束缚，但是他们总会寻找机会建立起属于自己的企业，并且取得相当高的成功率。这些人被称为热情驱动型的创业者，例如聚美优品的 CEO 陈欧。

不管基于何种驱动力，创业者的共同特征是都会将创业作为自己的人生愿景。愿景是指希望永远为之奋斗并达到的前景；它是一种意愿的表达，表明未来的目标、使命及核心价值，是人生最核心的内容，是最终希望实现的图景。我们分析创业者的共同特质，就会发现创业者的愿景一般可以概括为以下几点：

1. 赚取更多的利润；
2. 获得更多的人生发展空间；
3. 体会成功的快乐；
4. 从事自己喜欢的事业；
5. 满足自我价值的提升。

创业愿景与实际情况之间有时会存在较大差距，不是每一个创业者都能获得成功或者有较大的收益，金钱的失去只是创业者要面对的最普通的问题之一。创业者在创业过程中还需要面对更多的困难，解决没完没了的难题，例如，资源的短缺、市场的开拓不力、合作伙伴的突然撤资等。如果创业失败，创业者可能面临着一无所有甚至是负债的局面。这也造成很多人在是否创业的问题上犹豫不决。但是创业的过程本身充满不确定性，又是一个创造的机会，这会给创业者带来许多创造的乐趣和丰富的生活体验，使创业者获得享受。因此，一个成功的创业者必定是一个乐于接受挑战、喜欢自己创造未来的人；即使失败，他们仍然能从中学习，并且很快调整自己的创意，重新找到创业机会，我们称这些人为主动创业者。选择创业就意味着一生的选择，因此坚定目标，充满勇气应该是创业者的人生第一课。

创业者需要动机、激情和鼓励来开发一个商机。为了将创意变成可行的商业机遇，创业者将面临很多困难和阻碍。

——杰克·M.卡普兰

## ▶▶ 扩展阅读

## 关于创业者的神话

某些创业神话总是一再地得到人们的关注和青睐。但这里有一个问题：普遍规律虽然对某些特定类型的创业者和情况适用，但创始人的多样性却向普遍规律提出了挑战。

神话1——创业者无法塑造，而是天生的

现实情况——即使创业者天生就具备了特定的才智、创造力和充沛的精力，这些品质本身也只不过是未被塑形的泥巴和未经涂抹的画布。创业者是通过多年积累相关的技术、技能、经历和关系网后才被塑造成功的，这当中包含着许多自我发展历程。具有至少10年或10年以上的商业经验，才能识别出各种商业行为，并获得创造性的预见能力和捕捉商机的能力。

神话2——任何人都能创建企业

现实情况——创业者如果识别出思路和商机之间的区别，思路开阔，他们创办企业成功的机会就比较大。即使运气在成功中很重要，充分的准备仍是必要条件。创办还只是最简单的一部分，更困难的是要生存下来，持久经营，并把企业发展成最终可以使创办者喜获丰收的企业。能够存活10年以上的新企业中，10～20家中大约只有1家最后可以给创办人带来资本收益。

神话3——创业者是赌博者

现实情况——成功的创业者会预期风险，小心翼翼。在有选择的情况下，他们通过让别人一起分担风险、避免或最小化风险来左右成功优势的倾斜方向。他们常常把风险分割成可接受、可消化的小块；那时，他们才肯付出时间和资源，看哪部分的风险—收益划得来。他们不会故意承担更多的风险，不会承担不必要的风险，当风险不可避免时，也不会胆怯地退缩。

神话4——创业者喜欢单枪匹马

现实情况——想要完全拥有整个公司的所有权和控制权，只会限制企业的成长。单个创业者通常只能达到维持生计。想单枪匹马地发展一家高潜力的企业是极其困难的。高潜力的创业者会组建起自己的团队、自己的组织，然后是自己的公司。

神话5——创业者是他们自己的老板，他们完全独立

现实情况——创业者离完全独立相差很远，他们需要为很多主人和赞助者服务，其中包括合伙人、投资者、顾客、供应商、债权人、雇员、家庭，以及其他社会和社区义务的相关方。但是，创业者可以自由选择是否、何时以及做些什么以对他们作出响应。而且，要单枪匹马地获得超过100万～200万美元的销售额是极其困难的，可以说，几乎是不可能的。

神话6——创业者比大公司里的经理工作时间更长，工作更努力

现实情况——没有证据证明，所有创业者都比公司里与他们地位相当的人工作得更多。有一些可能是工作得多一些，而有些则不是。事实上，一些研究报告说，他们工作得更少。

神话7——创业者承受更多的压力，付出更多

现实情况——做一个创业者是有压力的、是辛苦的，这一点毫无疑问。但是没有证据证明，创业者比其他的无数高要求的专业职位承受更大的压力，而且创业者对他们的工作往往非常满意。他们有很高的成就感，他们更健康，而且不太容易像那些为别人工作的人那样轻易退休。创业者中说自己"永远也不想退休"的人是公司经理的3倍。

神话8——创立公司是冒风险的事情，而且到头来通常是以失败告终

现实情况——有才能、有经验的创业者，因为他们追逐的是有吸引力的商机，而且能够吸引到使企业顺利运作的合适人才、必要资金及其他资源，所以他们带领的往往是成功的企业。而且，即使企业失败了，并不能说创业者也失败了。失败常常是对创业者的学习经验和成交技能淬火的过程。

神话9——钱是创立企业最重要的组成要素

现实情况——如果其他的资源和才能已经存在，钱自然随之而来；但是如果创业者有了足够的钱，成功却不一定会随之而来。钱是新企业成功因素中最不重要的一项。钱对于创业者而言就像是颜料和画笔对于画家那样，它是没有生命的工具，只有被适当的手所掌握，才能创造奇迹。钱同样只是保持得分的一种方式，其本身并不是最终归宿。创业者因为乐于体验创业带来的兴奋而获得自身的成长和成功；事情总是这样，当一个创业者赚了几百万美元甚至更多时，他还是会无止境地工作，憧憬着创建另一家公司。

神话10——创业者必须年轻并且精力充沛

现实情况——这些特征虽然会对成功有帮助，但年龄绝不是障碍。创立高潜力企业的创业者其平均年龄是35岁左右，六十几岁才开始创办企业的创业者也为数甚多。关键是要掌握相关的技术、经验、关系网，它们非常有助于识别和捕捉商机。

神话11——万能的金钱是创业者唯一的驱动因素

现实情况——追求高潜力企业的创业者更多是被创建企业、实现长期的资本收益所驱动，而不是为高额薪水、奖金这样立即可以获得的报酬。个人的成就感、对自己命运的把握、实现他们的期望和梦想也是强有力的动机。金钱只是保持得分的工具和方式。

神话12——创业者追求权力，喜欢控制别人

现实情况——成功创业者的驱动力量来自对责任、成就和结果的追求，而不是为了权力本身。他们因获得的成就和超越竞争对手而显得生机盎然，而不是为了满足主宰和控制他人的个人权力欲。由于他们的成就，他们可能变得有权力、有影响力，但这些只是创业过程的副产品，而不是隐藏其后的驱动力。

神话13——如果创业者是有能力的，只需1～2年，他们就会成功

现实情况——风险投资家有一句古老的格言：柠檬只要两年半就成熟了，但珍珠需要7～8年才能孕育成功。几乎没有一家新企业可以在少于3～4年的时间里打牢基础。

资料来源：《创业学悖论》，http://finance.sina.com.cn/roll/。原文字整理自[美]蒂蒙斯：《战略与商业机会》，北京，华夏出版社，2005。

## 二、一个创业者应具备的能力

创业者所做的第一步是为新的业务产生一项创意。创意的来源多种多样。互联网创业目前已经创造了很多创业机会并且产生了许多富有创新的企业，另外在传统行业中，也会有许多新的创意产生，创业者需要做的是对其中可以产生的创业机会进行评估，并付诸实践，使之产生利润。一般情况下，创业活动对创业者的专业技能要求并不是很严格。虽然拥有专业技能可以使创业者更容易掌握核心技术，保持企业的先进性，但是过分关注技术也会造成对其他资源的忽视，企业在管理和市场方面会出现问题。实际上，并不是每一位创业者都具有本领域的专业技能。我们熟知的联想集团的柳传志，他所学的专业就是雷达技术而非计算机。

在创业过程中，创业者需要做的事及具备的能力如下。

1. 发现新创意的能力。创新能力是创业者应该具备的能力。早在 1912 年，美籍奥匈帝国经济学家熊彼特就在其经济学著作《经济学发展理论》中提出"创新理论"，书中认为，作为资本主义灵魂的企业家，其职能就是实现创新。需要指出的是，创新能力并不仅仅包含在技术或者产品的创新之中，创业者的创新包括方方面面。

# 案例

## 苹果公司的 iPod

当 2001 年 10 月乔布斯决定推出 iPod 数码音乐播放器时，日本索尼公司的 walkman 已经在市场上占有一定的份额，但是乔布斯决定对网络音乐采取付费的方式下载，苹果公司将 iPod 硬件与 iTunes 软件和 iTMS 在线服务成功地整合到一起，进行捆绑销售。iPod 播放器由于 iTunes 软件的支持和 iTMS 业务的开展而销量大增。iTMS 与各大唱片公司签订协议，在网上发售歌曲，并建立起 iTunes Music Store(iTMS)，为消费者有偿下载。歌曲销售收入的一部分作为版权费用支付给唱片公司。这种模式实现了唱片公司、音乐商店和消费者之间三赢的格局，挽救了当时几乎陷入绝境的唱片行业，同时也为苹果公司带来了新的盈利模式，从而一举击败索尼。

资料来源：《从苹果的 iTunes 谈中国付费音乐下载》，http://tech.sina.com.cn/it/2005-10-11/1216737110.shtm/。

2. 积极寻找创新来源的能力。创新能力是事业获得发展的动力源泉，寻找创新能力，创业者在力求获得完美中，寻找新鲜的、未尝试过的解决方案。创业者要考虑创业的整个过程，从过程的纵向路径中找到创新点；也可以进行横向分析，从产品、市场、客户需求、公司管理、运营等角度来考虑创新。

# 案例分析

## 创意比萨店

通过分析，学院的同学们发现目前比萨店在递送方面不尽如人意（见表 2-1）。

表 2-1 比萨店经营状况分析表

| 顾客迫切需要点 | 所有者面临的挑战 |
| --- | --- |
| 比萨延迟送达； | 店铺位置不好； |
| 比萨送达时已经变凉了； | 租金高； |
| 不接电话； | 劳动力昂贵且不可靠； |
| 订单接收者理解不当； | 难以确定烘烤时间表。 |
| 包装影响了比萨的味道。 | |

思考：请你根据以上情况，考虑如何抢夺巨额的市场份额、彻底重组比萨生意？技术上的哪些进步能够影响比萨生意？进行这样的思考，有利于创业者获得创新。

思考结果：

• 及时递送服务

- 网络购物
- 使用烤箱获得产品

新技术的使用上，必胜客基于比萨订单的数量巨大，因此发明了一款机器人能够按照订单的输入自动将比萨放入烤箱。

解决方案：

将机器人、烤箱放入一辆卡车。顾客在订购时讲明信息，司机送达时保证都是新鲜出炉的比萨，而且节省了店面、劳动力等问题。

资料来源：［美］杰克·M. 卡普兰、安东尼·C. 沃伦：《创业学》（第2版），冯建民译，北京，中国人民大学出版社，2009。作者加工整理。

创业者在进行创意构思时，需要一个巨大的分析过程，在这个过程中，可以选择到互联网上或者进行"头脑风暴"想出很多的好的创意执行方案，然后将不同的资料进行整理，找到一个可行的解决方案。创业者应该具有高度的敏感，能够从众多概念中找出商机，选择可行的创业模式。

3. 创意评估的能力。应该清楚，并不是每一个创意都能转变为商机，对创意的评估，是指分析、评价创意是否能转变为商机，是否能为创业者带来利润，否则再好的创意也不能被实施。创业者需要考虑以下问题：这个创意过分、夸张吗？实践起来容易吗？有没有实践成果？是否有其他人早已考虑过了？如果这些问题都得到了圆满的回答，那么说明创意是基本成功的。按照美国经济学家的调查分析，在美国从商机分析到商机开展业务一般要经过6～12个月的时间。当然，创业者的个人因素会很大程度上影响这一过程的时间。这一过程中，创业者面临的巨大挑战是鉴别、评估哪种创意真正具有商业潜力。大学生创业者可以按照下面的路线图实行：考虑创意变成商机之后能为公司带来多大利润，创意是否需要改进以提高收益，罗列所有的技术与管理项目，明确增加或删减的方向。

4. 将创意转变为商机并获得成功的能力。将创意真正变成商机是指创业者在通过市场分析后，经过确立产品与服务的方式、市场研究、制订合理的商业计划、确定启动资金、构建公司管理模式等一系列工作，启动并开始公司运营的过程。这一过程，复杂而艰巨，有很多涉及商业知识和经验，国家工商总局的数据表明，1999年我国实有个体工商户3160万户，到了2004年，这一数字下降为 2350 万户，6 年间净"缩水"810 万户，平均每年减少 135 万户。分析个体私营经济减少的原因，一些公司是由于缺少所需的资金；另外一些则是由于产品定位、管理技术和运作经验缺乏造成的。

大学生创业者尤其要坚定决心，因为这一阶段不仅要面对大量细致、琐碎的工作，而且也会面对未曾经历过的困难。要考虑将商机转变成为财富，仅仅依靠知识技能是不够的，因此我们建议在此期间，可以寻求专业人士的帮助。表 2-2 是赢得商机的区域图，可以帮助创业者界定考虑的范围。[①]

表 2-2　赢得商机的区域圈

| 1. 抓住商机 了解创造商机的因素： 目前技术及未来发展 成本与附加值 技术人员及市场变迁 计算机会成本 评估风险与回报 | 2. 通过市场研究调查需求： 市场需求 市场细分与竞争 专利与所有权 广告包装 销售运输 进行初步询问 准备资料的搜集 完成研究，找出答案 | 3. 制订计划 商讨运营过程 制订商业计划 确定业务的生存计划和组织公司的运作 | 4. 确定所需资源 建立人际关系网络 技术劳动力 满足融资要求 搜集融资人信息 谈判准备 | 5. 业务管理 保持计划性 保护自己的创意与产品 了解财务运行 提交一份完整的解决方案 培育资源 |
| --- | --- | --- | --- | --- |

【注】创业者的市场调研，是基于帮助评价新企业未来的创建做准备的调研，因此不需要有很强的范围，但是应对市场进行细化，找准目标市场以求得调查的目的准确。调查问题可以按照商品的服务线索展开，产品需求、竞争、成本、广告、销售运输甚至职工都是创业者需要考虑的因素。

5. 制订资金计划，明确所需资源的能力。启动资金是指企业在创建的前期需要的资金投入。创业者需要对前期的成本投入有明确的认识，虽然创业者可以找专业人士来帮助自己，但是自己也应做到心中有数。公司的生存与发展，产品和技术是至关重要的，解决了产品的技术性与服务性问题，就需要关

---

① ［美］杰克·M. 卡普兰、安东尼·C. 沃伦：《创业学》（第 2 版），冯建民译，北京，中国人民大学出版社，2009。

注销售，只有销售之后，才会有利润产生。公司的前期运行需要有足够的资金支持，因此创业者在执行计划的过程中必须谨慎地考虑财务因素。公司开办之初常常会出现亏损，这是需要有足够的资金支持，创业者既要有可行的资金计划，也要有良好的心理素质。

### 三、创业者的产生与培养

在当今知识经济高速发展的今天，传统雇佣制的经济与创业的界限也变得模糊起来，并且产生了大量的介于雇佣制与创业者之间的自由职业者，而在当今社会中，由于信息的高速发展，社会的价值被大量分享，学习的成本降低，因此造就了社会的快速转型。当今社会最有价值的东西包括：可以随意学习的知识和技能、有兴趣的工作、不断学习的机会、有效沟通的网络（包括虚拟世界的有效沟通），正是在这种变化中，为人们带来了创业的便利，改变了当今的创业环境。

当人们的创业活动不再与金钱单纯地挂起钩来的时候，这种创业活动就会变得多姿多彩，创业动机也相当丰富起来。

1. 热情驱动创业。创业的动机是梦想着自己成为老板，喜欢在自己的公司中扮演决策者的角色，虽然此时还没有机会，但是一旦这些人获得机会，就会毫不犹豫地改变。热情驱动创业的创业者有一个通病，他们在考虑创业时，并不太会考虑将来干什么，在传统行业的创业活动中，也能施展他们的技能。

2. 梦想改变生活现状。有些人的创业动机非常简单，他们希望能够以创业养家糊口，改变自己贫穷的现状。他们可以尝试创建一个适合个人境况生活方式的小企业，有"小生意"或者"小微企业"来保证自己衣食无忧，但是当机会来到时，他们中也会有人毫不犹豫地扩大企业的发展。但是在通常的情况下，此类创业者并没有较为宏大的创业计划，他们或许只想开办一家生活型企业，在经营中获得乐趣，并利用销售收入维持企业的发展。

3. 希望获得自我价值的实现。这些创业者有着将企业做大做强的能力和愿望，希望在创业的过程中充分展示自己的才华，获得肯定；他们是天生的创业者，不怕失败，勇于冒险。他们的创业动力来自于自身的自信与天赋。这些创业者是国家经济体系的动力。

# 案例

## 我为什么要创业：李彦宏怎样创立百度的

在回国创业前，李彦宏曾供职硅谷著名的搜索引擎公司 Infoseek。在那里，李彦宏亲历了 Infoseek 在股市上的春风得意，以及后来门前冷落鞍马稀的惨淡。李彦宏还将自己在美国积累的经验写成了一本书《硅谷商战》。

经过大起大落，李彦宏明白：股市上的瞬间成功，很可能是最致命的诱惑，股价的疯狂上涨曾掩盖了企业自身的问题，在网络股泡沫崩溃后，这些问题又给不少网络科技企业致命一击。

李彦宏在 1999 年底回国创办百度，那时的他几乎默默无闻。当时，上一轮互联网泡沫狂热到了极点。而怀揣 120 万美元风险投资的李彦宏，被朋友调侃为像小老板一样神色慌张地在北大校园里张贴招聘广告。招到 6 名员工后，李彦宏在北大一间不起眼的办公室里开张营业。他穿梭在北大校园里，仿佛一位邻家大学生。

李彦宏一直寻求将美国的硅谷创业模式和自由 IT 精神移植到中国。在百度，员工穿着随便，没有上班打卡的限制，上班时网上聊天和打游戏被视为正常。李彦宏对员工只有两条禁令：不许带宠物上班，不可以在办公室抽烟。

李彦宏嗓音醇和磁性好听，讲话既不高亢也不低沉。他为人温和内敛、思维缜密，也正因为李彦宏对一些事情交代得过于琐碎，员工们私下则戏称之唐僧。李彦宏确与唐僧有几分相似。投资商曾要求李彦宏在半年内烧光 120 万美元，李彦宏却保守地做了一年的预算。当然，这也换来了员工对李彦宏的又一个绰号：抠门老板。但唐僧式的保守让李彦宏和百度抵御了互联网寒流的袭击。

正如唐僧坎坷跋涉西天取经的专注一样，即使不被人理解，李彦宏始终对中文搜索技术情有独钟，梦想做属于中国的全世界最好的搜索引擎。为了这份痴迷，他甚至砍掉了利润丰厚的彩信业务。我们只做一件事情，这就是中文搜索。李彦宏说。

李彦宏喜欢古诗词，取名百度的灵感就取自辛弃疾名句"众里寻他千百度"。在百度上市前的路演中，李彦宏对美国听众把这一中国名句做了一个幽默、浪漫且形象的解释：一个痴情的男人千百次地搜寻他的爱人（a man searched his lover for hundred of times）。这位唐僧有敏锐的嗅觉，他注意到：Google 公司开始凭竞价排名的商业模式迅速成长，其盈利秘籍是：凭借技术领先而以点击量收钱，以域名登记为例，排名在前面，一个点击可以收费 5～10 美元，注册一个就收 100 美元。

百度的盈利模式很简单，主要向门户网站提供搜索技术服务，按照网站的访问量分成，向门户网站收取费用。李彦宏意识到原有模式只能是为人做嫁衣裳，他欲让百度转身，做成类似 Google 的搜索门户。但此想法却遭到董事会抵制，2001 年在深圳举行的关键会议上，董事们态度坚决地反对李彦宏，他们认为李彦宏的想法是疯狂、不理智的冒险。外表温和的李彦宏被激怒了。面对众口一词，李彦宏毫不怯场，大吵大嚷，指责董事会保守和懦弱，甚至当场怒摔手机。最后，被震惊的董事们勉强同意李彦宏的冒险。

2001 年 10 月，百度推出全新商业模式搜索引擎竞价排名。

此时，百度一天的点击量寥寥可数。李彦宏深知：百度必须在 Google 的阴影下学会成长。终于，百度认真研究中国文化，推出了更符合中国用户使用习惯的中文搜索。李彦宏的竞价排名战略也立竿见影，竞价排名带来的销售收入直线上升，百度 2003 年销售额是 2002 年的 5 倍，并在 2003 年实现盈利。

进入 2005 年，百度收入持续增长，在中国国内互联网的市场占有率为 44.7%。这种高速增长的势头受到华尔街投资者的追捧，并最终在纳斯达克引起轰动。

在纳斯达克引起轰动后，李彦宏遇到新的挑战：华尔街分析师质疑百度股价；全球五大唱片巨头起诉百度在音乐搜索方面侵权；网络上的反百度联盟仍然不依不饶；竞争对手的拥趸也指责李彦宏在竞争中使阴招。

这时候，Google 的创始人佩吉和布林也开始向李彦宏伸出橄榄枝，表达合作愿望，并在百度第三次融资时购买了 2.6% 的百度股权。

事实上，Google 依然具有卷土重来的强大实力，百度在纳斯达克发行股票后，Google 再次配股融资 40 亿美元。

在 Google 虎视眈眈之下，李彦宏必须带领百度学会如何更好地应战和成长，温文尔雅的李彦宏一直拒绝被收购，将会继续保持独立发展。

资料来源：网易科技，《李彦宏，百度保守而敏锐的唐僧》，作者加工整理。

## 四、如何获得创业的驱动力

在当今社会，创业活动对经济的推动作用有目共睹，从房地产的大鳄"万通六君子"到电子商务的巨头马云，再到传统行业创业的罗红；这些创业者不仅通过创业为自己积累了大量的财富，同时也在创新与实践之间搭起了一座积极的桥梁，改变了人们的生活。

作为一个怀有创业梦想的大学生，如何把梦想转变成内在的驱动力，需要在日常的生活中逐渐培养。

1. 关注世界的发展与变化。从第二次世界大战结束到21世纪，是世界发展变化最快的阶段，从计算机的应用到互联网时代的到来，从干细胞的研究到克隆技术的发展，世界进入了一个信息化、科技化的时代，这种发展带来了知识全球共享以及产品的全球化特点，这种巨大的改变，使得商业更加活跃，创业的种类更加繁多。目前保持竞争力已经不再单单依靠有限的技术，一个好的创意往往不受地域的限制，技术、资源甚至是专家团体也变得越来越容易得到，这对于创业者来说是一个有利的环境。例如德国大众汽车公司可以将自己的生产线安排在中国，还可以将自己的销售公司建立在墨西哥，而他的总部在德国的沃尔斯。这个全球的公司，对于它的管理是一项巨大的挑战，但是互联网的出现，可以使一切有效的资源得到利用，因此管理难题也可以成功地被避免。对于一个创业者来说，这意味着在生产和商机的获取上能获得更多的创意、激励和专家意见。

2. 技术的创新与淘汰。我们所处的世界中，充满了触手可及的、全球性的知识、经验、劳动力与资本，技术在迅速地更新并且过时，这对于创业者来说既充满机遇也是一种挑战，如今的技术突破已不再仅限于几所高校、科研单位，技术的更新也将全球同步，因此可以说，产品的生产周期的缩短与技术的落伍使专利技术失去了它的保护效力。而且，公司的竞争也不能再像早期一样依靠贸易保护、货币限制、某地的优越的地理便利与廉价的劳动力条件了。这些都促使创业者必须不断地创新以保持竞争优势。创新不仅体现在产品上，而且也体现在商业活动及运营模式，技术的创新已经成为创业的驱动力之一。

3. 解决顾客的迫切需要。创业的驱动力还来自于对于顾客迫切需要的解决方案。当顾客在市场中发现某种不便或者某种需要未被满足时，就为创业者提供了一个创业的契机，这种顾客需要点的满足方案可以催生一个好的创业项目，例如，罗红是好利来的创办者，如今好利来不仅有遍布全国的门店，而且还建立了两家大型的食品加工企业，成为蛋糕制造业的领军企业。但是企业的创立，确实来源于一次偶然。最初，好利来公司总裁罗红还只是一个仅仅拥有梦想与激情的年轻人。在母亲退休后的第一个生日，为了表达孝心与祝福，他希望能为母亲选购到一个式样新颖、口味馨香的生日蛋糕，然而几乎跑遍了全城，仍然没有寻找到可心的蛋糕。于是1991年，罗红在四川雅安开办了第一家蛋糕店，开始了艺术蛋糕的事业。

4. 创意的获取与互联网的发展。电脑上网与百度搜索引擎的自动搜索技术，带来了全球知识的共享，而与互联网联系更为重要的是不受限制地获得最好的创意、技术、研究资源和专家团队。举个例子，网络世界可以支撑一个总部在深圳，基础设施建在上海、北京、广州，生产基地在东南亚，并在北美有销售总部的生产企业。对一个创业者来说，任何一项创业活动已经离不开互联网技术，更不用说单纯的互联网的应用。这种工具兼商机的方式，可以帮助创业者走得更远。但是需要记住的是，其他的创业者也会有同样的想法。

5. 相似案例的不同解决方案。当其他人的创意获得成功的时候，你还能不能再创业呢，可以明确的是，创业者不会对某一行业的新技术或者新创意已经被运用而产生退缩，相反，如果一个创意获得成功，将会对整个行业甚至是整个经济领域带来不同程度的变化，举例来说，零库存的销售模式，不仅带给戴尔巨大的财富，而且改变了整个销售行业的现状，为整个商业环境注入了新的风气。这使得创业者有更多的机会利用已经成熟的创新技术帮助自己的创业。创业者需要学会思考，一旦有好的创新，需要考虑创新观念的原则还能有其他哪些方面的应用。在此阶段，创业者不需要关注太多细节，还需要注意的是，对于那些失败的创新，也要进行分析，以便使新的创新不会因为同样的原因而失败。

## FEDEX 的诞生："不要去做已经有人做过的事情"

当 1969 年从越南战争返回后，已经持有飞行员执照的史密斯迫不及待地要把自己的设想变为现实。

利用从家中得到的 400 万美元启动资金（他的父亲曾参与筹建美国"灰狗长途公共汽车运输公司"），史密斯首先买下了一家被称为阿肯色州航空（Arkansas Aviation）的小型飞机服务公司，主要业务是为商用飞机提供二手的涡轮仪器。在公司缓慢的发展过程中，史密斯意识到这个行业的一些问题：当他急需一些涡轮仪器部件时，即使他要求对方发空运，也常常要等 2～5 天、甚至一个星期才能收到货。他说："这真可怕，即使只是国内运输，我们都无法按时收到货物，运送时间居然如此不可信赖和不可预测！"

所以，最后的结果就是，心急火燎的客户自己来机场送货和接货，这就使史密斯看到了"联邦快递"的机会：快递业务。在 30 年后回忆自己的选择时，史密斯引用了古罗马的一句谚语："永远不要去做已经有人做过的事情。"他说："尤其是在现代商业社会，更是如此，你必须是第一个发明者，或者必须是最快的发展者，或者是最高附加值的提供者。"事实上，30 年后弗雷德·史密斯的确被经济学家誉为是"创造了一个新行业的人"。

"联邦快递成功的原因很简单，其实就是因为一件货物本身对发送人和收件人是极具时间价值的，是值得付出额外运费的，所以从逻辑上来说，我们可以说服客户将货物交给我们，我们保证这件货物在到达前不会离开我们的手，这是一种从'子宫到坟墓'的运输方式。"这也就是后来所谓的"门到门"服务，顾客不用再和航空公司打交道，不用去机场取和送货。一切都由联邦快递负责。

1971 年，27 岁的弗雷德·史密斯开始真正实施"次日送达"服务的创业梦想。在当时这个梦想很难付诸实施，为了买足够的飞机，他必须筹借到 9100 万美元的风险创业基金，而且面临的更大障碍是政府的调控政策。美国民航管理委员会规定：满载的运输机载重量不能超过 12500 磅。可弗雷德的猎鹰式喷气机在满载之后是 25000 磅，远远超过规定的限制。这就意味着取消限制之前，根本不存在隔夜送达货物的可能。

但是正如史密斯后来在美国"大企业家联合会"上发表讲演时告诫创业者的那样："成功的第二条秘密就是对自己的创意必须无限执着和狂热。因为只有你自己的激情才能振奋别人。"史密斯不顾学者和商人对公司前景的耻笑，开始着手公司的筹备：建立货运队、营运中心、散布 25 个都市的营运点，以及几百个员工的培训等，凭着坚忍不拔、近似偏执狂的精神，他得到了投资集团的青睐，并在律师的帮助下，说服了政府于 1972 年取消了政策限制。

资料来源：http://finance.sina.com.cn/roll/.

【应用练习】

1. 作为一个准备创业的人，你现在做好准备了吗？

我的项目是＿＿＿＿＿＿＿＿＿。

我目前的资金状况＿＿＿＿＿＿＿＿＿。

我对合伙人：A 熟悉；B 不熟悉。我们之间：A 签订了合伙协议；B 没有签订合伙协议；C 我们很熟悉，不需要签订任何协议。

我的启动资金是＿＿＿＿＿＿＿＿＿；

我准备在＿＿＿＿＿＿＿＿＿(地方)找一间房作为办公室，这个地方的优势是＿＿＿＿＿＿＿＿＿，劣势是＿＿＿＿＿＿＿＿＿。

2. 你的创业项目具有可开发的潜力吗？

调查市场项目＿＿＿＿＿＿＿＿＿。

目前产品＿＿＿＿＿＿＿＿＿。

顾客需要点＿＿＿＿＿＿＿＿＿。

如何解决顾客需要＿＿＿＿＿＿＿＿＿。

思考＿＿＿＿＿＿＿＿＿。

思考结果＿＿＿＿＿＿＿＿＿。

解决方案的盈利计划＿＿＿＿＿＿＿＿＿。

3. 你如何对市场展开调查。

学校周边的门店数量＿＿＿＿＿＿＿＿＿。

产品销售归类＿＿＿＿＿＿＿＿＿。

顾客（学生）需要＿＿＿＿＿＿＿＿＿。

＿＿＿＿＿＿＿＿＿需要门店无法满足。

我的解决方案＿＿＿＿＿＿＿＿＿。

4.讲出你将如何使创意变成商机。

我的解决方案是＿＿＿＿＿＿＿＿＿＿＿＿＿＿＿＿＿＿＿＿＿＿＿＿＿＿＿。

需要解决的困难是＿＿＿＿＿＿＿＿＿＿＿＿＿＿＿＿＿＿＿＿＿＿＿＿＿＿

＿＿＿＿＿＿＿＿＿＿＿＿＿＿＿＿＿＿＿＿＿＿＿＿＿＿＿＿＿＿＿＿＿＿＿。

可以实际操作的是＿＿＿＿＿＿＿＿＿＿＿＿＿＿＿＿＿＿＿＿＿＿＿＿＿＿。

可以变成机会的是＿＿＿＿＿＿＿＿＿＿＿＿＿＿＿＿＿＿＿＿＿＿＿＿＿＿。

你的商业计划实施的第一步是什么？

我们的创意＿＿＿＿＿＿＿＿＿＿＿＿＿＿＿＿＿＿＿＿＿＿＿＿＿＿＿＿＿。

＿＿＿＿＿＿＿＿＿可以用来生成的产品。

我们需要的研发资金＿＿＿＿＿＿＿＿＿＿＿＿＿＿＿＿＿＿＿＿＿＿＿＿。

其他支持＿＿＿＿＿＿＿＿＿＿＿＿＿＿＿＿＿＿＿＿＿＿＿＿＿＿＿＿＿＿。

我们遇到的困难＿＿＿＿＿＿＿＿＿＿＿＿＿＿＿＿＿＿＿＿＿＿＿＿＿＿。

解决方案＿＿＿＿＿＿＿＿＿＿＿＿＿＿＿＿＿＿＿＿＿＿＿＿＿＿＿＿＿＿。

我的商业计划的可行性评估

优势＿＿＿＿＿＿＿＿＿＿＿＿＿＿＿＿＿＿＿＿＿＿＿＿＿＿＿＿＿＿＿＿。

劣势＿＿＿＿＿＿＿＿＿＿＿＿＿＿＿＿＿＿＿＿＿＿＿＿＿＿＿＿＿＿＿＿。

我的总结＿＿＿＿＿＿＿＿＿＿＿＿＿＿＿＿＿＿＿＿＿＿＿＿＿＿＿＿＿＿。

▶▶ 扩展阅读

## 创业者需要学习的知识技能概括

以下列出了创业者在创业过程中需掌握的大部分知识技能。但并不是创业者都要求熟悉所有领域。创业者可以通过实习、研究案例，或者找专家咨询的方式获得帮助。同时，我们也要明白，专业人士的建议并不能代替商务判断。比如在许多情况下，律师所做的判断是基于力求提供不会有任何失误的保守性判断的基础之上，因此完全属于风险规避型。

1. 行政管理

解决问题；沟通；计划；决策；项目管理；谈判；管理外部专业人才；人事管理。

2. 法律和税收

公司和证券法；合同法；有关专利和所有者权利的法律；税法；破产法。

3. 市场营销

市场研究与评估；市场营销计划；产品定价；销售管理；服务管理；新产品开发计划；生产运作；生产管理；库存控制；质量控制；生产日程表和生产流程；原料与供货；财务知识；筹集资金；管理现金流；信用与托收；短期融资方式；公开发行与私募资金。

资料来源：姜彦福，张帷：《创业管理学》，113—117 页，北京，清华大学出版社，2005。

## 第二节 创业团队

### 学习目标

学习本章后，你应该：

1. 了解创业团队对创业成功的帮助。
2. 学习如何创建创业团队。
3. 思考如何成为一名合格的领导者。

## 引导案例

### 马云和他的创业团队

1998 年底，当时马云已经决定离开北京，在下定离开外经贸 EDI 回杭州的决心后，马云和跟随着他从杭州到北京打拼的兄弟们说："我近来身体不太好，打算回杭州了。你们可以留在部里，这有外经贸部这棵大树，也有宿舍，在北京的收入也非常不错；你们在互联网混了这么多年，都算是有经验的人，也可以到雅虎，雅虎刚进入中国，是家特别有钱的公司，工资会很高，每月几万元的工资都有；也可以去刚刚成立的新浪，这几条路都行，我可以推荐。反正我是要回杭州了。"

接着马云又说："你们要是跟我回家二次创业，工资只有500元，不许打的，办公就在我家那150平方米里，做什么还不清楚，我只知道我要做一个全世界最大的商人网站。如何抉择，我给你们三天时间考虑。"

像当年离开中国黄页一样，马云的决定又一次在他的团队里引起轩然大波。所不同的是这次没人哭。大家讨论时，很多人不能理解马云的决定，也有人坚决反对这个决定。不过，5分钟后，所有人都表达了一个共同的意愿，跟着马云回杭州。

1999年是中国互联网的第一波高峰时期，有经验的互联网从业人员是稀缺资源，很容易找到高薪工作，与500元相比，月收入上万元还是很有诱惑力的。至于为什么这些人会一致地选择跟随马云南下，日后马云的一次内部讲话多少能说明一些问题："现在互联网江湖很昏暗，谁也不知道未来是什么，这个时候你可以去找一份收入不错的工作，但很可能你几年后还得换地方。现在我们用一支团队的力量在这片江湖里拼杀，十几个人在一起还有什么可怕的，拿着大刀片子往前冲即可。"

财经作家郑作时为此感慨，"这一团队和马云之间建立了超越利益之上的联系——既然几万元的月薪都可以放弃，那还有什么力量可以让他们分开"。

关系再好的团队，由于朝夕相处，不免还是有磕磕碰碰的地方。从创业一开始，马云团队就定下了一些原则，从某种意义上说，这些原则是马云团队最终并肩走得足够远的保证。

这些原则中，与团队有关的最重要的一条是解决矛盾的原则：从一开始，马云和他的创业伙伴就定下原则说，团队中任何两个人发生矛盾，必须由他们自己互相面对面地解决。只有在双方都认为对方无法说服自己的情况下，才引入第三者作为评判。

简单、开放议事原则的提出和确立，对于阿里巴巴团队建设至关重要。它使阿里巴巴杜绝了"办公室政治"，大大减少了交流沟通成本，减少了内耗，大大增强了团队的凝聚力和战斗力。

不要小看这个原则，对一个创业团队来说，矛盾是不可避免的，但如何解决矛盾是一个问题，在马云团队看来，办公室政治在于矛盾的不断累积。

资料来源：《阿里巴巴马云和他的创业十八罗汉们》，http://www.sootoo.com/content/14247/。

# 大学生创业的失败与成功

王淑娟毕业于河南信阳市师范学院。2004年，刚毕业的她就来到了上海，顺利地进入了一家企业开始了自己的职业道路。由当初的设计师到企划策划，再到市场营销，最后成为管理者。几年的时间里，王淑娟积累了很多市场经验，也慢慢地萌生了自己创业的念头，和众多有梦想与理想的创业青年一样，她在自己成长的道路上，看到了很多人的成功，并也暗自下了决心。

2006年经过一番筹备，王淑娟开始了自己第一次创业，但由于人员和资金的问题，第一次创业最终失败了。经历了第一次创业失败，王淑娟总结出很多实际经验，也从中悟到一些道理，团队需要一种相同的文化理念支持，需要一种凝聚力。光凭着热情，一个创业团队可以支持一时，但很难持久，所以自己第一次创建的团队出现了"集体干活，个人出名"的现象，同时也没有及时地发现和解决员工的这种心理状态。

2008年，在一次展会上，王淑娟又一次看到了创业机会，经过一段时间的市场调查，王淑娟发现国内的传统的演示和展示技术已经远远不能满足众多行业企业的个性化需求。虚拟现实展示技术无论是发展方向，还是市场应用，前景都十分宽广。这次创业王淑娟选择了虚拟现实、3D视觉技术为主的科技服务业。为了自己的第二次创业能够形成自己的特色，王淑娟做了很多前期工作：组建公司前，参加专业机构培训，从中学习到一个优秀企业家所需要具备的素质，以及团队文化建设、团队塑造和团队领导等；在筹备期，建立了公司的管理流程和制度，同时也制定了公司的激励机制。有了这些制度、流程和责任划分，公司在初期的市场运作上取得了比较好的效益。慢慢地，随着市场的发展，公司的人员也逐渐增多，公司已经从创业初级阶段，发展到一个 15 人的团队成长阶段。

资料来源：张汝山、张林：《大学生创业案例解析》，45 页，南京，南京大学出版社，2013。

## 思考

1. 你想要一支什么样的团队帮助你创业？
2. 你觉得领导一支团队最重要的是什么？
3. 你愿意分配多少股份给你的团队成员？
4. 如果团队成员在你最困难的时候离开，你会怎么办？

## 一、创业团队对创业的作用

一般说来，创业者将创意转变成真正意义上的产品，并且使其进入市场并获得盈利，要从人、财、物等角度考虑公司的建设。人才的支持对于创业者来说不仅仅是创业资源，而且是创业成功的助推器。创业者在创业之初，就需要建设一支有凝聚力，有工作效率的团队来为自己的新企业服务，据一项关于"128 号公路① 100 强"的调查得出下列统计结果：这些企业中成立 5 年的平均销售额达到 1600 万美元，6～10 年的平均销售额达到 4900 万美元，而那些更为成熟的企业则可达到几亿美元，数量十分可观。这 1000 家企业中 70％的企业有数位创始人，也就是说，这些创业都是团队创业。② 由此可见，在创业过程中，团队创业的成功率会更高一些。

关于创业团队的含义，我们这里采用斯蒂芬·P. 罗宾斯在《组织行为学》中的概念来解释，"团队就是由两个或者两个以上的，相互作用，相互依赖的个体，为了特定目标而按照一定规则结合在一起的组织"。我们对创业团队的

---

① 128 号公路高技术产业区是波士顿市的一条高速公路，地处美国东海岸线马萨诸塞州的一个角上，长 90 公里，距市区 16 公里，环绕波士顿呈半圆形，沿公路两侧聚集了数以千计的研究机构和技术型企业，呈线状分布，并与麻省理工学院等大学相连接，简称 128 公路。

② 姜彦福、张帏：《创业管理学》，126 页，北京，清华大学出版社，2005。

界定包括以下几个方面的条件：在企业创立的较早阶段就加入企业；拥有企业的股份；在企业内部承担相应的管理工作或者其他任务。

概括团队构成的"5P"要素包括以下五方面。

### 目标（Purpose）

目标是指团队应该有一个共同的既定目标，为团队成员导航，知道要向何处去，没有目标这个团队就没有存在的价值。作为创业团队，应将目标分为长期与短期，长期目标即是公司的愿景，短期目标则是长期目标的分解，目标的完成过程应当是所有团队成员共同努力的过程，而不能成为创业者自己奋斗的辛酸史。

### 人（People）

人是构成团队最核心的力量，2个（包含2个）以上的人就可以构成团队。目标是通过人员具体实现的，所以人员的选择是团队中非常重要的一个部分。一般来说，创业者都愿意选择那些技能最优、经验丰富的人员作为创业团队成员，当这些人员来到时，如何留住他们就成为摆在创业者面前的一个难题，如果处理不当，就会造成人才的流失，这是创业过程中的普遍现象之一。

### 定位（Place）

定位通常包含两个层次：团队在企业中的定位，是指团队在企业中所扮演的角色以及团队内部的决策力和执行力；成员在团队中的定位，是指团队成员在团队中扮演的角色及团队内部决策的制定和执行。

### 权限（Power）

权限是指新企业中职、责、权的划分与管理。一般来说，团队的权限与企业的大小、正规程度相关，在新企业的团队中，核心领导者的权力很大，随着团队的成熟，核心领导者的权限会降低，这是一个团队成熟的表现。

### 计划（Plan）

计划有两层含义：一方面是为保证目标的实现而制订的具体实施方案；另一方面计划在实施中又会分解出细节性的计划，需要团队共同努力完成。

以上是团队构成的要素，但是创业之初，创业者往往会面临很多困难，团队的建设并不像想象中简单，这需要创业者有心理准备，有时创业过程会与团队组建一起完成，由于创业活动的特殊性，创业团队不必每一个因素都具备。但是随着企业发展逐步成熟，团队建设也应该逐步完善，创业者应当时刻记得一句俗语："三个臭皮匠，顶个诸葛亮。"这正好说明创业团队在创业过程中的重要性。

创业团队通常是在创业初期通过不断地寻找得到的，团队成员共同参与从新企业的创建到发展的整个过程并做出贡献。作为创业团队成员，共同参与创业过程，他们的思路会影响创业者的战略决策，在经济上占有一定的股权，因此也承担一定的风险。虽然每个创业者的创业过程各不相同且具有不可复制性，但是我们在研究了中外众多的创业活动后仍然可以得出以下结论，一个人单打独斗的创业要比团队创业的成功率低得多。

为什么在创业过程中需要团队？我们首先可以举一个出版行业的事例来分析。

## ▸▸ 案例

福先生在一家大型出版社做销售管理，工作几年后产生了创业的想法，他的想法与同在出版社做主编的蔡先生不谋而合，他们共同出资成立了一家工作室，因为福先生首先产生想法并在创业过程中占主导，因此福先生成为创业者，而蔡先生以福先生的合伙人身份共同创业。两个人接着利用出版社的人脉，获得了出版许可证。开始了图书生产。这时福先生又说服从某大型印刷厂退休的罗女士一起创业，兼管印制与财务工作，后来罗女士又介绍了许女士加入团队，而许女士也是一位资深的出版人。由于福先生在创业筹备过程中已经投入了大量资金用于设备等固定资本的投资，因此公司在运营过程中出现资金短缺的时候，这两个人也分别拿出自己的资金投入公司运营，并制定了参与公司股份的制度，这样就省去了贷款的麻烦。由于四个人都具有很高的专业技能，在图书制作与销售上各负其责，并且也都有广泛的人际关系网，因此公司发展很顺利，第一批图书制作并销售完成，挣得"第一桶金"。公司很快进入到高速发展时期，四个人的财富也随之增加。

注：以上资料感谢北京昊福文化有限公司，作者整理。

我们对上面的事例进行分析，首先，这支创业团队中的四个人都是掌握各项技能的专业人才，且具有互补性，福先生是销售人员，熟悉市场的情况，蔡先生是一位资深编辑，精通图书的内容制作，其他两位人员分别是排版、印制的专业人才，可以说四个人包含了出版业的各个技术领域；其次，在四人中，罗女士年龄较大，富有经验，而福先生是"80后"，冲劲十足，在解决问题时，二人的方案完全不同但却有很强的借鉴性；我们也了解到，蔡先生性格严谨，较注重学术研究，但对于大局的掌控不足，这正好与福先生看问题从大处着眼，而细节关注欠缺相互弥补。在资金的管理上，罗女士在创业之初，就制订了公司资金计划，并获得一致通过。根据个人的出资情况，分配公司的股份，福先生创建公司，出资最多，获得公司的拥有权，其他人员按照出资的多少，持有相应股份。在创业过程中，团队的优势远远大于一个人单打独斗。我们总结团队作用的优势如下：

- 弥补资金不足
- 技能上的互补
- 管理者远离细节问题，有助于进行战略性思考
- 提高决策速度与解决问题的效率
- 不同的解决方案
- 不同的人际圈，以获得广泛的人脉

创业者在寻找创业伙伴时，应该首先考虑的是共同的理想，对创业活动同样有高度的热情和坚定的信心；与之相比较，专业技术的要求并不是创业者首要考虑的因素，但是如果在技术上与创业者互补，可以减少前期的研发成本并且得到更多的创新想法；性格上具有互补性的合伙人在研究解决方案时有更大的空间，在这一点上，团队创业比亲友合伙创业更加具有优势。一方面，亲友之间的利益关系总显得很尴尬，在绩效目标、利益分配上如果产生矛盾会波及整个家庭；另一方面，从心理学的角度分析，在面对团队成员时，人们更容易保持平等宽容的态度，能将自己的观点表达出来，因此更利于问题的解决。

我们在讲解团队帮助创业者创业成功时，也应该看到团队创业也存在一定的劣势，需要创业者认真对待，制订完善的计划。在创业团队中，团队成员会投入部分资金作为企业的启动资金，资金的共同投入可以缓解创业初期资金的缺乏，也将团队的共同利益捆绑在一起，从而增加团队的凝聚力；但是如果在

资金投入时没有制订一份合理的利润分配方案，在公司盈利之后就有可能因为利益分配不均产生矛盾，创业者应学会未雨绸缪，在入股之前就应该制订出合理的股权分配方案。创业团队有时需要共同作出决策，如果对解决方案有不同意见但是又不能相互妥协，也会造成时机的延误，导致收入损失，解决这一问题，除了需要团队成员之间的宽容态度，还需要有明确的职、责、权作为规范，作为创业领导者，应该有一定的判断力与决策力，能在多种方案中找到最合适的；在公司新创建的时候，资金匮乏，人员数量少，团队成员往往因为共同的创业理想而忽视一些个人利益，但是等到公司步入正轨，盈利显现时，个人的利益问题就会凸显，如何处理此时的人际关系，对创业者来说，也是不小的考验。我们应该记得，乔布斯也曾经一度离开苹果公司。

创业者要十分注重选择能够与创业者自身优势与劣势互补并符合企业需求的合伙人、关键的事业伙伴与管理者，这一点意义深远。

# ▸▸ 案例

## 万通六君子

万通的历史是由团队创造的，万通六雄，缺一不可。最初，6个人股权均等，没有哪个人有决定权，6个人不同的性格和价值观，分歧不可避免，分手也不可避免，但商业意识远未成熟的20世纪90年代初，他们"江湖方式进入，商人方式退出"远比他们的财富更为后人称道。

1991年冯仑离开南德集团，当时"万通六君子"中有4人都在南德任职，只有易小迪与潘石屹在外打拼，冯仑离开时，其他3人也一起离开。6月"万通六君子"在海南成立了海南农业高科技投资联合开发总公司，成立之初，王功权是法人代表、总经理，冯仑和刘军是副董事长，王启富是办公室主任，易小迪则是总经理助理。在第一次界定合伙人利益关系时，冯仑等人采用的是水泊梁山的模式——"座有序，利无别"。大家虽然职务有差别，但利益是平均分配的，权力是均等的。这也为万通以后分家埋下了隐患。为创办公司，六人一共凑了 3 万多块钱，冯仑等人就开始了在海南的"淘金"之旅。半年后，易小迪找来了潘石屹，负责第一单房地产业务的销售，通过运作海口"九都别墅"项目赚得了第一桶金。

资料来源：http://finance. ifeng. com/business/pic/detail_2013_05/29/25859669_0. shtml♯p＝4.

### 二、组建一支优秀的创业团队的策略分析

创业团队的组建，没有统一的程式化规程，实际上，有多少支创业团队就有多少团队建立方式，没有一支创业团队的建设是可以复制的。创业者走到一起来，多是机缘巧合、兴趣相同、技术相同、同事朋友，甚至是有相同的想法的人都可以合伙创业。关于创业团队的成员，马云曾经说过"创业要找最合适的人，不要找最好的人"，一支豪华的创业团队，所创企业并不一定就是最好的企业。下面我们就研究一下，作为创业者如何找到一支适合自己的创业团队。

# 案例

## 团队创业，聚集智慧

武传强，黑龙江大学 2002 级信息管理与信息系统专业学生。由他参与创建的"易蓝"电子商务现在已经拥有 7000 多名会员，"易蓝"电子商务对于会员来说，除了可以下载教学资源、教学软件外，最吸引人的就是"影视下载"栏目，因此，"易蓝"不需要宣传，人气急剧上升，但他们还另有新招，经过两周的市场调查，最终确定了——鲜花、蛋糕、小食品、电脑耗材、电脑软件、图书等为主的第一批商品，共 50 多种。但因为没有钱，他们就找到了学校外面的一个面包店老板，打算和他合作。开通的第一天，"易蓝"的销售额就达到了400 多元，他们组建的团队也得到了黑龙江大学创业教育学院的认可。有了团

队合作精神，这些年轻人创办了"易蓝"电子商务，实现了让教师下班后就能拎着新鲜蔬菜回家的计划，"创业是无比快乐的"是他们得出的结论，创业计划有了思想就有了灵魂。

在校大学生创业的方式有很多，其中大部分选择聚集智慧，合作创业，这样的成功例子很多，大学校园作为一个特殊的环境，寻求志同道合的人一起实现心中的梦想，具有独特的优势，所以由团队促进创业应该是一条光明的路。

资料来源：张汝山、张林：《大学生创业案例解析》，44 页，南京，南京大学出版社，2013。

创业者一般在创建企业的同时，也在建立自己的创业团队。创建团队，就是一个寻找人才的过程。而新企业由于自身的竞争实力难以与成功的大企业相比，而所需的人才又要求较高，这就造成了创业团队的组建困境。创业者如何解决这个问题，是考验其领导才能的关键，一般来说，创业者不必非得得到最优秀的人员，"合适"才是作重要的，而且创业者在招聘的时候，并不是高薪就能吸引人才，新创企业的企业愿景、蓬勃的活力、优秀的企业文化才是吸引人才加入的因素。对于想加入创业的人员来说，创业者的个人魅力、公司的发展潜力、长远回报、个人价值等因素对他们的吸引力远比单纯的钱要大得多。在创建过程中，创业者应遵循着以下的原则。

**理想，利益兼顾。**大学生创业时，一般首先会想到邀请与自己志同道合的同学、室友、工作中的同事加入，形成创业之初的合伙人团队，这是最初创业团队的形成的方式之一。这种情况，在其他创业过程中，也很常见，例如"万通六君子"都是冯仑最早创业时的伙伴，当冯仑二次创业，创办万通集团时，这些人又先后加入。这样的团队中，成员有共同的理想、技能、兴趣爱好，合伙人之间相互了解，共同奋斗，往往是团队第一、个人第二。与西方不同的是，中国的传统文化中，合伙人的定义更多的时候等同于兄弟，是从"义"即道德的约束的角度认同的。在创业过程中，尤其是创业初期，当公司的利润并不显现的时候，创业者与合伙人考虑更多的是公司的利益，而耻于谈钱，友谊是维系他们之间的关系的主要纽带。这种合伙人关系貌似牢固，但也有很大弊病，当企业发展步入正轨，运营平稳，利润增加的时候，个人的利益观念就会凸显，合伙人的一方会因为付出与得到的不相同或者意见不相同而产生情绪，导致离开团队并带走一部分利润，影响公司的继续发展。因此，在创建团队时，即使是最好的朋友也应该建立一个合理的利益分配制度并得到合伙人的支持；在公司创建的时候就应该考虑建立一个制度健全公司组织形式与绩效制度，这样公司就不会因为某个人的离去而无法正常运作；在创建公司的时候为公司今后的发展可以打下良好的基础。

**互补性。** 建立一支互补性的团队有利于公司的发展。高科技创业的企业在建立之初，由于技术支持的重要性远高于其他方面，因此，大学生特别是理工科大学生在创立高科技公司时，更愿意找到一个技术方面的合伙人，以帮助自己提升产品与服务的优势，这种只关心产品与服务的做法实际上是非常错误的。在组建创业团队时，应该强调补缺性。这种补缺性是指在性格、能力、观念，甚至是技术上的互补，因为创业者在公司的管理上不可能面面俱到。技术性的创业者需要一个管理人才帮助自己建立公司的组织结构并进行日常的绩效监督，财务的管理也需要专业的人员，当创业者自己不能工作时，可以由团队成员共同提出解决方案。这种平衡和补充的作用可以保证新创的企业健康地发展。

**稳定。** 一开始就拥有一支成功的、不变的创业团队是每一个创业者的梦想。但现实是，创业合伙人分手的概率是很大的，即使企业成功地存活下来并得到发展，创业团队仍然有分手的可能，团队成员的离去有可能带走股份或者需要收购股权，造成公司的资金紧张。如果团队成员急于离开，创业者就应该考虑是不是公司的管理出了问题并及时与团队成员沟通，解决问题。公司发展的初期团队成员的离开有时会造成"灾难性后果"，这一点创业者应当在招募时就要想到，并与团队成员做出约定。

**沟通。** 创业者在寻找创业团队时，首先应制订一份计划，至少应该在心里有一个明确的想法，你想要一个哪方面的人员，你希望他从事什么样的工作，你能够给予对方哪些有利条件等，都应该考虑清楚。招募团队成员，招聘只是其中的一种方式，创业者可以多参加一些所要招聘人员的活动，以便接触到这些人员，找到合适的人选，如何说服对方加入你的创业活动也是创业者需要考虑的问题，对他描述企业的发展前景，坦率地讲出你目前遇到的困境以激起他实现价值的渴望是十分有用的方法。沟通在"心理学"领域是非常重要的技巧，创业者应当成为一个沟通高手，通过沟通，可以使双方都了解彼此的需要，这样的招聘可以针对性地找到合适的人选。

创业开始时期的团队成员不要求数量很多，因为业务量还没有提升，有些财务，法律等方面的问题可以使用外包。在企业初创时期，公司的各项事务烦琐零乱，团队成员必须有共同的理想，才能克服这些问题。而且在企业初创时期，公司的各项业务开展也会遇到障碍，这需要团队成员有充分的准备，这时候团队成员的离开，可能会导致新公司倒闭，这时候创业团队的沟通就显得格外重要。一方面，通过沟通可以使团队成员相互了解，增加信任；另一方面，创业者也可以沟通理解团队成员的技能优势，思想状态，提前决策。沟通的话题可以不拘于工作，家庭和业余生活都可以成为沟通的话题。因为一个人的家庭可以真实地反映出一个人，这对于创业团队的彼此了解是非常有用的。关于创建团队的途径，每一位创业者都有自己的办法与途径，我们这里介绍的两种是大学生创业过程中最常使用的。

1. 同学即伙伴。创业团队的获得，虽然有很多种途径供创业者选择，但大学生创业者在招募创业团队时，更喜欢从自己的校友、室友、同学中寻找，这是最常见的大学生创业团队的招募方式，这种方式组建的团队，成员之间因为共同的理想、相同的教育背景，以及多年的了解而有很多的默契，而且在个人与集体利益发生冲突时，成员之间也会很好的沟通，有利于问题的解决；但是这种方式创建的团队，人员的搭配上会有些单调。例如，技术类的创业者往往首先找到的是相同的技术类人才，这是由自己的生活圈子决定的，因此，一个有创业想法的人，应当有一个完整的团队建设方案，并注重人员的配合，有意识地跳出自己生活的圈子，寻找一些与自己完全不同的人才，这样创业团队的人员，才会配备得更完整。

2. 共同愿景。招聘是一条快捷、方便的寻找团队成员的途径，每个企业都会有招聘任务需要完成，但是创业团队与成熟企业不同，因此，招聘团队成员与企业的日常招聘也不相同。新企业无法与成熟的企业在待遇上相比，但是新企业会有很多机会与挑战，对于有着相同的创业理想的人员和希望实现自己价值的人来说，这些远比薪资待遇更加有吸引力了，但是完全不提薪资也是不应该的，如果只靠理想、愿景来集合团队成员，也是不现实的，这一点我们已经在书中反复论证。

### 三、团队管理的策略及角色分配

新创企业的管理，实际包含公司组织、生产服务、市场营销等几个方面，新企业的管理重点一般会落在生产管理、市场、服务等环节上，会忽视团队的建设与管理。这种做法是不科学的。成功的团队往往有以下一些特点。

**凝聚力。** 团队的凝聚力是指群体成员之间为实现共同目标而实施团结协作的程度，凝聚力表现在人们的个体动机行为对群体目标任务所具有的信赖性、依从性乃至服从性上。在创业过程中，团队所有成员都认同整个团队是一股密切联系而又缺一不可的力量。团队的利益高于团队每一位成员的利益，如果团队成员能够为团队的利益而舍弃自己的小利时，团队的凝聚力就获得了最大。

**合作。** 虽然创业团队中，每一位成员都可以独当一面，但是合作仍然是团队成员首先要学会的东西，成功的创业公司中，团队的成功远远高于个人的成功，创业者与团队核心成员相互配合、共同激励。

**价值。** 团队的每一位成员都致力于价值的创造，大家想尽办法解决问题，一旦决策方案提出，大家都会执行，每一位成员在公司的成长期发展到成熟期的过程中，都尽力做好，这一过程，不但获得了丰厚的物质回报，同时个人的技能也得到提升。

**分享。** 在新创企业中，一般的做法是将公司的股份预留出 10%～20%，作为吸引新的团队成员的股份，团队中不仅包括资金的分享，还包括理念、观点、解决方案的分享。

**绩效。** 绩效是指给评估者和被评估者提供所需要的评价标准，以便客观地讨论、监督、衡量绩效。绩效管理可以使团队成员明确自己的职、责、权与团队的目标和计划，明确自己的角色与承担的工作，同事也可以根据自己的价值对自己的薪资产生期待。

关于团队中的角色扮演，一般是指在团队中承担的不同责任，根据职、责、权来划分不同的角色，在团队中，扮演好自己的角色至关重要，这涉及团队的运作、效率及核心凝聚力。

**决策者。** 决策者的角色一般由企业的拥有者承担，他们不但对问题进行决策，而且承担决策产生的后果，所以在公司作出每一项重要的决策时，决策者通常都会在决策前会召集团队成员讨论解决方案，作为团队中的决策者，如果大家的意见与决策者相左时，就应该重新分析方案的可行性，并对方案进行修改。决策的主要内容是公司发展的长期目标与一定阶段的计划，还有一些是与公司发展相关的重大决策。

执行者。执行者是根据公司制订的业务计划和目标，从职能领域安排自己的工作和计划，细化量化自己的工作，具体执行决策者的决策。

在新创企业中有时会遇到团队成员职、责、权混淆的情况，这时就需要制定出规范化的企业制度，保证团队成员的工作；而且企业的拥有者也应该时刻记得自己的角色分配，需要明确的是，决策者的角色并不是一成不变的，决策者应首先从一个执行者的角度要求自己，只有当自己完成方案时，才能将方案交给其他执行者去执行。

# ▶ 实用案例

## 吕长城：芳草集的团队建设

从2011年3月开始，芳草集内部流传着"一月一个巨星"的口号，即：每个月必须请到一位行业内顶级人士到公司。通过一系列招聘和并购，芳草集的财务、研发、采购、销售等每个职位阵容都空前华丽，全部由来自欧莱雅、索芙特、傲雪、美涛、腾讯拍拍等企业中有着多年工作经验的高管担任。

没过几个月，吕长城发现，公司里面官僚主义、腐败、管理漏洞、流程不通等问题都出来了，整个团队也缺乏磨合，没有凝聚力。同时，因为做的事情太多，权力中枢分散等，吕长城在半年时间里，经历了一个企业在三五年遇到的所有问题。

"在团队中，再也找不到创业期的那种成长动力，没有了创业初期的谦卑，也开始乱花钱……很多资源都没有执行到位，以至于公司错失了很好的机会。"吕长城说，"我们拥有巨好的媒体资源、充沛的现金，但是却没有成功，甚至可以讲输得一败涂地！"

他感到很痛惜。美颂在2011年的表现很平庸，不再引领市场，竞争对手相宜本草、阿芙、御泥坊等曾经一度快速超越了他们。

"公司以前只有50个人，一下子扩张到300人、400人，以前一个月流水只有两三千万，现在一下子做到五六千万，团队确实不知道怎么花。"吕长城说，迅速扩张让他有点无所适从，"我们没有经过长期的市场调研就迅速推出单品，这个决定有问题；营业额快速扩张的时候，没有做足够的市场调研和足够的消费者分析、客户服务，这个动作也有问题。所以我们今天必须食这个恶果。"

修道18年的吕长城，花了很长一段时间来反思2011年的问题。"根本问题在于我过于激进，认为有了钱、有了人就可以有地盘，就可以打赢。"吕长城花几千万元买到的教训是：企业想成功，团队本身必须具备造血功能，而不是全部空降；即使高端人才也一定会犯低端错误；在企业迷茫的时候，必须回到原点做好产品和服务；保持创业初期的优势才能快速成长。

资料来源：《吕长城，草根造富记》，载《创业邦》，2012(3)。

**【应用练习】**

1. 你在完成一项工作时想找人帮忙吗？

2. 你是否愿意与人分享财富？

3. 你要写下你信任的人员名单_____

再来说说为什么信任他们_____

4. 请快速说出以下职位的最重要的职责：

领导者_____

员工_____

合作伙伴_____

投资者_____

5. 如果你是创业领导者，你希望创业团队能为你做哪些事？请写下来。

6. 如果你是企业员工，你希望老板满足你哪些需要？

7. 如果你的公司面临困境，你首先会卖掉你的车还是会裁员？

8. 你如果是团队成员，你希望你的老板是一个什么样的人？请写下来。

## 有潜力的新员工 VS 有资历的老员工

前几天和客户沟通交流的时候，客户提出了这样的问题：我们最近准备提一个部门经理，有两个人可以选择：一个是公司的资深老员工，但学历不高，工作经验挺丰富；另外一个是刚到公司 2 年的新员工，但工作能力很强，做事也有思路和想法。可以说这两个人都符合这个岗位的要求，但是我们应该选谁呢？

这两个小案例是许多企业经常碰到的问题，至于如何解决的说法也可能是仁者见仁、智者见智。

从表面上看，是企业用人机制的规范性问题。也就是说企业有没有建立用人机制，人力资源制度里有没有规定员工晋升的相关规定，是竞聘上岗还是领导指定。一般规模比较大的企业这方面做得相对规范，按制度走就可以了，当然也可能出现二虎相争、必有一伤的结果。但无论如何制度已经告诉企业应该怎么做了。

如果我们把这个问题再放大一些，这两个员工都是企业的高管，我们应该如何来选择和取舍呢？笔者认为应该关注两个因素。

**首先，要看企业发展处于哪个阶段。**

如果是企业创立的初期，企业的目的是活下来，经营管理的重点应该是扩大市场。在这个阶段团队凝聚力、忠诚度，以及共同奋斗的精神对企业来说至关重要。可能这个阶段需要的更多的人团结在一起，相互鼓励去闯去拼，至少目标都是一致的。如果在这个阶段选择的话，应该是老员工被晋升或者新员工出局，因为在这个阶段老员工的晋升对于创业团队的激励是很大的，如果选择了新员工的话，"老人"势必受到打击，有时候这种影响甚至是毁灭性的。

但是如果企业处于发展的相对成熟阶段，业务比较饱满，管理也趋于规范，在作出选择上我们就应该权衡一下，当然两个员工的身份我们也要考虑。在这个阶段企业的愿景和目标相对比较清晰，更需要的是基于未来可持续发展的人才培养规划，也就是说必须有一批有管理潜质、学习能力强、精力充沛、适应现代竞争环境的年轻人充实到企业中来或者从内部培养起来，所以说如果在这个阶段做出选择的话应该是新员工晋升或者老员工出局。

**其次，要看企业家的理性、智慧和魄力。**

这种现象在很多民营企业发展过程中比较多见。企业发展到一定规模后，老员工的能力和精力已经跟不上企业发展的需要，但是还是"占着茅坑不拉屎"，压制了很多有能力的年轻人，而且老员工某种程度上还制约并影响了公司的发展，成为企业发展的障碍。许多企业老板会想：都是老人了，当初跟我多么不容易，没有功劳也有苦劳，不忍心。结果呢，老人会倚老卖老，阻碍企业制度的执行，破坏企业规则，压制年轻人或刚来不久的新人，并且形成了一种文化，笼罩在企业中。为什么说到企业家的智慧、理性和魄力呢？在企业做到一定规模后，企业家的自身境界一般会有质的飞跃，从原来的个人价值上升到企业价值甚至社会价值，到哪个程度就看个人的造化了。真正的企业家往往是那些能站在企业发展的全局为社会创造价值的人，所以答案应该是不言而喻的。

资料来源：http://www.ceconline.com/hr/ma/8800052925/01/.

# 第三章　创业机会和创业风险

一般情况下，我们都先要考虑一次创业机会可以为我们带来多大的价值，是否值得我们去抓住它，对于新的创意的改造目的不仅是获取利益，还必须是提高利益。当我们在互联网上了解目前的生活状况，或者在创业项目的网页上浏览时，必须清楚地记下自己的创意清单，你可以想象一个新产品的开发和利用，或者是对现有商业模式的改造。要么是一个完全崭新的商业领域。创业者需要做的是将自己的创意储存起来，并且不断回顾，这样到有新的创业机会产生的时候，就可以决定何时能将旧的创意进行再度开发。

## 第一节　创业机会识别

**学习目标**

学习本节后，你应该：

1. 明晰创业机会的概念、特征和来源。

2. 掌握创业机会识别的影响因素和一般过程。

3. 了解大学生创业机会识别能力的培养方法，掌握识别创业机会的行为技巧。

2011年6月25日，上海交通大学校长照惯例为一年一度的毕业典礼致辞，只不过这场毕业典礼通过微博进行了现场直播，带着互联网时代的印迹。他对毕业生说："我们一同在 BBS 上'潜水、冒泡'；一起观看《交大那些事》；一同拨过'饿了么'的外卖电话……"

这对2007级机械与动力工程学院硕士张旭豪来说，是个意外的重要时刻，通过校长的话，他第一次清晰地意识到，自己创办的"饿了么"——一家网上订外卖的网站正在改变一些人的日常生活习惯，虽然这个1985年出生的大男孩称，从创业第一天开始，他就觉得自己要做一家伟大的公司。那个时候"饿了么"也只不过覆盖了所有的上海高校。但是，硅谷早早看中了这个项目，金沙江创投给出了100万美元的风险投资。

2013年，《福布斯中文版》发布了中国30位30岁以下创业者名单，张旭豪赫然在列。这时候，"饿了么"已在不知不觉中成长为一家拥有200名员工、日单量超过100万的成长公司，即便客单价平均只有20元，截至2012年交易额也已经达到6亿元。

创立这家网站的故事要从2008年的几个宅男的深夜经历说起。

在交大闵行校区的研究生宿舍里，张旭豪和室友康佳聚精会神地打一场实况足球电脑游戏，时钟指向夜间10点的时候，俩人饿了，接连打了好几个餐厅的外送电话，都无法接通。在经过彻夜交谈之后，两人一拍即合，决定在校园内做一个外卖服务的项目。

第二天他们便正式行动。先是"市场调研"——暗访一家家饭店，在店门口记录店家一天能接多少外卖电话、送多少份餐。随后，他们毛遂自荐，从校园周边饭店做起，承揽订餐送餐业务。在宿舍里设一部热线电话，两个人当接线员、调度员，并外聘十来个送餐员。只要学生打进电话，便可一次获知几家饭店的菜单，完成订单。接着，送餐员去饭店取餐，再送到寝室收钱。

几个月下来，大大小小17家饭店外包给张旭豪做外卖。他们专门花了几万块钱，印制了"饿了么"外送册，不仅囊括各店菜单，还拉来了汽车美容等周边商家广告，结果基本收回制作成本。整整 1 万本外送册覆盖到了每个寝室，"饿了么"在校内出了名。他们每天从午间干到午夜，要接 150～200 份单子，每单抽成 15％。忙的时候，张旭豪也在校区内跑腿送饭，连叹"不休学还创不了业"。

"下大雨的时候，叫外卖的特别多，同学们都窝在寝室看着美剧等我们送餐。我和旭豪脚上的冻疮都是那时候冻出来的。"康佳是个来自山西的瘦高男生，作为联合创始人，他至今还忘不了创业初期的"艰苦"往事。比如，12 万元的启动资金，全靠东拼西凑，谁有钱了就添一笔。一位送餐员和大巴相撞，发生意外，面部缝了 40 多针。和他俩一同创业的另两位核心成员选择退出，越来越多的订单让这个蜗居在宿舍里的创业团队难以负荷。

在忙乱不堪的状态下，张旭豪和康佳不得不做出调整，放弃拼体力的服务方式，开始考虑网上订餐。但网络并非他们专长，于是张旭豪在校园网上发帖，招来软件学院的叶峰入伙。他们没有照搬或修改其他网站的架构，而是编制和开发新的架构。足足花了半年时间，2009 年 4 月他们终于开发出了"饿了么"网上订餐。然而他们没想象到的是，"饿了么"并不是交大学生唯一的选择。一家同样由校友创办，注册资本超过 100 万元的同类网站"小叶子当家"已经运营了一段时间。比烧钱，"饿了么"不是对手。张旭豪和他的伙伴们只能在服务上下功夫。他们专门研发了针对商户的网络餐饮管理系统，一旦餐馆安装这套终端，就可以使用这套系统，及时更新外送菜单，还附有打印订单的功能，省去餐馆人工抄单的时间。

交易额 8％的佣金也被改为固定的服务费，在张旭豪看来，这样方便控制现金流，免去上门收佣金的人力成本，也能给商户释放一个信号：多劳多得。张旭豪的第一台笔记本就是苹果电脑，这个乔布斯的信徒，推崇乔式的极简理论，用于"饿了么"的客户端——用户只需点击三次，就能下达订单。

如今，"小叶子当家"已经关门。"饿了么"这个从校园成长起来的创业团队，花费了 5 年时间，从上海西南的闵行高校区起步，将业务逐步扩展到上海、杭州、北京、广州、福州、苏州、天津的高校区和写字楼。

资料来源：http://www.sj998.com/html/2013-04-18/423849.shtml.

思考

1. 什么是创业机会？

2. 张旭豪是如何发现创业机会的？

3. 创办"饿了么"网站的缘由是什么？

4. 创业机会识别的核心是什么？

## 一、创业机会

### （一）创意与创业机会

机会是创业的核心要素，任何创业活动的开展都离不了发现机会这一步，如何识别创业机会，如何把机会转化为成功的企业，是创业者在创业过程中需要重点考虑的问题。一般情况下，机会处于隐性存在的状态，由于信息不对称、个体特质等多方面因素，机会的识别相当复杂，往往是少数人发现机会而获得成功。如引导案例中的张旭豪，他通过个人深夜经历发现大学校园外卖服务市场存在空缺，于是他抓住这一创业机会，经过一定的市场调研和不断摸索实践，最终创办了"饿了么"网站。我们不禁要问，为什么这么多大学生遇到夜里打游戏叫外卖很不方便的问题，却只有张旭豪将这个不便转化成了创业机会呢？这就是创业机会的识别问题。

对创业机会的识别来自于创意的产生。创意（Idea）是指一种开创性的想法、思考或概念[①]，它是任何一个时代的主题，一个好的创意将有可能给拥有者带来巨大的发展空间，但应该清楚的是，并不是所有的创意都适合创业。同样的创意，不同的人可能有不同的开发途径，会抓住不同的创业机会，最终也会产生不同的效果。如同样是外卖服务的创意，有人直接雇人靠体力送餐，张旭豪却利用网络将O2O模式搬到餐饮业，由餐馆员工来提供外送而自己通过网络客户端生成的订单数来抽取佣金。

理解创意和创业机会的区别和联系非常重要。创业家们常说"好的创意是成功的一半"，实践中很多人创业失败的原因，大部分并不是因为创业者没有创意没有付出努力，而是没有利用好创意来抓住机会填补市场的某种需要。"饿了么"网站也正是因为张旭豪发现了好的创业机会，又结合外卖服务的庞大市场，最终才取得成功。"80后"创业新贵陈欧也是抓住了国内女性化妆品

---

① ［美］布鲁斯·R.巴林格、R.杜安·爱尔兰：《创业管理：成功创建新企业》，北京，机械工业出版社，2005。

市场参差不齐的机会，创办以保证正品为核心竞争力的聚美优品，他认为产生创意、发现需求再去满足需求，就是抓住创业机会。看到机会、产生创意并发展成清晰的商业概念，这是创业者识别创业机会启动创业活动的基本前提。简言之，并不是所有的创意都能成为创业机会，创意是创业机会识别的前提，创业机会是适合创业的创意。在因产生商业创意而激动不已时，创业者一定要了解该创意是否填补了某种需要，是否满足了创业机会的标准。

随着创业研究的不断深入，创业机会越来越成为研究者们关注的焦点。一般认为，准确界定创业机会的内涵，是识别、评价和开发、利用创业机会，开展创业活动的必要前提。关于创业机会的定义，有很多学者给出了不同的答案。Venkataramen 认为"创业机会实际上是新产品、新服务、新材料，甚至是一种新的组织形式，能够被引入生产并且以高于成本的方式实现销售"；Sarasvathy 认为"机会就是利用现有资源去更好地达到预定目标的一种可能性"；[1] Casson 则指出："创业机会是指在新的市场、新的产出或者两者关系的形成过程中，通过创造性地整合资源来满足市场需求并传递价值的可能性，是一个不断被发现或创造的动态发展过程。"[2]从这些定义中，我们可以发现，创业机会最终表现在能够为消费者或客户创造价值或增加价值的产品或服务之中。创业机会的本质是为了满足市场的需求，它不但需要创业者去发现，还要求创业者去实施、参与和开发。"饿了么"网站最开始是为了满足大学生外卖服务的需求，李江华创办西安中天联创信息科技有限公司也是为了解决数据恢复的难题。这些大学生创业的例子其实就在我们身边，只是他们不仅发现了创业机会，还最终将其和市场结合并产生商业价值。

杰夫里·蒂蒙斯教授在《21世纪创业》中就曾提到，好的创业机会应该有以下四个特征：第一，它很能吸引顾客；第二，它能在你的商业环境中行得通；第三，它必须在机会之窗[3]存在的期间被实施；第四，你必须有资源（人、财、物、信息、时间）和技能才能创立业务。

---

① 刘建平、郑炳章、赵磊：《创业机会观点述评》，载《河北经贸大学学报》，2010(1)。

② Casson，M. *The entrepreneurship：An economic theory*. Totowa：Barnes & Noble Books，1982.

③ 机会之窗是指把商业想法推广到市场上去所花的时间，若竞争者已经有了同样的思想，并把产品已推向市场，那么机会之窗也就关闭了。

林嵩等指出对于创业者所选择的创业机会来说，主要存在两个维度的特征：一是市场层面的特征，主要指创业者所面临的市场环境的特征，包括市场的成长性、市场的规模、市场的竞争程度，是否拥有良好的市场网络关系等；二是产品本身的特征，主要指产品本身的技术优势，包括产品的技术是否存在进入壁垒、产品技术是否有成本优势、技术优势能否持久等。[①] 也就是指，评价一个创业机会的好坏，可以从市场和产品本身综合去判断。好的创业机会，必然具有特定的市场定位或明显优势的产品，专注于满足顾客需求，同时能为顾客带来增值的效果。

　　我们可以根据市场和产品两个纬度建立一个坐标轴，纵向为市场优势，横向为产品的技术先进性，这样创业机会就可以大致分为以下四类，如图 3-1 所示。

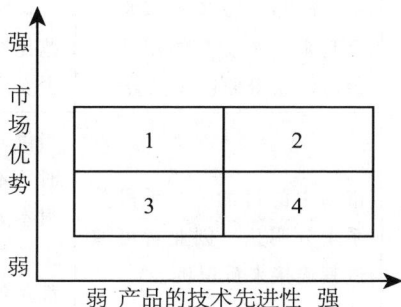

图 3-1　创业机会的四种类型

　　这四种分类对于创业者如何根据创业机会的深入分析来制定不同的战略具有重要的意义，如 2 型的企业市场优势明显，产品技术具有先进性，这样的机会转瞬即逝而且很容易被复制，需要企业不断地开发新技术；而 3 型的企业市场和产品均无优势，创业者可以考虑暂缓创业，等待时机成熟再出发。这也告诉我们，每一位创业者在考虑创业前，面对大量的不确定因素，可以根据市场和产品技术对创业机会进行分析，从而做出正确的决策。

　　关于创业机会的分类还有以下几种，如表 3-1 所示。

――――――――――

　　① 　林嵩、张帏、姜彦福：《创业机会的特征与新创企业战略选择——基于中国创业企业案例的探索性研究》，载《科学学研究》，2006(24)。

表 3-1　创业机会的分类

| 分类依据 | 创业机会类型 | 定　义 | 阐　释 |
|---|---|---|---|
| 创业机会的来源 | 问题型 | 由现实中存在的未被解决的问题所产生的一类机会。 | 因消费者不便、顾客抱怨、大量退货、服务质量差等产生，如张旭豪创办"饿了么"网站契机就是因深夜无法叫外卖服务。 |
| | 变化型 | 在变化中看到未来的发展方向，预测到将来的潜力和机会。 | 这种机会一般容易产生在时代变迁、环境动荡的时期。如柳传志创办联想就是在中国经济改革转型之际。 |
| | 组合型 | 将现有的两项以上的技术、产品、服务等因素组合起来，实现新的用途和价值而获得的创业机会。 | 对已经存在的多种因素重新组合，实现1+1＞2的效果，如芭比娃娃就是将布娃娃和少男少女形象结合的产物。 |
| 目的——手段关系的明确程度 | 识别型 | 市场中的目的——手段关系十分明显，创业者可通过其连接来辨识机会。 | 当供求之间出现矛盾或冲突时，不能有效地满足需求，或根本无法实现这一需求时而产生的新机会。一般问题型机会都是如此，如陈欧创办聚美优品、罗红创办好利来等。 |
| | 发现型 | 目的或手段的任意一方状况未知，等待创业者去发掘机会。 | 一项技术被开发出来，但尚未有具体的商业化产品出现，要不断尝试挖掘市场机会。如激光技术就是数十年后才真正为人们所用。 |
| | 创造型 | 目的和手段皆未知，创业者要比他人有先见之明，才能创造出有价值的市场机会。 | 在目的和手段都不明朗的情况下，创业者要创立连接关系的难度很大，但一旦连接则可能获得极大成功。如创办苹果公司的乔布斯、创办Facebook的马克·扎克伯格等。 |

## （二）创业机会的来源

我们处在一个机会无处不在的时代，好的创业机会是企业成功的核心。那创业机会从何而来？关于创业机会来源的研究，国外和国内的很多专家都有过独到的分析。杰夫里·蒂蒙斯教授认为创业机会主要是来自改变、混乱或是不连续的状况，主要有七个来源：法规的改变；技术的快速变革；价值链重组；技术创新；现有管理者或投资者管理不善；战略型企业家；市场领导者短视，忽视下一波客户需要。彼得·德鲁克在《创新与企业家精神》中指出创新机会有七个来源，前四个机会来源自企业的内部，这四个机会来源分别是：出乎意料的情况——意外成功、意外失败、意外的外部事件；不一致——实际状况与预期状况之间的不一致或者与原本应该的状况不一致；以程序需要为基础的创新；产业结构和市场结构的改变，出其不意地降临到每个人身上。另外三个机会来源于企业或产业以外的变化：人口的变化；认知、情绪和意义的改变；科学及非科学的新知识。[1]

我国学者关于创业机会来源的研究中，刘合强指出创业机会主要来自五个方面，包括问题、变化、创造发明、竞争以及新知识、新技术的产生。[2] 陈震红等人总结，可将创业机会归纳为技术机会、市场机会和政策机会三类。[3] 如表 3-2 为几种产生创业机会的主要因素类型。

**表 3-2　产生创业机会的主要因素**

| 变化、混乱、不连续的根源 | 商机的创造 |
| --- | --- |
| 法规的变化 | 手提电话、航空、保险、电信、医药、养老基金管理、金融服务、银行业务、税收、证券交易法 |
| 在 10 年以下的时间里产生 10 倍的变化 | 摩尔定律——计算机芯片运算能力每 18 个月就翻一番：金融服务、私人实体、咨询、互联网、生物技术、信息时代、出版业 |

① ［美］彼得·德鲁克著：《创新与企业家精神》，蔡文燕译，北京，机械工业出版社，2007。
② 刘合强：《浅谈创业机会的发掘与把握》，载《科技创业月刊》，2008(8)。
③ 陈震红、董俊武：《创业机会的识别过程研究》，载《科技管理研究》，2005(2)。

| 变化、混乱、不连续的根源 | 商机的创造 |
|---|---|
| 价值链和分销渠道的重构 | 超级商店——常用品公司；所有的出版业和自动销售业；各种服务的网上销售和分销 |
| 所有权或契约优势 | 技术革新：专利、许可证、合约、特许经营、版权、发行权 |
| 现有管理层/投资者资金用尽/管理不善 | 周转率、新的资本结构、新的盈亏平衡点、新的自由现金流、新的团队、新的战略；所有者对流动性和存在性的要求；电信、废品回收服务、零售行业 |
| 创业领导权 | 新的远景和战略、新的团队就等于是秘密武器；像企业所有者那样进行组织思考和行动 |
| 市场领导者存在顾客方面的头疼问题或者对顾客漠不关心 | 新的和小的顾客群优先级较低、甚至被忽略：硬盘驱动器、纸张、化学品、主机、中心数据处理、台式计算机、公司风险管理、办公室超级商店、汽车、软件，以及大多数的服务业 |

我们从上可以看出，尽管学者们对于创业机会的来源表述不一，但他们的观点还是存在一些共性，如他们都提到创业机会往往是因为变化而出现，如知识技术变革、政治制度变革、人口变化、产业结构和市场结构变化等。变化是创业机会的重要来源，没有变化，就没有创业机会。当然，创业机会的来源还包括市场的不协调或混乱、问题的产生、信息的滞后、领先或缺口等其他各种各样的状况。

对创业机会来源的争议主要体现在创业机会是否客观存在，即创业机会是客观存在于外部环境之中还是存在于创业主体的构想中。借鉴以上专家学者的观点，将创业机会的来源分为宏观环境变革及创业主体构想两大类，如表 3-3 所示。

表 3-3　创业机会的来源

| 创业机会的来源 | 具体来源 | 表现特征 |
|---|---|---|
| 环境变革 | 政治制度变革产生 | 政治制度的变革影响国家的发展,政府部门与时俱进推行的新政策会带来大量的商机,如改革开放、企业改制、创业优惠政策、环保法规出台等,都产生了一批新的企业。 |
| | 经济结构调整产生 | 经济结构的调整是指随着经济的发展,行业结构发生变化,改变了行业中的竞争状态,使得有的企业被吞并,有的企业消亡,有的企业应时而生。商机无处不在,就看创业者如何把握机会。 |
| | 知识技术革新产生 | 知识和技术革新在影响和推动社会发展方面发挥了至关重要的作用,新知识和新技术的出现改变了企业之间竞争的模式,使得创办新企业的机会大大提高。 |
| | 人口结构变化产生 | 人口结构变化是指人口规模、年龄结构、受教育程度、就业状况、收入水平等带来的一系列变化,在这些变化中又蕴含着大量的创业机会。它对消费品市场的发展具有巨大的推动作用。 |
| | 市场需求变化产生 | 随着社会经济的不断发展,市场的需求也随着生活水平的不断提高发生巨大的变化,与此同时也衍生出很多新型的企业,影响着人们的生活方式。 |
| 创业主体构想 | 主动型创业者创造 | 受创业者个人经历、思维认知或社会网络关系等因素的影响,创业者创造或建构创业机会,创业机会也同时反过来塑造创业者,其结果就是创业者创造出一个新市场。 |

## 二、影响机会识别的关键因素

创业机会的识别是创业成功的前提条件,也是创业成功的必要条件。因此,对创业机会的识别的研究具有非常重要的意义。创业机会的出现可能源于多方面的因素,学术界也一直在试图回答"为什么有的人发现了创业机会而不是别人"及"影响机会识别的关键因素是什么"等问题,Shane 和 Venkataramen 指出一些人发现机会而其他人没有发现的原因并不是偶然:一是先前知识的拥有对识别机会很必要；二是认知资源对评价机会很重要。① 下面我们从两方面来分析影响机会识别的关键因素。

### （一）创业机会的自然特征

创业机会无处不在，它的自然特征决定了创业者对其未来价值的预期，对创业者的机会识别产生着重要的影响。创业者在选择创业机会时，往往会考虑该机会能否为其带来足够的利益和收获，那他首先要考虑的就是产品和市场。创业机会的核心特征就在于此，即产品本身的技术优势、创业者所面临的市场环境等特征，这一层次的特征就属于创业机会的自然属性。

杰夫里·蒂蒙斯教授认为，一个创业机会的典型特征有三点，即吸引力、适时性和持久性。创业者选择一个创业机会，也是因为相信其产品有足够的吸引力，能适时产生足够大的价值，能满足顾客的需求，符合市场的持久发展。这也说明，创业机会的自然属性是创业者对之评价进而做出决策的重要因素之一。

和其他特征不同的是，创业机会的自然特征不依赖于创业者或其他特征而存在。因而在现实中创业机会的其他特征往往需要与其核心特征相匹配，才能创造出最大的价值。

我们也应该知道，不是每个创业机会都会给创业者带来益处，每个创业机会都或多或少存在一定的风险。创业机会的潜在价值和创业者的个人能力相关，认清创业机会的自然特征有利于创业者发掘其潜在的价值。

### （二）创业者的个人特质

## 案例

## 叶天威的甜品事业

精致的甜品桌、甜美的多层蛋糕、诱人的杯子蛋糕、有趣的主题饼干……

---

① Dutta，Crossan M. "The Nature of Entrepreneurial Opportunities：Understanding the Process Using the 4I Organizational Learning Framework"，*Entrepreneurship Theory and Practice*，2005，July.

28岁的叶天威每天开心地畅游在自己"缔造"的"商业王国"——"翻糖皇后派对甜品"。

因为喜欢，因为快乐，叶天威经常忘了时间连轴干。她说，她不是在工作，而是陶醉在自己的兴趣中。

这兴趣是"爱厨艺，爱烘焙，爱办派对，爱鼓弄花花草草，最爱一家人其乐融融"。叶天威将自己创办的甜品店定位于"爱"。

从开业至今，不过十几个月的时间，甜品店顺利度过了草创期，并以月均六万元的发展速度进入成长期，员工数字也从原来的三人扩大到九人的小团队。"我们的业务也从最初的蛋糕定制延展到派对定制，还开设了甜品课堂。"

或许是有在大学担任《华侨大学体育报》社长以及开创并经营一家健身俱乐部的经历，叶天威对自己充满信心。2005年夏天，从华侨大学市场营销专业一毕业，她便从黑龙江来到北京。

叶天威说当时问自己："五年后、十年后你想过什么样的生活？"答案是："我希望可以历练成一个稳重、玲珑有弹性的成熟女人。我选择了做公关。"她这样形容自己——理性分析和直觉冲动交错引领着我的人生。

像蚂蚁一样工作，像蝴蝶一样生活。忙碌的公关工作之余，叶天威拿到了高级对外西班牙语水平证书。2007年，她开始了留学一年以深度进修西班牙语的机会。

留学期间，"我入乡随俗变成了一个派对爱好者，并在社区聚会中结识了一位老奶奶。她很惊讶我这样一位东方小姑娘竟能把胡萝卜蛋糕做得如此地道。因为都热爱甜品，我们变成了忘年交。我这才知道，她曾是为英国皇室服务超过40年的御用甜品师，我成为她最后一个徒弟，幸运地跟她深入学习西式甜品。"

回国后的叶天威已经成为北京朋友圈中小有名气的美厨，一次次的家居派对操办下来，鼓励她开家餐厅或甜品店的声音也越来越多。"我又开始想那个问题，五年后、十年后过什么样的生活？这一次我变了，我想过自由的幸福感强的生活。而做甜点的时候，我的幸福感最强。"

于是，经过近两年的筹备和沉淀，"翻糖皇后派对甜品"于2011年底成立。从甜品桌、多层蛋糕、蛋糕塔，到杯子蛋糕、艺术饼干、马卡龙……自开业起便订单不断。

如今，"翻糖皇后"不仅为婚礼、派对、商务活动等提供高级定制派对甜品，还为小朋友创作"海底总动员"的手工饼干，为准新娘设计蕾丝婚纱款的杯子蛋糕，内容不断丰富，业务量也不断增加。

资料来源：http://www.studentboss.com/html/news/2013-06-05/133833.htm.

1. 自我认知

创业是极具挑战性的社会活动，是对创业者自身智慧、能力、胆识等全方位的考验。研究认为，创业者的自我认知水平与能否成功感知到创业机会相关。所谓自我认知一般是指自我认知也叫自我意识，是个体对自己存在的觉察，包括对自己的行为和心理状态和认知。创业者的对个体的自身行为和心理的认知会有一个发展的过程，刚开始也许只是比较模糊的创业想法，在经过不断的实践和摸索后会慢慢确定自己想要做什么、能够怎么做，最后待时机成熟决定创业，这就是创业者的自我认知在识别创业机会过程中发挥作用的表现。

目前，不少创业研究学者尝试从心理学的角度来分析创业者的行为，他们认为创业者的"第六感"能使他们看到别人容易错过的机会。多数创业者在接受调查的过程中表示，创业一定要有警觉性，而警觉性和创业者的个人特质相关，是随着创业者自我认知的不断发展而产生的结果。有的人不能正确地认识自己，觉得自己没有任何优势，不适合创业；也有的人觉得自己聪明认真具备冒险精神，创业最合适不过。其实能否准确地抓住创业机会，也在于创业者能否全面地认识自己，在领域中找到适合自己的创业方向。叶天威开拓甜品事业，一方面是因为自身掌握了一定的技术；另一方面也出于她对于自身的认知，她说："我想过自由的幸福感强的生活。而做甜点的时候，我的幸福感最强。"

2. 创造性思维

从某种程度上来讲，机会识别实际上是一个创造的过程，是创业者创造性思维的体现。创造性思维不是机械地按照过去的经验或书本上的准则去思考创业，而是要根据市场的变化和面临的新问题，突破固定的逻辑思维，以独具匠心的思维方式寻找具有新颖性和实用性的问题求解方案，从而在市场上脱颖而出。

创造型思维对于创业者而言犹如画笔之于画家，其重要性不言而喻。经济学家Jschumpeter指出，创业者是一个愿意并且可以将一个新想法或者创新点，转化成为一个成功的创新的人。这也就是说，在快速变化、竞争激烈的市场中，创业者要想抢占先机，必须要学会充分利用创造性思维产生创新点去契合市场的发展。很多社会阅历并不丰富的大学生创业获得成功，也是因为他们懂得应用创造性思维去发现机会、识别机会，在解决问题或填补空白的市场时，他们采取了创新的动作，让自身的聪明才智得到最大价值的体现。管理学大师德鲁克说得好，"对企业来讲，要么创新，要么死"。尤其在知识经济时代，创新逐渐成为时代的主题。有人称 API 应用是大学生扎克伯格创办的 Facebook 至今为止最为成功的一个模式，它驱动着全球互联网持续创新思维。对创业者来说，创造性思维就是生命线，其已经成为创业者识别创业机会的重要影响因素。

3. 先前经验

创业难，难在创业者要面临很多不确定的因素，要去做第一个吃螃蟹的勇者，那么在特定产业中的先前工作经验或创业经验就显得非常重要，它有助于创业者识别创业机会。在某个行业工作，个体在该行业有了一定的积累，对行业有了一定的了解，才有可能识别出市场存在的空隙，从中寻找到合适的创业机会。李开复就曾说道，"我和很多创业者接触过，给我的感觉是，要想创业得到成功的话，经验是非常重要的"。马云的创业也是建立在经验之上的。在国内互联网热潮日见高涨的时候，敏感的马云并没有跟风，而是准确地把握住了电子商务这个当时还是新生事物的领域。他根据长期以来在互联网上为商人服务的经验和体会，明确了自己公司发展的方向是为全球的商人建立一个网上商业信息和机会的交流站点，于是阿里巴巴诞生了。

创业机会无处不在，但并不是所有的创业机会都显而易见，先前的经验对机会的判断来说非常重要。现实中很多人创业，大多会选择自己相对熟悉和了解的产业，这样容易看到产业内的新机会，抓住市场兴奋点。而有创业经验的人则更容易了解创业的风险、规则以及过程等，也更容易识别新的创业机会。史玉柱创汉卡、卖脑白金、投资银行股、进军网络游戏，他的创业史可谓大起大落、百转千回，经历过死亡的滋味，又在废墟上创造了神话，可以说他的每一次新的创业都和先前的创业经验中积累的创业警觉性和市场敏感度有很大关系。

### 4. 社会关系网络

创业者的社会关系网络包括企业家核心交流圈子、活动域、合伙人及关系网络等，这个网络的深度和广度对创业者的创业机会识别至关重要。一般来看，那些拥有大量社会与专家资源的创业者比别人更容易发现商业创意，得到创业机会，也更容易取得成功。德·科林指出，企业家借助于广泛人际网络的相互作用，通过信息搜集、交谈思考、资源评价等三种认知活动开发机会。也有创业者提到，"机会并不是留给思路清晰和有能力的人，而是留给有良好背景和良好资本关系的人"。这进一步说明社会关系网络对于创业机会识别的重要性。

在社会关系网络的交往中，创业者往往不是从熟悉亲密的亲友圈子中获得创业机会，相反可能是从平时接触不多的同事或普通朋友圈子中得到商机。其理论依据是格兰特关于弱关系的论断，他指出，在弱关系中，个体之间的意识存在较大差异，因此某个人的看法或建议可能为创业带来一些激发创业的灵感或商机。无论身处何种关系网络，多听多看多想也可能为创业者带来意想不到的创业机会。例如，石家庄一名在校贫困大学生李海洋凭借自己在卖手机卡时跟多家高校保安"混"出来的铁关系，顺利谈成了省内 30 多家高校的独家快递经营权，创业 3 年赚 500 万元。"我这个人运气特别好，经常遇到贵人。在快递业务这块，学校保卫处这些人就是我的贵人。"李海洋笑称。①

## 三、创业机会识别的一般过程

对于创业者来说，创业机会识别的一般过程应该包括两个阶段，即机会搜索和机会开发阶段。这两个阶段在时间上存在先后顺序，在内部逻辑关系上存在着紧密的联系。其中机会搜索阶段包括对宏观环境的分析、行业的分析及产品的分析，机会开发阶段则包括创业机会的核心特征分析、创业支持要素分析，最终完成企业商业模式的构建，如图 3-2 所示。

---

① 资料来源：http://www.studentboss.com/html/news/2013-05-31/133493_1.htm.

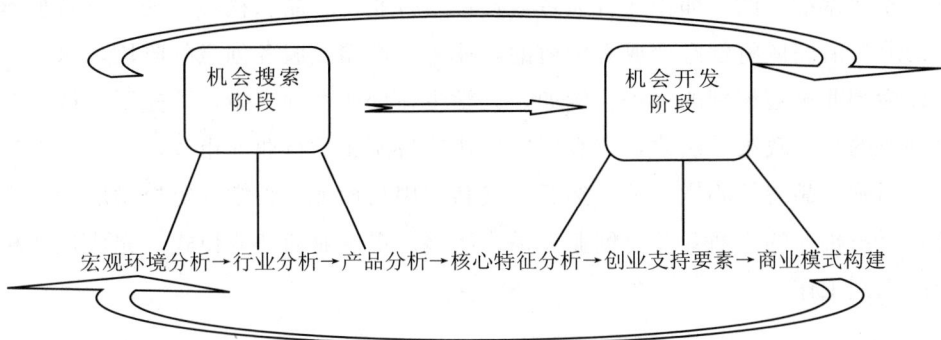

**图 3-2　机会识别的一般过程**

　　宏观环境分析是指创业者对整体宏观创业环境的分析，包括政治制度、经济结构、知识技术、人口结构、市场需求等。该阶段为创业机会搜索的准备阶段，不同的创业项目具备不同的创业背景，所定位的目标行业也因创业环境的不同而有所不同。宏观环境的分析是非常重要的，不仅有助于创业者从中发现创业机会，也直接或间接影响着创业者创业的方向。

　　行业分析和产品分析是机会搜索阶段的核心，创业机会所处行业的发展状况、市场是增长还是衰退、新的竞争者的数量、产品的特性和功能、消费者需求的变化等都需要创业者仔细考虑和思索，以便确定新创企业所在行业能获得的潜在市场的规模。

　　在机会开发阶段，重点是对创业机会的进一步考察和分析，即对市场和产品的把握，通过分析现实世界中在产品、服务、原材料等方面存在的缺陷或不足，找出改进或创造的可能性，回答什么情况下新创企业的产品或服务能够拥有独特的商业价值。

　　创业机会的核心特征分析需要创业者进一步考察当前的市场结构，充分调查市场竞争者的优势和劣势，明确自身企业的产品或服务的核心竞争力。创业支持要素是指创业者通过社会关系网络等分析各种创业资源，充分利用各要素，进一步分析产品或服务在市场运营的可行性，获取更多的支持。在机会开发的阶段，创业者还需要就企业的整体情况来思考其商业模式，明确新创企业在未来发展过程中的盈利手段，可以说，之前一系列的过程都是为构建企业的商业模式做准备的，即创业者通过对环境、行业、产品、核心特征、支持要素等的分析后完成将创意变成有价值的新业务、产品或服务创意的阶段，这一阶段即为创业机会识别的过程。例如，大学生在创业过程当中，首先要了解大学生创业的相关政策及法律，调查意向创业项目所属的行业和市场，确定创业项目，明确产品的核心竞争力，然后寻找和利用高校师生、亲友等提供的创业资源，经由机会的不断开发，创业者最终能够确定企业的商业模式，完成创业机会的识别工作。

## 四、识别创业机会的行为技巧

### （一）观察趋势

识别机会的第一种方法是观察当今社会经济发展的趋势、技术进步、政治活动与制度变革等。创业者要考察各种因素，观察其发展的趋势，并研究它们如何创造具有商业价值的机会。优秀的创业者必须具备的能力之一就是需要有敏锐的观察力和引领变革潮流的强烈意愿，要明白人们的日常生活中有什么需求，然后根据这些需求创造创新型的服务或者产品。

对创业者而言，对市场的敏锐度和对社会各种趋势的把握是创建企业的工具，在成功创建新企业时至关重要。可以说，每种趋势都提供了新商业创意的可能性，如随着经济全球化的到来，互联网的飞速发展，电子商务、社交网络等逐渐成为潮流，技术的进步也为人们的生活带来了便捷。挑选一件商品，只需轻轻点击鼠标放进购物车，就可以完成交易；出门旅行，打开网页，就可以了解你想要去的城市，可以预订机票、酒店、餐馆等，并能了解当地的风土人情，获得路线指南、旅行攻略等。再如随着社会的不断发展，生活压力增大，人们对健康绿色食品、绿色生活方式的兴趣逐渐增长，绿色蔬菜采摘游、农家乐等在大城市成为白领们放松休闲的首选。这些变化也影响了创业者对创业机会的识别，影响了新服务、新产品或新业务的诞生，为创建新企业提供了基础。图 3-3 即概述了各因素与识别创业机会之间的关系。

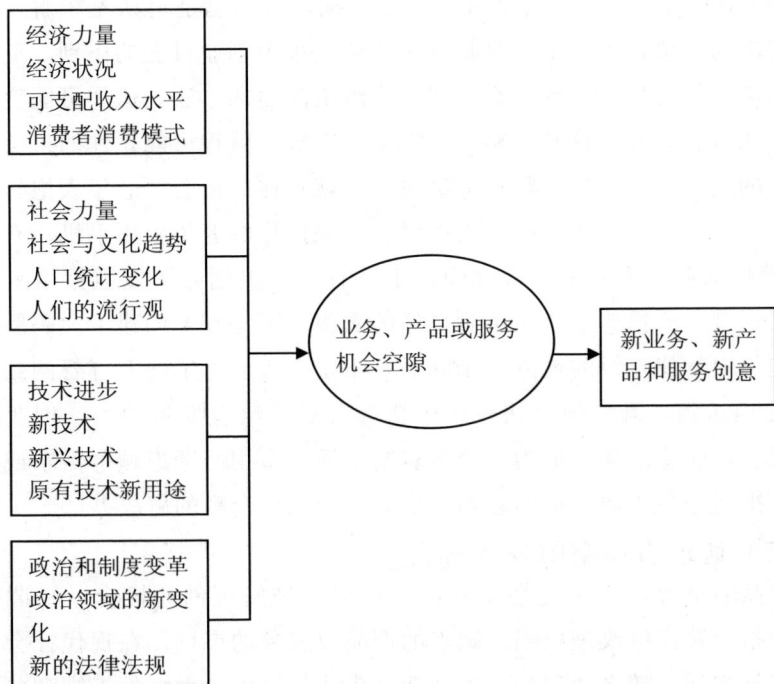

**图 3-3　环境趋势表明了业务与产品或服务机会空隙**

图中文字内容：

经济力量
经济状况
可支配收入水平
消费者消费模式

社会力量
社会与文化趋势
人口统计变化
人们的流行观

技术进步
新技术
新兴技术
原有技术新用途

政治和制度变革
政治领域的新变化
新的法律法规

业务、产品或服务机会空隙

新业务、新产品和服务创意

## （二）解决问题

创业最终要接受市场的检验，要满足顾客的需求，那问题就是需求，别人的问题就是你的机会。如果创业者平时多留心身边的人或事，善于发现和体会自己和他人在日常生活中的不便和难处，也就容易从牢骚满腹中发现创业机会。通过发现问题、分析问题进而找到解决问题的办法是识别机会的第二种方法。现实生活中，同样的问题，有人看到机会，有人看到问题，这是思维方式的差别。例如，西南某地区啤酒经销商抱怨生意越来越难做，有些饭店白天送货不要，晚上不送货了又打电话要求送货，很烦人。而另一名刚开始创业的经销商就专门做别人不愿意做的晚上送货的生意，因为他没有稳定的客户，白天送货也没人要，但是慢慢地那些客户觉得他的服务不错，就把白天送货的生意也交给他了。这名经销商就是从问题中找到了解决办法，进而慢慢占领了整个啤酒市场。

在"负面"中，找到适合自己的创业机会。所谓"负面"，就是那些大家"苦恼的事"和"困扰的事"。因为是苦恼，是困扰，人们总是迫切希望解决，如果能提供解决的办法，实际上就是找到了机会。很多创业机会的识别，就在于创业者运用敏锐的视角、独到的眼光找到了解决问题的办法。这些可能变成机会的问题往往可能是人们容易忽略的，大众的牢骚，就很可能是你的机会。别人解决不了的问题，才会发牢骚；你解决了，就是你的机会。老年人抱怨手机按键太复杂太小，于是有人发明了大按键、简便操作的老年专用手机；有学生抱怨 U 盘等移动数据丢失了非常麻烦，于是有大学生创办了以数据恢复业务为主的公司；有胖子抱怨总是买不到合适的衣服，于是有人创建了大码服饰；有上班族抱怨中午找吃饭的地方过于麻烦，于是有人创立了网上订餐网站，承诺20 分钟之内送到，既方便又快捷……机会总是留给有准备的人。创业者要识别创业机会，就要准备好成为一个多观察生活、多用心考虑顾客需求或潜在需求的人，把问题当资源，把问题当机会，进而提出合理的解决办法。

### （三）通过市场空隙发现机会

新产品的孕育，首先就是要通过市场空隙来发现创业机会。所谓市场空隙，就是指能够提供改进缺陷或缺点的产品或服务的市场。在现代社会，市场竞争越来越激烈，随之涌现的众多企业巨头让传统市场大多处于饱和状态，创业者就要善于去发现缝隙市场，找准细分的行业，打开新的局面。企业之间的不完全竞争状态，也导致市场存在各种现实需求，大企业不可能完全满足所有顾客的市场需求，那么这必然使中小企业具有市场生存空间。例如沃尔玛、大润发等大型连锁超市不可能涵盖所有的商品，不可能满足所有顾客的需求，那么中小企业与大企业互补的方式，才能满足市场上不同客户群的需求。这也可以说，市场对产品差异化的需求是大中小企业并存的理由，细分市场以及系列化生产使得小企业的存在更有价值。

当大多数人有同感，因无法找到所需的产品或服务而变得不快或沮丧时，市场空隙就会被识别出来。这种情况在陈欧创办聚美优品时就发挥了作用。2010 年，陈欧从斯坦福大学 MBA 毕业后回国创业，他发现中国的广大女性消费者对于线上购买化妆品的信心不足，线上化妆品行业没有领头羊企业存在。对他来说，化妆品就是新大陆。他总结出了三个可行条件。首先，电子商务在中国正在高速发展是不争的事实；其次，化妆品需求很大，但市场上还没有一个可信赖的化妆品购物网站；最后，这个别的男人不好意思做的行业反倒给了自己机会。于是聚美优品诞生，仅 3 年时间，陈欧就自信地宣称其利润将达 1 亿美元。

## 实用案例

### 季琦：从如家到汉庭

如家酒店集团创立于 2002 年，2006 年 10 月在美国纳斯达克上市。作为中国酒店业海外上市第一股，如家始终以顾客满意为基础，以成为"大众住宿业的卓越领导者"为愿景，向全世界展示着中华民族宾至如归的"家"文化服务理念和民族品牌形象。

如家酒店集团旗下拥有如家快捷酒店、和颐酒店、莫泰酒店三大品牌，截至 2011 年底已在全国 250 多座城市，拥有连锁酒店 1600 多家，形成了遥遥领先业内的国内最大的连锁酒店网络体系。在最新的《财富》杂志评选出的全球最具成长性公司 100 强榜单中，如家酒店集团凭借良好的业绩进入十强，名列第九。

创办如家快捷酒店，是季琦在携程之后的一次寻求机遇，抓住机遇的成功之路。2002 年，携程上市前最后一次融资后，公司存有大量的现金，这或许是创始人性格所致，存粮食好过冬。不过看着账上的资金，他们也都觉得肉疼——这都是以稀释公司原始股东股权为代价换来的。这也就意味着，自己即将失去自己亲手养大的孩子。

有了钱，就要想办法投出去换更大的回报。通过对携程订房数据的分析，他们发现大城市里便宜的酒店卖得最好，可是携程上偏偏就这种类型酒店最少，而且少数几家酒店也只肯卖少量的房源给携程。

没有房子怎么办？几个说起来也是在搞互联网的人开始琢磨去做上游，开始自己做酒店。如家就这么诞生了，尽管经历了从加盟到直营的艰难转型，但经济型酒店的模式自如家起开始在中国大地遍地开花。在季琦看来，如家能够成为开风气之先者，并不是没道理的："在传统行业引入风险投资。现在好像没有什么稀奇的，那个年代风投大多学习硅谷模式，关心技术和IT，很少投资酒店这种传统的行业。我们一开始就设计好，经过若干轮融资，准备上市，达到我们将多余现金利益最大化的目的。我们将互联网行业'快鱼吃慢鱼'的提法带到酒店业，讲求速度和效率，而不是步步为营、按部就班。同时引入许多现代管理工具和手段，如ERP系统，基于平衡计分卡的绩效考核等。"

"非典"成为季琦人生的分水岭。在"非典"阴云下，酒店业遭到致命打击，不论是公司内部还是公司外部，都有声音说应该控制风险，收缩战线。作为CEO，季琦的看法是，风险也是机会，如果能利用这次危机，扩大规模，就能为日后长远发展奠定坚实基础。

争议为他日后的出走埋下了伏笔，2004年，公司朝着上市的方向大踏步迈进，一切看起来越来越好，而董事会却决定用职业经理人孙坚代替创业者季琦。

沈南鹏曾公开谈道，请走季琦是"如家做得最对的一件事。他可以创办如家，但当如家发展到一个高峰，需要从20家、30家扩张到200家的时候，就需要有一个懂得连锁经营的职业经理人来统领企业"。对此，季琦在《波士堂》节目中，对于"携程四剑客"，他称沈南鹏为"沈先生"，其他两人均直呼其名。

两年的禁止进入同业时期后，季琦又杀回酒店业。2008年2月，汉庭酒店集团正式成立，是国内第一家多品牌的经济型连锁酒店集团。汉庭致力于实现"中国服务"的理想，即打造世界级的中国服务品牌。汉庭的愿景是"成为世界住宿业领先品牌集团"，为此，我们将不断追求精细化的管理，实施标准化的体系和流程。更全面、更迅速地推进集团化发展。汉庭酒店集团旗下目前拥有"汉庭快捷""汉庭全季""汉庭客栈"三个系列品牌，我们将坚持时尚现代、便捷舒适、高性价比的优势特点，塑造中国经济型酒店的典范。一个朋友问他："中国未来可以容得下几家大型经济型连锁酒店？"季琦说四五家是至少的吧。朋友又问："中国有人比你更熟悉经济型酒店行业吗？"他想了想："我不敢说是唯我一个，但也是其中之一吧。"

和竞争对手相比，汉庭的特色在于服务更为精细，季琦不无得意地在博客上总结成功之道："不再用比较卡通和张扬的彩色色块，而是改为较为沉静平和的温馨风格；时尚简约的专利卫生间；光纤接入、双网口、公共区域无线覆盖的升级互联网服务；房卡、会员卡、梯禁门禁的一卡通；不用退房的'无停留离店'；有利于颈椎的荞麦枕头；有格调的印象派油画……汉庭快捷俨然是老版经济型酒店的升级版。在选址上和其他品牌错开，我们要进入中心城市的中心位置，以长三角为主，逐步向渤海湾和珠三角发展。一开始就将最主要的经济地区连成子网络，对于商务客人来说比较方便。"

对于他个人来说，这一次是真正掌控了自己命运。柳传志告诉他："公司要有主人。"创始团队始终掌握了五成以上的股份。金融危机时，季琦自己掏钱追加购买公司股份，为的是给投资人和公司员工以信心，事后经历显然说明，这是他做得最划算的一笔投资。对于未来，季琦从来没有表达过要做新事业的决心，在经济型酒店行业搞"微创新"成了他眼下最重要的工作。

毕竟，这一次，他终于成了公司的主人。

资料来源：百度百科，21世纪网，作者整理加工。

# 扩展阅读

## 抓住机遇改变命运：从美容院到中医养生馆

1998年，没有任何经验的张莉洲凭着一股冲劲开了自己的第一家美容美发店。虽然只有15平方米的店面，但有了属于自己的小店，她还是非常兴奋。

为了将小店经营好，她每天早早来到店里，晚上还经常要贪黑整理美容床位、清理用品和消毒器具，尽心地为来小店的每一位客人营造舒适和温馨。她深知自己学习时间短，技术不过硬，为了让顾客增多，自己有时间就到一些有规模的店，花些钱暗中偷艺。回来后，她不断总结和反复操练。渐渐地，小店的客人日益增多。然而，她并不满足。有些积累的张莉洲又自费上大城市学习更多更新的先进技术以满足不同需求的顾客。几年来，凭着热情周到的服务和细心的经营，张莉洲的小店顾客越来越多，经营也越来越好。15平方米的小店也变成了几十平方米的店面。

然而，就在此时，张莉洲因过度劳累和体力透支，得了严重的颈椎病，经医院检查后，得知必须马上去北京做手术。回想起当时的情景，她感慨地说：

"当时的我像被雷劈了一样，不知所措，连哭了4个夜晚，脑海里一直都浮现着'为什么所有难题都让我遇上了呢？'"

治病期间，被病魔折磨得痛苦不堪的张莉洲偶然接到一份传单手册，上有几个醒目的几个字"悬灸止痛，疏通筋骨，祛寒去湿，扶正祛邪，增强免疫力"。就是这样一个偶然的机会，让张莉洲和悬灸结识。通过悬灸，她治好了自己的颈椎病，可是她的小店也因此无法继续经营。

虽然，艾草悬灸治好自己的颈椎病，可是苦心经营7年的小店客源瞬间丢失，对张莉洲来说还是一个不小的打击。"怎么办？"张莉洲一遍一遍地问着自己。聪明、坚韧的张莉洲想既然艾草悬灸这么有效，而且自己还亲身体验过，何不让它为更多的人服务呢？

于是，张莉洲又做了个惊人的决定"换一个行业从零开始"。2005年，她不顾家人的反对只身一人奔赴上海学习中医艾草悬灸专业知识。

"功夫不负有心人。"一年之后，出身中医家庭、对针灸知识有一些了解的张莉洲凭着"只要我用心，就一定能学好"的精神，带着那神奇的艾条回到辽阳，开起了"千颜美容养生艾草堂"，开始了她的第二次创业。

2008年，共青团辽阳市委组织社会青年开展首届青年创业大赛，张莉洲的悬灸养生馆项目从60多个参赛项目中脱颖而出取得了三等奖。还拿到辽宁省悬灸项目的"总代理"。如今，张莉洲的"千颜美容养生艾草堂"在共青团辽阳市委的帮助下，通过银行贷款筹措资金，已经发展成了拥有150平方米的店面，9张床位12个员工的养生馆，还发展了多家加盟店。凭借着诚信为本，信誉第一原则，养生堂赢得了广大消费者的认可和赞誉，生意也愈发红火。

爱出者爱返，福往者福来。如今，收获了顾客的信任，收获了顾客的爱，张莉洲的养生堂越办越好，而张莉洲也开始用为贫困孩子送上新年礼物、为社区居民传播养生知识等行动去播撒爱、传播爱。经历了一次次命运的坎坷，张莉洲坚定地说："虽然现在的我算不上一个成功的创业者，但我始终是一个努力的创业者。我相信用我勤劳的双手会给更多的人带来健康和美丽，我的真诚和善良可以帮助更多需要帮助的人，我要用我的激情和勇气去攀登那人生的最高峰。"

资料来源：博才网。作者整理加工。

**【应用练习】**

1. 有了创业的想法之后，寻找一项创意并将它变成商机。你需要回答自己一些问题，对商机进行评估。

服务、产品或创意是否是独一无二的并能在竞争中获得先发优势？

服务或产品是否有突破性的优势？

服务或产品所在领域的发展如何？自己所获得的商业机会或者创意能保持多久？

2. 有哪些方法可以帮助我们找到商机？你可以将生活中想到的好点子随时记下来，然后进行整理，以帮助自己寻找好的商机。

# 第二节  创业机会评价

> **学习目标**
>
> 通过学习，你应该：
>
> 1. 明晰有价值创业机会的基本特征。
>
> 2. 掌握创业者与创业机会匹配要考虑的条件。
>
> 3. 了解创业机会评价的特殊性，掌握识别创业机会评价的技巧和策略。

## 引导案例

**案例1**

23岁的舒正义是"陕西正氏科技发展有限公司"的创办人，2007年从西安工程大学电子信息专业毕业，和许多大学毕业生一样，他跑过招聘会，托过家人找工作。后来虽然有一份不错的工作，但他却选择了辞职，他想在自己的专业上有所发展。

2008年初，舒正义和同学、朋友等8人筹资7.8万元，开始创办自己的公司。4月21日，这家主营域名注册、网站建设开发等项目，并取得了一种环保防水手电陕西总代理的公司成立了。"把一件平凡的事做好就不平凡，把一件普通的事做好就不普通——这是我和我们公司的宗旨。"公司成立当天，舒正义信心十足。

公司先后招聘了20多名员工，而且大多数都是在校大学生，他们代理的产品也开始不断地拓宽市场。但是经营公司和上学完全是两回事，短短几天时间，舒正义就感到了压力，而且当初承诺办理公司注册手续的代理公司在拿了他1万元后杳无音讯，一时资金短缺成了这家刚刚起步公司的绊脚石。

4月29日，舒正义一天没有吃饭，他拖着疲惫的身体跑学校、跑银行，但是没贷来款，"原因很简单，现在我没有房子、汽车做抵押，也没公司当担保"。

在这个困境中，舒正义没有跳出来，而是作出了一个决定，通知媒体，召开记者招待会让公司"破产"。

其实，由于注册一直没办下来，因此从严格意义上来讲，舒正义的公司还未成立便告夭折。

**案例 2**

吴霞是一名公司的总经理，她涉足的行业与舒正义的相同，在公司创业之初，刚好遇到了2003年的"非典"，但她靠着坚强的毅力与公司仅有的一名员工坚持下来了，到现在公司发展得比较成功。

在谈到舒正义的公司宣布破产时，吴霞称，大学生刚刚从学校毕业，一般都过于理想化了。从目前舒正义公司的情况来看，他们之前根本没有进行任何创业机会的评估，没有认真做过市场调研，至于哪些客户会使用他们的产品，市场到底如何，什么时候能够获利，或许他们自己都不清楚，这样推销就少了目的性，变成等人来买。"做一个企业，需要毅力，脚踏实地一步一步走下来。"吴霞称，这样的公司，资金流动并不是很大，遇到一点资金困难就宣告破产，在她看来"真的有点太夸张"。

资料来源：http://www.795.com.cn/wz/93197_2.html.

**思考**

1. 舒正义的公司为什么还未成立就宣告夭折？

2. 好的创业机会的特点是什么？

3. 对创业机会的评估最关键的是什么？

## 一、有价值创业机会的基本特征

在整个创业过程中，评价创业机会非常短暂，但对创业者做出创业决策至关重要。从引导案例中大学生创业失败的案例中，我们可以看到，创业者发现了创业机会，但这并不一定意味着要开始创业，更不意味着成功就在眼前，因为并非所有的创业机会都适合创业者。面对市场激烈竞争衍生而来的众多创业机会，创业者一定要三思而后行，选择适合自己的、有价值的创业机会。

首先，有价值的创业机会的特征应该是具备吸引力的。美国百森商学院的蒂蒙斯教授等人认为好的创业机会要有需求旺盛的市场和丰厚的利润，而且还容易赚钱。在他的创业机会评价框架里明确指出，该项目所在的行业应该是新兴行业，市场规模大，销售潜力达到 1000 万～10 亿元，市场成长率在 30%～50% 甚至更高。雷军在谈到创办小米的缘由时提到，"我做的这个产业叫手机行业，手机行业是一个多大的行业？每年市场卖出去 13 亿部手机，我们就算每一部手机只需要 1000 块钱，这个市场是 13000 亿元人民币的市场，这个市场是一个巨无霸的市场。"这也说明，创业者所要选择的创业项目一定是要具备吸引力，这样的创业机会才会有无限的潜力。

其次，好的创业机会应该是创业者能够获得利用该机会所需的关键资源，而不是空有创意而无各种相应的人力资源、社会资源、技术资源等，这样无法去实际操作的机会不是好机会，能有效将资源和机会结合起来的机会才能真正为创业者所用。大学生舒正义仅"成立"9 天的公司即宣告"破产"，除了他本身缺乏社会经验外，缺少创业所需的核心资源如资金、人脉、技术等也是其失败的重要原因。而小米手机的成功之处在于，雷军不仅拥有庞大的社会网络关系和社会资源，他自己本人作为 IT 企业家所建立起来的自身核心竞争力也是小米的制胜法宝。

再次，创业者可能因此而创造新的市场需求，能为顾客提供新的产品、服务或产业，为顾客带来实实在在的利益，这也是有价值的创业机会的特征之一。很多大学生创业往往空有好的创意，但是由于自身经验、阅历所限，其产品或服务和市场契合度不高，加之缺乏一定的市场调研和分析，其创业之路很可能面临失败。舒正义为什么失败？吴霞说得很明确，过于理想化，缺乏市场基础。而为什么小米能迅速在手机市场占有一席之地？这不仅仅是因为其性价比高，也是因为其为更多的人提供了优质的产品、服务和体验。

最后，好的创业机会不应该是昙花一现，而是应该具备持久性，能够实现持续的盈利。一般而言，有价值的创业机会其商业风险是明朗的，创业者有能力承担相应的风险，能够保障市场需求稳步快速增长。如果创业机会的成本大于创业机会的价值，创业者需要认真考虑是否适合创业及是否需要调整创业时机。

## 二、个人与创业机会的匹配

尽管识别创业机会是创业的必要条件，但它还不是充分条件。识别机会以后，潜在的创业者必须先评价创业机会，再做出正确的创业决策。创业者与创业机会的匹配度决定了创业者是否应该踏上创业道路以及所选择创业方向是否适合自己，一般来讲，创业者应该考虑的具体条件主要有以下几个方面。

一是要看创业者要选择进入的产业，创业者识别的创业机会所在的产业应该是处于上升期但还没有达到完全饱和的阶段的产业，如果该产业已经处于下滑期或者市场竞争已经达到白热化状态，那创业者应该要慎重考虑。如目前国内的光伏产业遭受重创，如果创业者在此期间贸然进入，后果可想而知。

二是要看创业者的人力资源，往往一个拥有强大人力资源网络的创业者比一个单枪匹马单打独斗的创业者要拥有更多的机会，而初创公司最重要的就是人力资源。尽管有许多争议，但以往的经验研究还是倾向于支持在人力资源和创业活动之间存在正的关系。需要明确的是，倘若以完成的创业活动的频率和步伐为指标，创业者的人力资源和机会的成功开发有正相关关系。因此，在评价创业机会时，创业者的人力资源也成为一个重要的指标。

三要看创业者的机会识别能力，识别创业机会的商业敏感与个人能力、天赋和决心直接相关，那些具备较高商业敏感度的人一般在进行创业决策的过程也有异于常人，他们更多地进行探索性的决策，决策中有显然的偏向性。而这种具有非理性特征的决策模式有助于创业者在信息有限、资源有限、风险不确定的情况下迅速做出决策。

最后，从创业者的角度来说，评价创业机会要看其所拥有的社会资源。社会资源提供的是便于发现创业机会以及识别、收集和配置资源的网络。社会资源往往通过提供和传播一些关键的创业信息或其他一些重要资源，从而对创业机会的评价过程产生积极的影响。尤其是在我国，社会资源作为一种特殊的创业资源，常常对创业机会识别、评价及开发有着重要的影响。

总之，创业活动是创业者和创业机会的结合。一方面创业者在识别创业机会，另一方面创业机会也在选择合适的创业者。只有当二者恰如其分地达到匹配的状态，再加上行之有效的创业决策，创业活动才最有可能获得成功。

### 三、创业机会评价的特殊性

所有的创业行为都来源于创业机会，创业者及投资人对创业机会在未来即将带来的前景及利润总会寄予厚望，但并不是所有的创业机会都适合创业或都能带来成功。许多的创业者都犯过这样的错误，只要发现了一个商业创意，就开始着手撰写商业计划书，开始寻找投资人。这种做法往往忽略了对创业机会的评价，即缺少对创业机会的可行性分析。

创业机会的评价有利于创业者应对创业环境的众多不确定性，并能根据相应的情况采取适当的对策。酷6网创始人兼前CEO李善友在一次报告中，依据产品和市场组合，将创业者面临的环境划分为三种类型：确定性环境（现有产品——现有市场）、半确定性环境（现有产品——新市场或新产品——现有市场）和不确定性环境（新产品——新市场）。尽管这种划分不一定科学，却比较形象。不确定性表现为"快速变化的市场"和"结果的不可知"，随着经济的飞速发展，市场也在快速地变化，与之对应的则是，当创业者面临多个方案的选择时，每个方案出现的结果都是不确定的。在大多数情况下，创业活动是在高度不确定性的环境中开展的，可能完全没有办法按照之前明确的创业计划来逐步进行。所以我们经常说，创业者是典型的冒险家，需要具备极强的心理承受能力和应变能力。和一些大企业相比，环境的不确定性带来的挑战对创业企业更强，这就要求创业者深刻理解和利用创业环境的不确定性，并善于从中寻找机会、善于创新。

在创业者进行创业机会评价时，需要经历一种思维的转换，即从单纯地把商业创意当做一个机会，转变为将该创意视为一个企业。这就意味着创业者需要从他们对创业机会的初始判断中有进一步的思考和调查。所谓对创业机会的初始判断，即为创业之初创业者对创业机会的假设和简单计算，这样的判断看似缺乏科学性和说服力，需要创业者进行深入的调查和分析，然后再做出正确的决策。他所考虑的不再只是一个想法或观点，而是结合市场的特点，对产品或服务进行分析，进而评价拟建企业的特点和价值。

例如，洪晓波刚开始创立唯品会是起源于 2008 年的金融海啸，让他看到了商机。他发现海外限时限量抢购网站的模式，能减少品牌厂商的库存压力和回笼资金，而且不会影响品牌形象。经过大半年的考察，他选择了在法国时最为熟悉的网站 VP(Vente Privee，世界最大的奢侈品折扣网)作为模仿对象。但是很快他发现这种方式的受众面很窄，规模难以扩大。而且有不少先行的网站也早在这个领域因水土不服而折戟沉沙。通过对各家购物网站的订单分析，唯品会迅速将目标消费群转向 25～35 岁的白领消费者，最低折扣低至 0.9 折。它舍弃一线顶级奢侈品牌，瞄准阿迪达斯、耐克、飞利浦、Esprit、安莉芳、欧时力等中国消费者更熟悉的一二线名牌，而且范围涵盖服装、皮具、家居、小家电等多种商品。从公司创建至上市，唯品会仅仅用了 3 年的时间，于在 2012 年 3 月成功登陆纽交所。我们可以看到，唯品会的成功和洪晓波对创业机会的评价密切相关。最开始他的初始判断是要做和法国一样的奢侈品折扣网站，但在进行市场考察和竞争对手的订单分析之后，迅速调整战略，重新定位目标消费人群。这也解释了创业机会评价的特殊性，即创业机会的评价需要采取科学的方法，需要进行周密的市场调查，这样才能判断创业机会的价值创造潜力。

## 四、创业机会评价的技巧和策略

对于创业者而言，识别创业机会是一个方面的问题；而另一个方面的重要问题则是创业机会的评价，这是一个关系到创业者所创企业未来能否在市场占据一席之地、能否获得成功的关键环节。创业者自身的特征及想法固然重要，但并不是每个想法都能转化为创业机会。许多创业者仅凭想法去创业，也对创业充满信心，但最终却失败了。不是每个创业机会都会给创业者带来益处，每个创业机会都存在一定的风险，因此，创业者在利用创业机会之前要对创业机会进行科学的分析与评价，然后做出正确的决策。

业内关于创业机会评价指标的研究颇多，引用较多的是美国百森商学院蒂蒙斯教授的评价框架。他总结了一个包含八大类 53 项指标的创业机会评价框架，即从行业与市场、经济因素、收获条件、竞争优势、管理团队等八个方面评价创业机会的价值潜力。在国内外的创业研究中，涉及创业机会评价时，所参考和引用的也主要是采用这个评价框架。[①] 如图 3-4 所示。

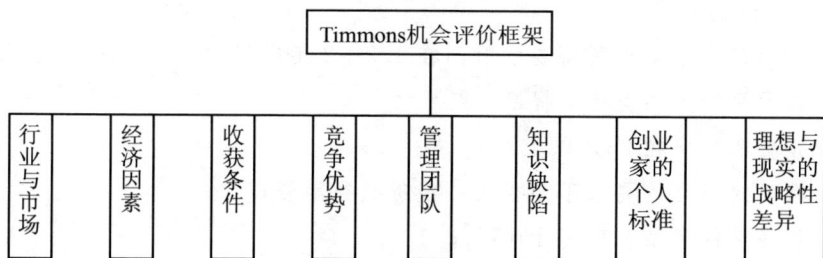

**图 3-4　创业机会的评价框架**

# 拓展阅读

　　Timmons 总结概括了一个评价创业机会的框架，其中涉及八大类 53 项指标。尽管 Timmons 也承认，现实中有成千上万适合创业者的特定机会，但未必能与这个评价框架相契合。但他的这个框架是目前包含评价指标比较完全的一个体系。

　　一、行业与市场

　　1. 市场容易识别，可以带来持续收入；

　　2. 顾客可以接受产品或服务，愿意为此付费；

　　3. 产品的附加值高；

　　4. 产品对市场的影响力高；

　　5. 将要开发的产品生命长久；

　　6. 项目所在的行业是新兴行业，竞争不完善；

　　7. 市场规模大，销售潜力达到 1000 万～10 亿元；

---

　　① Timmons J. A. *New Venture Creation*. 5th Edition. Irwin McGraw—Hill, 1999.

8. 市场成长率在 30%～50%甚至更高；

9. 现有厂商的生产能力几乎完全饱和；

10. 在五年内能占据市场的领导地位，达到 20%以上；

11. 拥有低成本的供货商，具有成本优势。

二、经济因素

1. 达到盈亏平衡点所需要的时间在 1.5～2 年以下；

2. 盈亏平衡点不会逐渐提高；

3. 投资回报率在 25%以上；

4. 项目对资金的要求不是很大，能够获得融资；

5. 销售额的年增长率高于 15%；

6. 有良好的现金流量，能占到销售额的 20%～30%；

7. 能获得持久的毛利，毛利率要达到 40%以上；

8. 能获得持久的税后利润，税后利润率要超过 10%；

9. 资产集中程度低；

10. 运营资金不多，需求量是逐渐增加的；

11. 研究开发工作对资金的要求不高。

三、收获条件

1. 项目带来的附加价值具有较高的战略意义；

2. 存在现有的或可预料的退出方式；

3. 资本市场环境有利，可以实现资本的流动。

四、竞争优势

1. 固定成本和可变成本低；

2. 对成本、价格和销售的控制较高；

3. 已经获得或可以获得对专利所有权的保护；

4. 竞争对手尚未觉醒，竞争较弱；

5. 拥有专利或具有某种独占性；

6. 拥有发展良好的网络关系，容易获得认同；

7. 拥有杰出的关键人员和管理团队。

五、管理团队

1. 创业者团队是一个优秀管理者的组合；

2. 行业和技术经验达到了本行业的最高水平；

3. 管理团队的正直廉洁程度能达到最高水准；

4. 管理团队知道自己缺乏哪方面的知识。

## 六、致命缺陷

不存在任何致命缺陷。

## 七、创业家的个人标准

1. 个人目标与创业活动相符合；

2. 创业家可以做到在有限的风险下实现成功；

3. 创业家能接受薪水减少等损失；

4. 创业家渴望进行创业这种生活方式，而不只是为了赚大钱；

5. 创业家可以承受适当的风险；

6. 创业家在压力下状态依然良好。

## 八、理想与现实的战略性差异

1. 理想与现实情况相吻合；

2. 管理团队已经是最好的；

3. 在客户服务管理方面有很好的服务理念；

4. 所创办的事业顺应时代潮流；

5. 所采取的技术具有突破性，不存在许多替代品或竞争对手；

6. 具备灵活的适应能力，能快速地进行取舍；

7. 始终在寻找新的机会；

8. 定价与市场领先者几乎持平；

9. 能够获得销售渠道，或已经拥有现成的网络；

10. 能够允许失败。

当然，蒂蒙斯教授关于创业机会识别评价指标体系的优点是很具体全面，但也存在一定的缺陷，如指标过多而全导致的主次不够明晰，实践操作中难以对各指标进行量化评分；又如各指标的分类存在一定的交叉，这在一定程度上影响了机会评价指标的有效性和合理性。

鉴于这一情况，我国学者林嵩于2007年提出从支持要素、产品和市场及成长预期三个层次来分析和评价创业机会，以弥补现有研究中创业机会识别指标的不足。如图 3-5 所示。

**图 3-5 创业机会的三层次评价指标**

在林嵩关于创业机会的三层次评价指标中，一是创业机会的核心特征：产品和市场。这一层次的特征属于创业机会的自然属性，不依赖于创业者或者创业机会的其他特征而存在，相反，创业机会的其他特征却往往需要与其核心特征相匹配，才能创造出最大价值。二是创业机会的支持要素：团队、资源和商业模式。这是创业机会评价指标的第二个层次，也是创业者或者创业团队能够有效开发创业机会的支持条件。三是创业机会的成长预期：财务指标和收获条件。这是创业机会评价指标的第三个层次，成长预期是创业者对于创业机会的潜在价值的最终判断。只有符合创业者心中的标准，创业机会才能够真正地付诸行动。[①]

我们可以看到，一方面，林嵩承认创业机会需要从不同侧面予以综合评价；另一方面，这些不同侧面的机会特征存在主次之分，其重要程度存在较大差异。这就是说，在机会识别时需要把重点放在某些更为重要的指标上，对其正确识别评价后，再结合其他方面的特征做出整体判断。

在现实创业活动中，一个创业机会所具备的属性是多方面的，创业者不太可能对所有的指标一一去评价，最可能的方式是选择其中最重要的几项进行评估。一般而言，创业者针对创业机会的市场与效益两方面进行评估是最有代表性的。如表 3-4 所示。

---

[①] 林嵩：《创业机会识别研究》，载《中南民族大学学报（人文社会科学版）》，2007 (5)。

**表 3-4　创业机会评估准则——从市场和效益两方面入手**[①]

| 市场评估 | 市场定位 | 评估创业机会的时候，可由市场定位是否明确、顾客需求分析是否清晰、顾客接触通道是否流畅、产品是否持续衍生等，来判断创业机会可能创造的市场价值，创业带给顾客的价值越高，创业成功的机会也越大。 |
|---|---|---|
| | 市场结构 | 对创业机会的市场结构进行五项分析：进入障碍；供货商；顾客；经销商的谈判力量；替代性产品的威胁和市场内部竞争的激烈程度，由此可知该企业在未来市场中的地位，及可能遭遇竞争对手反击的程度。 |
| | 市场规模 | 市场规模大者，进入障碍相对较低，市场竞争激烈程度也会略为下降。若要进入的是一个十分成熟的市场，那么利润空间会很小，不值得再进入；若是一个成长中的市场，只要时机正确，必然会有获利的空间。 |
| | 市场渗透力 | 对于一个具有巨大市场潜力的创业机会，市场渗透力评估将会是非常重要的。应该知道选择在最佳的时机进入市场，也就是市场需求正要大幅增长之际。 |
| | 市场占有率 | 一般而言，成为市场的领导者，最少需要拥有 20% 以上的市场占有率，若低于 5% 的市场占有率，则这个新企业的市场竞争力不高，自然也会影响未来企业上市的价值。尤其是处在具有赢家通吃特点的高科技产业，新企业必须拥有成为市场前几位的能力，才比较有投资价值。 |
| | 产品的成本结构 | 从物料与人工成本所占比重之高低、变动成本与固定成本的比重，以及经济规模产量大小，可以判断企业创造附加价值的幅度以及未来可能的获利空间。 |

---

[①]　刘常勇：《创业管理的 12 堂课》，64—70 页，北京，中信出版社，2002。

| | | |
|---|---|---|
| 效益评估 | 合理的税后净利润 | 一般而言，具有吸引力的创业机会，至少需要能够创造 15％以上税后净利。如果创业预期的税后净利是在 5％以下，那么这就不是个很好的投资机会。 |
| | 达到损益平衡的时间 | 合理的损益平衡时间应在 2 年之内达到，如果 3 年还达不到，恐怕就不是个值得投入的创业机会了。当然，有的创业机会确实需要经过比较长的耕耘时间，通过前期投入，创造进入障碍，保证后期的持续获利，这样的情况可将前期投入视为投资，才能容忍较长时间的损益平衡时间。 |
| | 投资回报率 | 考虑到创业面临的各种风险，合理的投资回报率应该在 25％以上，而 15％以下的投资回报率是不值得考虑的创业机会。 |
| | 资本需求 | 资本需求量较低的创业机会，投资者一般会比较欢迎，资本额过高其实并不利于创业成功，甚至还会带来稀释投资回报率的负面效果。通常，知识越密集的创业机会，对资金的需求量越低，投资回报反而会越高。 |
| | 毛利率 | 毛利率高的创业机会，相对风险较低，也比较容易取得损益平衡。反之，毛利率低的创业机会，风险则较高，遇到决策失误或市场产生较大变化的时候，企业很容易就遭受损失。一般而言，理想的毛利率是 40％。当毛利率低于 20％的时候，这个创业机会就不值得再予以考虑。 |
| | 战略价值 | 能否创造新企业在市场上的策略性价值，也是一项重要的评价指标。一般而言，策略性价值与产业网络规模、利益机制、竞争程度密切相关，而创业机会对于产业价值链所能创造的加值效果，也与它所采取的经营策略与经营模式密切相关。 |

| | | |
|---|---|---|
| 效益评估 | 资本市场活力 | 当新企业处于一个具有高度活力的资本市场时，它的获利回收机会相对也比较高。不过资本市场的变化幅度极大，在市场高点时投入，资金成本较低，筹资相对容易。但在资本市场低点时，投资新企业开发的诱因则较低，好的创业机会也相对较少。不过，对投资者而言，市场低点的成本较低，有的时候反而投资回报会更高。一般而言，新创企业的活跃的资本市场比较容易创造增值效果。 |
| | 退出机制与策略 | 所有投资的目的都在于回收，因此退出机制与策略就成为一项评估创业机会的重要指标。企业的价值一般也要由具有客观鉴价能力的交易市场来决定，而这种交易机制的完善程度也会影响新企业退出机制的弹性。由于退出的难度普遍要高于进入，所以一个具有吸引力的创业机会，应该要为所有投资者考虑退出机制，以及退出的策略规划。 |

　　创业机会的评估对创业成功具有重要的影响，不同的创业个体，不同的创业资源，不同的创业环境，对创业机会的评估标准和方法也是不一样的。因此，各项指标只是创业者进行创业机会评估时可以参考的一些标准，并不是绝对的。值得注意的是，创业者还是需要依靠自身对市场的敏感及充分的市场调查后方能做出正确的创业决策。

# 实用案例

## 一个简单的创业案例

　　经常上论坛，尤其是创业论坛，每天看到那么多的朋友们在上面发帖谈创业和如何创业的问题，有种感觉就是想创业的人真多，可是创业是什么概念呢？创业又需要哪些条件呢？如果真的有个创业的机会摆在你面前你又是否会愿意去做呢？换句话说你是否愿意从最简单的东西做起呢？创业是否真的那么复杂呢?

　　其实,像我们每天吃的米饭一样,创业机会每天都在我们的身边出现,创业其实不像想象中的那么复杂。

　　写一个身边的很简单实在的故事与各位分享。

　　我楼下住了个年轻人,失业很久了,因为大家每天在楼下一起打球的原因而混熟了,他每天跟我抱怨说,不想找工作,想自己出来做老板。

　　我问他:"你有足够资本吗?"

　　他不好意思地说:"我现在连下个月的房租都成问题了。"

　　我有点吃惊,"你那点钱该如何运作?"就问他:"那你想如何创业?你的目标有多大?"

　　他说:"反正我是不想上班,可是我现在又没钱,不知道怎么办才好?"

　　我说:"有一个很简单的方法来让你成为老板。"

　　我住的地方是一个有三栋楼的小区,这是一个本地人盖的,专门用来出租的,每个房间都装了台200卡式电话。

　　我说:"你以前是做电话卡这行的,那你应该熟悉那些200卡的进货渠道和进货价格吧?"

　　"200卡进货价钱6折,外面的多的卖8～9折,你自己进一批卡过来,按照7折卖给我们这里的住户。一张面值30元的卡,进货价钱18元,卖出去21元,每张赚3元,我们这里一共有150户,按照每户每月用一张卡来计,如果你可以完全占领这里的市场,则每月可以赚450块。你可以利用你以前在公司上班的同事及朋友,让他们支援你,可以小批量进货,这样你就不用很多钱就可以开始这项业务了。然后你印刷一些宣传单张,这里的住户你大部分认识,有很多还很熟,你的价钱又比外面便宜,你还可以送货上门,他们没理由不买你的卡吧?"

　　有一天,我和他去逛我家附近的超市,发现那里正在举行限时特卖活动,哈密瓜1元/500g,早熟梨0.99元/500g。我说:"你有没有注意到菜市场的哈密瓜现在零售卖2.5～3元/500g,早熟梨卖2.2～2.5元/500g,你有没有看到我们的路口经常有人弄个板车在卖水果(广州管这种人叫走鬼),如果你能够把这些特价水果买回去在楼下路口按照2元和1.8元的零售价去卖(市价2.5元和2.2元),在价钱上马上可以打败其他的对手,而且你还没有压货的风险,是否可以马上卖掉？你也不用付运费。周边有家谊、易初莲花、好又多三家超市，它们基本上每天都会有特卖活动，你收集好它们的这些讯息，到时走路去大量买进就可以了（超市虽然限量每人不可超过5斤但事实上你多买些也没事），每天不是最少有10~20元钱进账？"

"做这些你根本不需要很多资金，你现在也拿不出很多资金。但是加上上面那个200卡项目，你是否马上就有两个项目在手了呢？你马上就是创业者，就是自由的老板了，而且风险不高，基本上算是白手起家，每个月就有最少1000元的收入，不仅你现在的房租无忧，还少有盈利，把这些钱存下来，就是你的资本原始积累了。"

这两件事情我只当是跟他说说而已，后面我也就忘记了。那么后来怎样呢？

两个月后他打电话给我，说一起吃饭，再看到他我吓了一跳：他后面真的这样做了，坚持了两个月，每个月的收入还不错。

他现在已经把他的200卡业务拓展到我们住的整条街道里，每天都会发些传单到那些地方，那里有很多类似的装有200卡的房屋。

他已经开始成为那条巷子里所有的走鬼的水果供应商，他赚了点钱后，脑袋灵活，他就去跑水果批发市场，因为与那些走鬼都混得很熟，他是先从走鬼们那里拿到水果的订单后再去批发市场进货，避免了压货从而水果烂掉的风险，他自己踩三轮车在凌晨拉回来，以此来节省运费。

这个真实的故事还没有结束，因为还没到结束的时候。我相信他有可能日后会做得很大。故事没结束，惭愧的我却从中看到了以下的问题。

(1)他没钱还想创业，这简直是不太可能的任务。

创业是需要些基本条件的。钱尤其是最主要的条件。

(2)从一开始与他聊天的时候，我仅当这些是说说而已，我也不当回事，可是他却留心了，而且去做了。这表明他是个很实在的人，不会夸夸其谈，他明白自己的劣势（没钱），但是他善于利用讯息，因为我所说的基本上是不用什么成本的生意。

脚踏实地，善用讯息，马上去做，我想这是没钱的创业者的基本功。

(3)当他去做200卡项目的时候，做的是利用现有的资源：住的楼里家家都要用的东西；都是邻居，客户关系容易建立；供应商是以前的朋友，可以获得最低价支持和减少库存的压力。

在创业之前建立良好的人脉关系，哪怕是你以前公司里搞清洁的阿姨，永远不要轻视你手里的每件事情，你身边的每个人；善于利用你之前的资源，日后可能会带来意想不到的收获。

销售先从你身边熟悉的人和事情开始。

（4）他做水果的时候，是利用特殊的机会（超市限时特卖活动）来获得最好价钱和进货机会（去批发市场需要一定数量才划算，而且有压货的风险，对没钱的他是不太现实的），然后以接近100％的毛利来卖出，还没有库存压力。

白手起家需要良好的观察力，在最简单的东西中发现商业机会。还需要机会。

销售其实是件很简单的事情，低价买进，高价卖出就可以了，没有想象中的那么复杂。但是要有你的竞争力（如价钱好、产品独家等），我们很多时候是把简单的事情弄得太复杂。找对正确的产品和通路，用合适的方式卖给合适的人就可以了。关键在如何整合这当中的关系和资源。

（5）他稳定下来后，就开始想办法做大（由零售转向批发）培养客户资源（所有的走鬼都向他拿货），想办法控制成本（自己亲自拉货回来）来提高价钱竞争力；再想办法来自己做通路（租用地方快速销售）直接面向最终客户，减少中间环节赚取更多利润。

聪明的创业者会稳健地在本行业中不断寻找做大的机会，在这个过程中，他会开始自己慢慢地培养行业资源，并利用各种差异来寻求获得利润的机会。

创业者会做专自己的行业。如果不了解自己所从事的行业，讲得不好听给你100万元，你未必知道你应该把钱往哪里投。专业是成功的要义。

这个年轻人是我认识的很多朋友中的一个，也是让我最欣赏的一位，他没有念过多少书，他最初的目标很简单，每个月可以有1000元钱存进银行，然后他也不想上班，想自由地做。然后，他现在终于实现他的目标了。

与其临渊羡鱼，不如退而结网。

磨利你的鱼钩，多挖几条蚯蚓，在太阳底下低头，默默干活。

你说呢？

**资料来源：成功励志网，作者加工整理。**

**【应用练习】**

1. 如何获得创业机会，你需要回答以下几个问题。

你的兴趣爱好是什么？能从自己的兴趣爱好中找到创业机会吗？

个人的技能与经验能有助于成为成功的企业吗？

你知道特许经营的概念吗？

你去过展览会或者商品交易会吗？

在产生一个企业想法的时候，你是否做过市场调查？

你通常在认真听周围的人们的抱怨吗？你是否认真考虑过这些抱怨？

"头脑风暴"你熟悉吗？

2. 对创业风险进行评估，包括以下几项：

A. 技术风险　　B. 财务风险　　C. 市场风险　　D. 政策法律风险

E. 宏观环境风险　　F. 团队风险

考量自己的创业活动，你认为自己的创业活动风险来自于何处？

3. 与周围创业成功的人进行交流，了解这些人在应对创业风险时的做法，为自己的创业活动做好准备。

# ▸▸ 扩展阅读

## 机会之窗

杜拉克根据产业的发展，提出机会之窗理论。它是指产业的发展有一个生命周期，而在产业刚刚产生时，人们并不了解这个产品，所以在市场上只有很少或者几乎没有顾客群，而到了大家开始认识这个产品时，它会出现爆发式的增长。这时产品与行业都进入了高速成长期。对于创业者来说，早期进入期是最难的，这个时期最大的问题是如何生存下去，并且要一方面完善产品；一方面要宣传产品。这时的机会非常小，而到了成长期，机会突然大增，杜拉克把它喻为如同为机会打开了一扇窗户，所以把这个现象取名为机会之窗。到了成长期结束前，会有更多的企业涌入，这时的成长空间越来越小，大淘汰开始了，机会之窗渐渐关闭。

产业中的例子有很多，杜拉克就曾举例火车诞生后，英国有大大小小100多家铁路公司，而后经过大淘汰仅存几个寡头。中国近30年来这样的例子就更多了，电视机、VCD、DVD等产业都是这样。20世纪80年代电视机生产厂商有100多家，20世纪90年代初进入大淘汰时期，最后形成以长虹、TCL、康佳等少数几家独大的局面。进入成熟期后，对于创业者来说，这个行业的机会之窗就关闭了，没有再进入的价值了。除非有新的产品能激活这个行业，在新的层面上才有新的机会，从而展开新的竞争。

根据机会之窗的理论，创业者在识别机会时，需要对产业进行一些深入的研究，要能从产业的生命周期上理解机会，这样创业者才能找到一个产业的适当进入机会，在进入之后，要知道成长期有多长，努力使自己在机会之窗关闭后免遭淘汰。

一般地，市场随着时间的变化以不同的速度增长，并且随着市场的迅速扩大，往往会出现越来越多的机会，但是当市场变得更大并稳定下来时，市场条件就不那么有利了。因而，当一个市场开始变得足够大，并显示出强大的增长势头时，机会窗口就打开了，而当市场趋于成熟时，机会窗口就开始关闭了。

由于机会窗口的存在，创业时机的把握就变得非常重要。在市场体系中，机会是在一个有变化、无序、混乱、自相矛盾、滞后或领先的知识信息缺口，以及一个产业或市场中的种种其他"缝隙"所组成的环境中产生的。因此，企业环境的变化和对这些变化的预期，对于企业家来说是极为重要的，一个有创造力的果断的企业家能够在别人还在研究一个机会的时候抓住它，如果等到机会窗口接近关闭的时候再来创业，留给创业者的余地将十分有限，新创企业也就很难盈利。

资料来源：百度百科，作者整理。

## 第三节　创业风险识别

**学习目标**

1. 有价值的创业机会也是有风险的。
2. 机会风险分为系统风险与非系统风险。
3. 机会风险中，一些是可以预测的，一些是不可以预测的。
4. 创业者需要结合对机会风险的估计，努力防范和降低风险。

# 引导案例

## 史玉柱的创业故事

一、史玉柱与巨人集团

史玉柱，安徽人。1989 年研究生毕业后"下海"，在深圳研究开发 M6401 桌面中文电脑软件，获得成功。1992 年，史玉柱率 100 多名员工，落户珠海。珠海给了史玉柱的巨人集团很多照顾：高科技企业税收全免；破例审批出国；户口一时转不过来，给新办一个珠海户口。

巨人一下子发展了起来，资产规模很快接近 2 亿到 3 亿元。史玉柱开始不满于只做巨人汉卡，他开始做巨人电脑。巨人电脑挣钱，但管理不行，坏账一两千万元。巨人电脑还没做扎实，史玉柱又看上了财务软件、酒店管理系统。史玉柱去美国元考察，问投资银行未来哪些行业发展速度最快？投资银行说是 IT 和生物工程。史玉柱回国立即上马了生物工程项目。其他涉足的行业还有服装和化妆品。摊子一下铺到了六七个事业部。

1993 年，巨人仅中文手写电脑和软件的当年销售额即达到 3.6 亿元。位居四通之后，成为中国第二大民营高科技企业。史玉柱成为珠海第二批重奖的知识分子。

当时中国人才外流现象比较严重，为了吸引外流人才回国效力，时任珠海市委书记、市长的梁广大选中了史玉柱作为"中国大学生留在本土创业"的典型。作为支持，珠海市政府曾经批给巨人一块地，巨人准备盖18层的办公楼。在大厦图纸都设计好之后，梁广大找史玉柱谈了谈，希望史玉柱为珠海争光，将巨人大厦建为中国第一高楼。巨人只有建成了中国第一高楼，史玉柱才配做全国典型。为了支持巨人建中国第一高楼，市政府批给了巨人3万多平方米土地。125元/平方米的价格等于白送。

1993年，中国经济过热发展，只要有房子就能卖掉。甚至连"楼花"都能卖掉，盖72层的巨人大厦需要12亿元，此时，史玉柱手中的只有1亿元现金。史玉柱将赌注押在了卖"楼花"上。1993年，珠海西区别墅在香港卖出十多亿元"楼花"。可等到1994年史玉柱卖"楼花"的时候，中国宏观调控已经开始，对卖"楼花"开始限制，必须投资到一个数额才能拿到预售许可证，后来越来越规范，限制越来越多。史玉柱使出浑身的宣传本事，也只卖掉了1亿多元"楼花"。

盖高楼，地下部分最花钱。地下20米之后都是岩层。巨人大厦一共打了68根桩，最短的桩打了68米，最长的桩打了82米，仅打桩花了史玉柱1亿多元。

1995年，巨人推出12种保健品，投放广告1个亿。史玉柱被《福布斯》列为大陆富豪第8位。脑黄金取代巨人汉卡成为巨人新的摇钱树。1995年，仍然认为形势一片大好的史玉柱往巨人大厦地下3层又砸了1亿多元。

1996年巨人大厦资金告急，史玉柱贷不到款，决定将保健品方面的全部资金调往巨人大厦。此时，脑黄金每年已经能为巨人贡献1个多亿利润。"我可以用脑黄金的利润先将巨人大厦盖到20层。先装修20层。卖掉这20层，再盖上面的。"没承想，保健品业务因资金"抽血"过量，再加上管理不善，迅速盛极而衰。脑黄金卖不动了。

1997年初巨人大厦未按期完工，国内购"楼花"者天天上门要求退款。媒体"地毯式"报道巨人财务危机。得知巨人现金流断了之后，"巨人3个多亿的应收款收不回，全部烂在了外面。"不久，只建至地面3层的巨人大厦停工。巨人集团名存实亡。史玉柱成为"全国最穷的人"。

## 二、史玉柱与征途网络

脑白金于 1998 年 5 月份问世，由于巨人的倒下，一文不名的史玉柱个人向朋友借了 50 万元，带领着十几名忠实的追随者转战江浙、东北，开始再度创业的历程。

史玉柱试探性地先花了 10 万元广告费在江阴打市场，很快产生了热烈的市场效应，影响到了无锡。于是，他们用赚到的钱接着在无锡打市场，然后无锡也有了很好的市场反应。史玉柱开始重新树立起信心。接着他们的市场开到了南京，带动整个江苏，同时在吉林启动，很快，常熟、宁波、杭州都做开了市场。

就这样，在 1999 年 3 月，史玉柱终于在上海注册成立了一家新的公司——上海健特生物制品有限责任公司。当年，新公司的主营产品"脑白金"销售额就达 2.3 亿元。

对于史玉柱和他的团队来说，"巨人危机"或许是他们最大的财富，因为史玉柱从中得到的教训和对于自身的深刻认知，让他们在以后的创业中受益无穷。

2004 年 11 月，上海征途网络科技有限公司正式成立。三四年前史玉柱就曾想过投资做网游。在进入网游之前，史玉柱曾经找来专家咨询，也曾专门拜会一些行业的主管领导。结论是，至少在 8 年或者更长的时间里，网络游戏的增长速度会保持在 30% 以上。而在史玉柱看来，国人对娱乐的需要日益增长，中国游戏玩家的比例相对也较低，增长潜力巨大。因此，史玉柱断言：现在的网游市场肯定是一个朝阳产业。

史玉柱始终认为，网络游戏的成功靠的就是两个：钱和人。史玉柱不缺钱，多年保健品业务积累和投资收益给史玉柱带来了巨大的资金积累。在几年前，史玉柱就曾经对网络游戏动心过，但是那时他没有游戏团队，新浪的汪延曾经告诉他，新浪之所以没做成网游也是因为缺人。

2004 年，放弃大型网络游戏研发的上海盛大的一个团队准备离开盛大并希望找一个合适的投资伙伴，并在同一个台湾的投资方接触。史玉柱听说此事之后，立刻找到这个团队见面，会谈之后，史玉柱投资 IT 的热情再度被点燃起来，决定投资。

在正式确定后史玉柱自问：如果失败，其原因有可能来自什么方面？一是产品；二是人员流失等。在一问一答当中，史玉柱罗列出来了十几个项目要点，也一一找到解决的方法。

初做网游的史玉柱，无法全面同对手竞争，因此制定了一个"聚焦、聚焦、再聚焦"的策略。征途网络只做一款产品，只选择 MMORPG 类中的 2D 领域，史玉柱声称要做"2D 游戏的关门之作"。从现在的结果来看，史玉柱的聚焦策略取得了一定程度上的成功，《征途》的在线人数已经领先于直接竞争对手。

为了网络游戏的项目，史玉柱预先估计到最高可能会亏损 2 个亿，因此就在账上准备了 2 亿元人民币。但是，前期 4000 万元人民币投下去之后，很快《征途》就已经进入良性发展，在公测阶段便已经开始盈利。由此，史玉柱也就正式进入改变网游格局的征途。

有游戏同行直截了当地说史玉柱太另类、不按常理发牌，但同时也认为将公司广告做到央视，将脑白金的地面推广经验运用到网游渠道，也确实有创意。

史玉柱自称曾到农村去、到商店去，和买脑白金或其他保健品的消费者聊天，了解他们的习惯、喜好。要想了解网游玩家的心理，史玉柱则省去了不少的麻烦，一方面他本人就是玩家；另一方面，他也可以非常方便地同玩家在网上交流。史玉柱玩网络游戏时，面对枯燥的打怪升级，非常不满，开发团队采纳了史玉柱的意见，增加了升级的方式。

虽然被盛大多次抢先，但是《征途》全面免费以及给玩家发工资的策略也在市场上取得了不错的成效。现在，《征途》的所有用户当中，83％的用户都是免费的，真正收费的用户只有 17％。史玉柱认为，免费用户很重要可以为自己带来人气，而收费用户在代练以及装备交易方面的市场潜力远大于普通的点卡计时收费市场。

史玉柱自称对市场调查有着更深的理解，曾经直接进到网吧里和玩家聊天。调查之后，史玉柱发现，网游和保健品一样，真正的最大市场是在下面，不是在上面。中国市场是金字塔形的，塔尖部分是北京、上海、广州这些城市，中间是南京、武汉、无锡等较大城市，真正最大的网游市场就在农村，农村玩网游的人数比县城以上加起来要多得多。

外界普遍认为史玉柱保健品成功的关键是广告，而史玉柱自称最关键的一环其实是地面推广。现在，史玉柱将在保健品当中的营销经验应用到了网络游戏当中。据征途网络副总经理汤敏介绍，目前征途网络的地面办事处已经近百家，计划发展到上千家。

资料来源：中国管理传播网，作者整理加工。

## 思考

1. 根据案例提供的材料，你认为巨人集团在创业过程中面临着哪些风险？
2. 根据案例提供的材料，你认为征途网络在创业过程中面临着哪些风险？
3. 风险是否一定意味着失败、亏损、危机？应付风险的策略正确与否的重要性体现在哪里？

### 一、机会风险的构成与分类

企业在创业过程中存在各种风险，但风险并不意味着失败。风险的基本含义是"未来结果的不确定性或损失"，如果采取措施得当、及时有效，则有可能规避风险，进一步还可能获得一定的收益。所谓风险越大，机会也可能越多。机会风险是指在创业的过程中，由于创业环境的不确定性、创业机会的复杂性及创业者能力的有限性，从而导致创业活动结果的不确定。

#### （一）机会风险的构成

机会风险是由多种要素构成的，种类繁多，贯穿并交织于整个创业过程，这些要素的共同作用，决定了机会风险的存在、发生和发展。一般认为，构成机会风险的主要因素包括风险因素、风险事故和损失三个方面。

风险因素是风险事故发生的潜在原因，是造成损失的间接条件，它是指促使某一特定损失发生或增加其发生的可能性、扩大其损失程度的因素或潜在条件。例如，根据风险因素的性质不同，通常可将其分为实质风险因素、道德风险因素和心理风险因素三种类型。实质风险因素主要指某一标的物本身所具有的风险，即物的因素，如恶劣的气候或环境、建筑物的地理方位、技术的不确定等；而道德风险因素和心理风险因素则指人的因素，一般包括人的品德修养和心理状态等风险因素。

风险事故是指由风险因素产生或引起的造成财产损失或人身伤亡的偶然性事件，它是风险因素综合作用的结果，也是产生损失的原因。风险事故意味着损失的可能将成为现实，即损失后果发生。例如，企业内高科技人才的流失导致研发的失败，经济环境的恶化导致市场销售的不景气等。

损失是指非故意的、非预期的和非计划的经济价值的减少。此定义中包含两个条件：一是非预期的、不可预料的；二是经济价值的减少，判断某一事件是否是损失必须同时满足这两个条件。损失包括直接损失和间接损失，是由风险事故而导致的偏离预期目标的后果。例如，高科技产品研发失败直接导致企业经济利益的减少，经济环境的动荡导致企业利润的下降等。

可以说，机会风险是由风险因素、风险事故和损失三者构成的统一体，三者之间的关系为：风险因素引起风险事故或增加风险事故发生的可能性；风险事故的发生可能造成损失。

### （二）机会风险的分类

机会风险中，一些是可以预测的，一些是不可预测的。在创业前期准备阶段，创业者就需要对未来可能遇到的风险有一个理性的把握。掌握机会风险的分类，有助于创业者在创业企业不同的发展阶段，结合对机会风险的估计、努力防范和降低风险。对机会风险的分类有很多种，结合多方面的研究成果，根据机会风险的性质，将其分为系统风险和非系统风险两大类。

1. 系统风险

系统风险主要是创业环境中的风险，即创业者和新创企业本身控制不了的风险，诸如商品环境风险、商品市场风险、资本市场风险等。对于此类风险，创业者只能在创业过程中想方设法规避。

环境风险主要是指创业者在创业过程中所面临的政治、经济、文化、法律及相关政策等方面不可控的变化，这些风险导致创业企业失败的可能性。例如，由于战争、国际关系变化或有关国家政权更迭、政策改变而可能导致创业者或企业蒙受损失，宏观经济环境发生大幅度波动或调整而使创业者或创业投资者面临失败等；又如高技术创业可能会遇到政府部门事后的行政措施或法律手段，近年来国内外一些新创企业开发转基因产品，曾被有关国家政府部门明令禁止销售，这对那些已经开发成功的产品的企业的打击是致命的，所有的投入成本都化为泡影。因此，创业者在创业准备阶段，一定要理性预测、评估未来可能发生的环境风险，并提前做出应对预案。

市场风险是指市场的不确定性带来的创业失败的可能性，在现实市场中，创业者很难预判消费者是否会接受新推出的产品或服务，也很难确定该产品或服务的市场成长速度和竞争力，因为创业市场大多是潜在的、待开发的、成长的行业。进入市场时间不确定、市场价格的变化、市场战略失误、市场供需的变化等都会给创业者带来一定的风险。这就需要创业者在创业过程中做好充分的市场调查，例如史玉柱打开"脑白金"市场时，就是先在江阴试探性地花了10万元广告费做宣传，等到产生了热烈的市场效应后，才开始重新树立起信心，从南京市场切入进而带动整个江苏，再慢慢拓展至全国。这也告诉我们，越是新产品，越需要对市场风险进行准确、周详的评估。

2. 非系统风险

非系统风险指创业者自身的风险，即创业者和新创企业在一定程度上可以控制的风险，诸如团队风险、技术风险、经营管理风险、财务风险等。

团队风险主要是指在创业过程中，由于某些原因导致创业团队解散而使创业活动无法进行下去。在新创企业中，团队无疑是最重要的核心资源。所有团队成员需要各司其职、齐心协力，共同承担所有的风险，确保创业顺利进行。但是创业实践中，由于初创企业的不完善，在管理和制度方面或多或少会存在一定的问题，如果团队成员没有共同的价值目标和追求，则很难始终如一地为企业付出。加之，创业过程本来就充满了风险和冒险，很多人往往因为结果的不确定性而犹豫不决或望而却步，进而产生畏惧心理，这个时候团队就更需要凝聚力来支撑企业的正常运转。

技术风险往往存在于高科技创业的企业中，是指由于产品研究开发、技术整合、批量化生产中技术控制的探索性导致的不确定性而引发的风险。高科技更新换代的速度快、成果转化的周期短、市场反馈快、同行业内竞争激烈，产品设计和工艺更新都很快，因此，在现实中常见的情况是，一个创业者耗费大量精力和时间辛苦钻研开发出的某项产品或技术，但是投放市场的时候却发现产品的竞争力和优势并不明显，甚至很快被替代。尤其是在知识经济时代，伴随着某个创业者推出某项创新产品，就极有可能发生其他同行或大企业也推出的"模仿创新现象"，甚至这种模仿创新要超越之前创业者最先推出的产品，从而挤占市场空间。例如智能手机取代传统手机的潮流让诺基亚曾经缔造的"手机王国"风光不再、网购兴起让电子商务发展如火如荼却让某些传统购物商家如履薄冰等。

经营管理风险是指新创企业的经营机制和管理方法不能适应企业发展而导

致失败的可能性。随着时间的延续，新创企业的经营管理风险会逐渐显现，在企业运作的过程中，管理不善、判决决策失误、权力分配不合理、团队激励无效、缺少规划等都会影响企业持续经营的水平。如果在风险降临时没有准备好由谁来接替管理责任，或者企业没有进行科学合理的战略规划，又或者管理制度、经营策略等存在漏洞或缺陷，这都会给企业带来致命的打击。

财务风险是每个新创企业需要预估的，主要是指企业用现金偿还到期债务的不确定性。财务风险包括企业的信用风险、资产结构风险、筹资组织风险、投资风险、分配资本的风险、汇率风险等，从价值方面反映了企业在创业活动中遇到的风险。财务风险的特征是高风险和高收益并存，因此需要增强创业者和企业管理人员的风险意识，建立健全财务风险防范机制，为正确决策提供参考。

# ‣ 拓展阅读

## 创业风险的分类

1. 按创业风险产生的原因划分

按风险产生的原因进行划分，可分为主观创业风险和客观创业风险。

(1)主观创业风险，是指在创业阶段，由于创业者的身体与心理素质等主观方面的因素导致创业失败的可能性。

(2)客观创业风险，是指在创业阶段，由于客观因素导致创业失败的可能性，如市场的变动、政策的变化、竞争对手的出现、创业资金缺乏等。

2. 按创业风险产生的内容划分

按创业风险产生的内容划分，可分为技术风险、市场风险、政治风险、管理风险、生产风险和经济风险。

(1)技术风险，是指由于技术方面的因素及其变化的不确定性而导致创业失败的可能性。

(2)市场风险，是指由于市场情况的不确定性导致创业者或创业企业损失的可能性。

(3)政治风险，是指由于战争、国际关系变化或有关国家政权更迭、政策改变而导致创业者或企业蒙受损失的可能性。

(4)管理风险，是指因创业企业管理不善产生的风险。

(5)生产风险，是指创业企业提供的产品或服务从小批试制到大批生产的风险。

(6)经济风险，是指由于宏观经济环境发生大幅度波动或调整而使创业者或创业投资者蒙受损失的风险。

**3. 按创业风险对资金的影响程度划分**

按风险对所投入资金即创业投资的影响程度划分，可分为安全性风险、收益性风险和流动性风险。

创业投资的投资方包括专业投资者与投入自身财产的创业者。

(1)安全性风险，是指从创业投资的安全性角度来看，不仅预期实际收益有损失的可能，而且专业投资者与创业者自身投入的其他财产也可能蒙受损失，即投资方财产的安全存在危险。

(2)收益性风险，是指创业投资的投资方的资本和其他财产不会蒙受损失，但预期实际收益有损失的可能性。

(3)流动性风险，是指投资方的资本、其他财产以及预期实际收益不会蒙受损失，但资金有可能不能按期转移或支付，造成资金运营的停滞，使投资方蒙受损失的可能性。

**4. 按创业过程划分**

按创业过程划分，可分为机会的识别与评估风险、准备与撰写创业计划风险、确定并获取创业资源风险和新创企业管理风险。

创业活动须经历一定的过程，一般而言，可将创业过程分为四个阶段：识别与评估机会；准备与撰写创业计划；确定并获取创业资源；新创企业管理。

(1)机会的识别与评估风险，指在机会的识别与评估过程中，由于各种主客观因素，如信息获取量不足，把握不准确或推理偏误等使创业一开始就面临方向错误的风险。另外，机会风险的存在，即由于创业而放弃了原有的职业所面临的机会成本风险，也是该阶段存在的风险之一。

(2)准备与撰写创业计划风险，指创业计划的准备与撰写过程带来的风险。

创业计划往往是创业投资者决定是否投资的依据，因此创业计划是否合适将对具体的创业产生影响。创业计划制订过程中各种不确定性因素与制订者自身能力的限制，也会给创业活动带来风险。

(3)确定并获取资源风险，指由于存在资源缺口，无法获得所需的关键资源，或即使可获得，但获得的成本较高，从而给创业活动带来一定风险。

(4)新创企业管理风险，主要包括管理方式、企业文化的选取与创建，发展战略的制定、组织、技术、营销等各方面的管理中存在的风险。

5. 按创业与市场和技术的关系划分

按创业与市场和技术的关系划分，可分为改良型风险、杠杆型风险、跨越型风险和激进型风险。

(1)改良型风险，是指利用现有的市场、现有的技术进行创业所存在的风险。这种创业风险最低，经济回报有限，即风险虽低，但要想生存和发展，获取较高的经济回报也比较困难，一方面会遭遇已有市场竞争者的排斥或进入壁垒的限制；另一方面即便进入，想要占有一定的市场份额非常困难。

(2)杠杆型风险，是指利用新的市场、现有的技术进行创业存在的风险。该风险稍高，对一个全球性公司来说，这种风险往往是地理上的，常见于挖掘未开辟的市场，如彩电行业利用原有技术进入农村市场。

(3)跨越型风险，是指利用现有市场、新的技术进行创业存在的风险。该风险稍高，主要体现在创新技术的应用方面，往往反映了技术的替代，是一种较常见的情况，常见于企业的二次创业，领先者可获得一定的竞争优势，但模仿者很快就会跟上。

(4)激进型风险，是指利用新的市场、新的技术进行创业存在的风险。该风险最大，如果市场很大，可能会带来巨大的机会，对于第一个行动者而言，其优势在于竞争风险较低，但是知识产权保护力度很弱，市场需求不确定，确定产品性能有很大的风险。

6. 按创业中技术因素、市场因素与管理因素的关系划分

按创业中技术因素、市场因素与管理因素的关系划分，可分为技术风险、市场风险和代理风险。

代理风险，是指高级经营管理人才、组织结构及生产管理等能否适应创业的快速增长或战胜创业企业危机阶段的动态不确定性因素的风险。

这三类风险之间相互作用，使得创业企业运作的各个层面上的诸多因素的不确定性更加复杂，并且在创业企业不同的发展阶段上，各因素的风险性质也将产生一定的变化。

## 二、系统风险防范的可能途径

每个新创企业都是在风险中经营的，因为在市场经济条件下，不敢承担风险的企业难以发展。系统风险是由创业者本身无法控制的、难以消除的风险，创业者只能在创业过程中设法规避。如何对系统风险实施有效的管理，在获得高收益的同时把系统风险降到最低限度，这对创业企业来说至关重要。

1. 环境风险的防范：未雨绸缪，做好预警分析

未雨绸缪是对创业者开展创业活动最基本的要求，因为创业本身是一种高风险的、不确定的活动，预警分析是非常关键的一个步骤。预警分析是对企业外部环境风险的识别、分析和评估。可以说，系统风险需要创业者充分了解创业环境和相关创业政策，了解自己所希望进入行业的现状，并通过对创业活动的迹象、信息归类，评估创业项目的可行性。例如，大学生在创业时，就一定要了解国家、社会及政府等对大学生创业的优惠政策，要了解创业项目所在行业的发展潜力，要分析和评估环境风险，认识到风险发生的现实原因和条件，进而想方设法去规避。

2. 市场风险的防范：建立日常监控及策略调整机制

在企业运营过程中，市场风险是最不可控的，它也是导致创业企业失败的最主要因素之一。由于市场本身的不确定性，因而开拓产品市场是一项挑战性的事业。因此创业者需要建立日常监控机制，要定期重复市场分析过程，保持对关键市场信号的敏感度，结合产品或服务的推广营销阶段，调整先期制定的企业运营策略机制。具体应该从以下三个方面入手：加强营销队伍建设，缩短市场接受时间；强化市场战略，培养企业竞争力；以市场为导向，完成"产、销"预算。

由于创业的市场风险伴随着整个创业过程，同时市场风险具有可变性和相关性的特点，所以创业者必须要有"持久战"的准备。市场风险的日常监控工作应该是创业过程中最基础的，需要连续不断地、系统地进行，并成为企业一项

持续性、制度化的工作。例如，许多企业在创业过程中，需要通过日常监控来了解影响到原材料供应的矿产、能源、农产品以及交通问题等，以便提出合理的经营策略，随时应对风险；在确定创业项目时，也要通过日常的调查、问询、现场考察等途径获得相关市场信息，来分析产品或服务的市场影响力，进而根据市场的敏感性、产品的竞争力分析等来采取科学分析调整策略。

### 三、非系统风险防范的可能途径

非系统风险在某种程度上是可控的，创业者可以通过一定的手段和措施加以控制，在风险和收益之间进行抉择和权衡，并在争取实现目标的前提下，管理风险，控制风险，规避风险。

1. 团队风险的防范

团队是创业企业最为核心的资源，因此在企业成立之前就应该开展创业团队成员相互合作协调的相关测试，确保团队能够拥有共同的目标和价值追求，团结一心，协作良好。另外，创业团队成员的股份比例、工资等各方面要根据团队分工而有所差异，不要出现人人平等的统一现象，这也是为了防止权力分散，在重大事件决策时能够采取理性的措施。总的说来，创业团队应该是一个动态的发展的团队，因为企业的创建与发展就是一个动态的过程，优秀的创业团队应该是与时俱进的，要根据企业面临的不同状况来逐步完善内部的各项机制，进而正确处理好团队人员的调离和补充。

当然，团队核心成员离职的风险防范非常关键，可以采用的具体办法是：一是树立信心，增强认同感和归属感；二是通过提升待遇、技能培训、晋升等来激励关键员工；三是可在合同中阐明责任、权利和义务。对于某些别有用心的团队成员，应提高警觉性，以防企业核心机密被利用或客户资源流失。

## ▸▸ 拓展案例

王永昌创立的鼎洲环保产业有限公司在山西榆次很有名气，专门生产砖块成型机。1999年招来一位能人郭某，郭某很快就将其产品推广到全国。王永昌将自己的轿车让给郭某，还买一套大房子送给他，另外，除拿销售提成，年薪还提高到 10 万元。在榆次，这简直是天价。而郭某"投桃报李"的结果是出走离开鼎洲，自立门户，挖鼎洲的墙脚。

由于技术问题，郭某失败。走投无路之际，央求原来的东家收留自己，王不仅不计前嫌，还在郭某的请求下，升其为副总。郭某在担任副总期间，在销售部排除异己，使鼎洲的客户资源掌握在自己手中，偷取其核心技术机密，并删除保留在鼎洲技术部电脑里的技术资料。然后向王提出辞职，并保证自己永不仿制鼎洲产品，不涉及砖块成型机行业。

郭某离开后，注册了自己的公司，生产了不同牌子的鼎洲产品。在郭某公司的冲击下，失去了客户资源的鼎洲一败涂地。

资料来源：《现代忠奸辨》，载《现代营销（经营版）》，2012(5)。

## 思考

鼎洲环保产业有限公司失败的原因是什么？给我们什么启示？

### 2. 技术风险的防范

对技术风险进行防范，是提高创业成功率、减少风险损失的重要方法。技术风险防范是指创业者对技术风险进行识别、预测，并采取有效措施进行回避、转移、削减的行为。主要从三个方面进行：一是建立技术发展趋势的监测系统，实时追踪相关技术的发展状况，判断未来趋势，监测竞争对手的研发进展、产品的商业化进展，关注市场对不同技术产品的种种反应；二是风险转移，即创业者可以在合适的时机，选择战略合作伙伴，采取灵活的方式让更多主体来分担风险，从而使本企业所承担的风险相应减少；三是要高度重视专利申请、技术标准申请等保护性措施，对所遇到的既不可回避又不可控制的风险因素，应尽量设法减少风险带来的损失。

### 3. 经营管理风险的防范

初创企业由于自身的诸多不确定性，所以会存在或多或少的问题。为了更好地降低企业成长过程中的内部管理风险，提高创业的成功率，更有必要形成健全的管理制度。管理风险的防范可以归结为以下四点：首先是要在企业内部建立创新激励机制，提高员工的素质和积极性；其次是要建立人才储备机制，以确保员工的调离和补充与企业的发展阶段相匹配；再次是需要明确企业管理制度和监督机制，将企业的执行权和决策权合理分配，员工各司其职，相互协作；最后要构建合理、融洽、积极向上的企业文化，建立适应企业发展的工作氛围。

史玉柱在总结自己的失误时说："巨人集团是我一人说了算，没有监督约束机制，员工缺乏民主，完全是独裁式管理。在集团资产规模急剧扩张的时候，仍然沿用家庭企业的传统管理方式和企业主个人说了算的集权管理，直接造成了内部的混乱和腐败。"这也充分说明，在企业的经营过程中，经营管理风险防范非常重要，它也是创业企业能否持续成功经营的关键。

4. 财务风险的防范

财务风险的防范是需要每一位创业者都引起重视的，合理有效地规避财务风险对于初创企业来说至关重要。创业者应该建立一套有效的财务预警机制，借以分析导致企业失败的管理失误和波动，运用财务安全指标来预测企业财务危机，并不断调整自身达到摆脱财务困境的目的。在财务风险防范体系中，要注意两类，一是筹资风险防范，需要创业者建立有效的风险防范机制，确定适度的负债数额、保持合理的负债比率，并根据创业企业的实际情况，来制订合理的负债财务计划；二是现金流风险防范，要构筑严密的企业内控体系，用收付实现制的会计原则来管理现金流，并可以考虑变短期激励为长期激励，减缓短期现金流压力。

## 拓展阅读

### 创业风险的规避技巧

与其老想着预防风险，还不如从积极方面入手，规避风险，尽可能提高制胜概率。规避创业风险可以从以下几个方面入手。

1. 以变制胜。所谓"适者生存"，强调的就是"变"，创业者要适应外部环境的变化，随时做出调整。

2. 出其不意，攻其不备。核心是一个"奇"字，用出奇的产品、出奇的经营理念、出奇的经营方式和服务方式去战胜竞争对手。

3. 以快制胜。机不可失，时不再来，比对手快一分就能多一分机会。对什么都慢慢来、四平八稳、左顾右盼的人必然被市场淘汰，胜者属于那些争分夺秒、当机立断者。

4. 后发制人。从制胜策略看，后发制人比先发制人更好，可以更多地吸收别人的经验，时机抓得更准，制胜把握更大。

5. 集中优势，重点突破。这一策略特别适用于小企业，因为小企业人力、物力、财力比较弱，如果不把有限的力量集中起来，则很难取胜。

6. 趋利避害，扬长避短。经营什么产品，选择什么样的市场，都要仔细掂量，发挥自己优势。干应该干的，干可以干的，有所为，有所不为。

7. 迂回取胜。小企业与人竞争不能搞正面战，搞阵地战，而应当搞迂回战，干别人不敢干的，干别人不愿干的。

8. 积少成多，积微制胜。"积少成多"是一种谋略，一个有作为的经营者要用"滴水穿石""聚石成山"的精神去争取每一个胜利，轻微利、追暴利的经营者未必一定成功。

9. 以廉制胜。"薄利多销"是不少经营者善于采用的一种经营策略。"薄利多销"前提是在降低价格的情况下，能够多销，如果在不能多销的情况下，"薄利少销"则是不可取的。

## 四、创业者风险承担能力的估计

创业的风险无处不在，优胜劣汰的商界法则是无情的，因此创业者在创业过程中在拥有胆识和勇气的同时，更需要理性的思考，需要对自身风险承担能力进行评估，脚踏实地走好每一步。一般来说，创业者的风险承受能力要综合衡量，与个人能力、家庭情况、工作情况、收入情况等息息相关。比如拥有同样资产的两个人，一个单身，另一个却有子女与父母要养，那二者的风险承受能力会相差很多。当然，具体估算自身的风险承受能力非常复杂，以下从四个方面来探讨创业者对风险承担能力的估计。

1. 是否具备承担风险的意识？

什么叫风险意识？风险意识就是指创业者对风险的感受，并认识到由企业利益和风险之间的关系而产生的对创业风险的态度。任何创业的过程都是伴随着风险及各种挑战的，一个合格的创业者必须要具备承担风险的意识。但现实中普遍的情况却是，有很多创业者对创业过程中可能出现和遇到的风险的准备和认识不足。很多大学生朋友们在创业时，有着他们美好的追求与热情，但是仅仅有创业的激情，却没有良好的风险意识是不行的。对于大学生创业者来说，最大的风险主要来自于缺少风险意识，这就使得他们往往对于市场、对于竞争、对于成绩等看得过于乐观，而一旦在创业时遇到问题，便可能措手不及。一个理性的创业者，应该是谨慎的、具备承担风险意识的创业者，在选定创业项目之前可能就需要做大量的功课，如市场调查、风险评估等，要对创业风险有明确和直观的认识，并敢于在商海的历练中，善于规避风险，化解风险。

2. 能否预估到创业各阶段的风险？

当创业者决定创业的时候，就注定将要走一条不同寻常的路。这一路可能荆棘遍布，可能险象环生，但你要明确地知道，创业这一路都会有哪些风险，其中最大的风险是什么？最坏的结果是什么？我是否有足够的能力去承受？很多人在创业之初，都会抱着相对乐观的态度，认为自己的创业项目如何新颖如何贴近市场，一旦开张，就会在短期之内收回成本、开始盈利。但是无论你的创业机会具备多大的潜力，一定要学会未雨绸缪，要预估到创业各个阶段可能出现的风险，如产品开发风险、市场风险、管理风险、资金回笼风险、供货商的风险等，一定要时刻保持清醒的头脑，并做好准备，采取一定的防范措施去应对。有时候创业者往往需要做最坏的打算，评估所能承受的最大损失，这样在企业初创阶段若遭遇瓶颈期也能理性应对。

3. 是否拥有足够的资源？

资源之于创业，犹如画笔和颜料之于画家，其重要性不言而喻。很多人在初次创业时，资源都是十分欠缺的。资源不足，往往会导致企业创业成功的概率降低。大学生创业最为常见。很多大学生在创业时，由于资金、人脉、管理、行业经验等资源的缺乏，即使有非常好的创业机会，创业成功的可能性还是很小。当然，要具备完全充分的创业资源也是不可能的。创业者在评估自身承担风险的能力时，要考虑是否拥有足够的资源。一般来说，创业资源要符合两种条件：一方面是要有进入一个行业的起码资源，这是最基本的条件，如技术资源、客户资源、资金、人力资源等；另一方面是要以能用和够用为原则，不是所有的资源都能为创业企业所用，创业者在筹集资源时，要选择那些能够支配并能为企业所用的资源。

4. 经营管理能力的水平如何？

创业充满了机遇，也充满了风险，它本不是一件轻松的事情，创业者的经营管理能力的水平直接影响着企业运营发展的状况。在企业初创时期，企业的运营一般由创业者来策划指挥，创业者的经营管理能力非常重要。创业者在估计自身承受风险能力时，要把经营管理能力的水平作为一个重要的指标，如自身的业务能力、开发客户的能力、综合应变能力等。如果创业者不善经营和管理，盲目进入市场，即使有再好的创业项目，最后等待的结果可能就是在商场的大浪淘沙中败下阵来。在现实中，一些大学生创业者虽然技术出类拔萃，但在管理、营销、沟通、实际解决问题等方面的能力普遍不足，这就需要他们对自身有充分的了解，要在社会实践中不断地提升自己。总之，创业者要以理性务实的态度，踏踏实实地工作，并在工作过程中锻炼自己的经营管理能力，提高防范创业风险的能力。

# ▸▸ 实用案例

## 维珍集团的经营模式与风险规避

维珍集团是英国最大的私营企业，旗下有近 200 家公司。维珍集团董事长兼总裁理查德·布兰森，17 岁起家，是当今世界上最富传奇色彩和个性魅力的亿万富翁之一，英国女王授予他爵士头衔。理查德·布兰森爵士对维珍品牌拥有控制权，但其属下机构的组成则各有不同且甚为复杂。每家维珍集团旗下的公司皆为独立经营，部分由理查德·布兰森全资拥有，但其他则只有一部分股权。他亦有把品牌授权于购买他旗下公司部门的机构，如维珍电台(今苏格兰传媒一部分)及维珍音乐(今 EMI 一部分)，亦有一些例外，全部资本均属维珍全资附属公司。

要理解维珍集团的结构，可以把理查德·布兰森理解为风险基金投资者，为旗下所有投资使用同一品牌名称。

虽然在各个行业里维珍集团都不是行业老大，但是布兰森却提出了维珍要做年轻人心目中的"品牌领先者"（Brand Leading）。

《企业家》的作家保罗·罗杰斯认为："维珍在英国的商业领域中是一个独一无二的现象。基本上说，它是一个非常重要的无形资产——它的品牌。从金融服务业到航空业，从铁路运输业到饮料业，维珍是消费者心中公认的品牌。在他们脑海中，这个品牌代表了质量高、价格廉，而且时刻紧随时尚的消费趋势，这是其他品牌无法与之比拟的。"这是建立在布兰森称之为"品牌信誉"的基础之上，完全不同于传统意义上的那种产品与服务性品牌。

布兰森认为，这种跨企业结构和产品领域的品牌发展思维可以在现代日本的企业管理模式中得到很好的体现。如一个骑着雅马哈牌摩托车的人回到家后可以弹雅马哈电子琴；或者一边听着三菱音响，一边开着三菱汽车经过一家三菱银行。在这种模式中，不同的公司完全可以在同一品牌下共同发展。

在维珍看来，一个公司能够树立良好的品牌信誉主要是基于以下五个关键因素：产品物有所值、保证产品质量、时刻创新、挑战精神，还有就是很难定义但却可以感觉得到的一点——带给消费者一种情趣。

在传统公司看来，布兰森的种种举动和创意会损害品牌形象。他们的创意和公关原则是品牌决不能和不健康的东西联系在一起，如性、战争等。包括可口可乐在内的大公司都设有专门的品牌监测人员时时关注自己的品牌在互联网上的表现，一旦自己的品牌和一些涉及不健康的网站发生联系，这些跨国公司便会采取相应措施消除这种联想。

维珍的做法恰恰相反。在波斯湾战争期间它斡旋于英国和伊拉克之间，布兰森亲自带领他的飞机直接进入巴格达接回人质；布兰森为了宣传维珍集团在英吉利海峡浅滩裸跑；维珍还开了全球第一家同性恋用品专卖店。维珍的广告和促销活动也总是标新立异。1991年维珍开通伦敦到美国波士顿航线的告知广告，广告上只有一个特写镜头把一双硕大无比的穿着鲜红袜子的脚伸在了受众面前。因为维珍大西洋航空公司在航空史上第一次取消头等舱的做法，让无数坐经济舱的乘客第一次可以将双腿伸展开来了。维珍可乐的平面广告上是被压碎的可口可乐和百事可乐易拉罐，以显示维珍可乐在产品测试中结果超过了这两个老大。维珍彩色饮料在进入保守的台湾市场举行促销活动时，4个女模特身上画着象征维珍饮料的人体彩绘，在当地引起了不小的震动。

这些看似疯狂的举动其实都是为了更好地诠释维珍的品牌形象。经过多年的努力，它们使维珍品牌对于年轻消费者来说，有了一个很重要的附加值——维珍同时还意味着一种生活态度：自由自在的生活方式、叛逆、开放、崇尚自由，以及极度珍贵的浪漫。

资料来源：百度百科，作者整理。

【应用练习】

1. 思考维珍集团的经营模式，你认为比较折中的经营模式与传统的经营模式有什么不同？其最大的优势是什么？

2. 对于一个新创的企业，你能想到的商业风险有哪些？

3. 根据你所学的知识分析一下，本·拉登死后，利用这一机会卖售印有本·拉登头像的文化衫是不是一次有价值的商机？其商业风险又有哪些？

## ▶▶ 拓展阅读

### 从拉登之死发现商机：他两天赚 12 万美元

听到"基地"头目奥萨马·本·拉登被击毙的消息，你的第一反应是什么？美国人也许会立刻冲上大街欢呼庆祝，中国人也许会赶紧登录各大网站看最新的消息。23 岁的纽约大学商学院学生莫里斯·哈拉里选择了一条截然不同的路：他首先抢注域名，然后花 3 个小时建立起一家新网站，售卖印有"奥萨马死了"图案的 T 恤衫，在 2 天内至少赚到了 12 万美元。

美国东部时间 5 月 2 日零点 30 分，莫里斯匆忙赶回位于纽约布鲁克林区的公寓。一个多小时前，美国总统奥巴马在白宫东厅向全世界宣布，基地组织头目拉登在巴基斯坦被美军击毙。消息传来时，莫里斯正跟同学埃兹拉·阿西罗在校外喝咖啡，在跟朋友聊天时，极具商业头脑的他想到了通过拉登被击毙这一消息赚钱的办法。

凌晨 3 点 30 分，在埃兹拉和一名印度朋友的协助下，莫里斯仅用时 3 小时新建的网站"奥萨马死了 T 恤衫"（osamadeadtees.com）上线，专门卖多款不同风格、但都印有"奥萨马死了"字样或图案的 T 恤，每件售价 12 美元。在网站首页，他这样写道："为了庆祝奥萨马·本·拉登的死讯，请买件'奥萨马死了'T 恤衫吧！你可以通过支持我们的事业来表达此时此刻作为美国人，你心中到底有多么自豪！"

尽管莫里斯曾利用假期在电子商务公司和零售店里打工，也知道怎样抓住商机快速行动，但他一开始并不确定自己的这个主意到底能否受到市场欢迎，结果证明他的这个创意简直棒极了。到了早上 8 点，订单数已经达到了 500 件。在 5 月 3 日接受美国政治杂志《石板书》记者采访时，他已经卖掉了至少 1 万件 T 恤，还刚刚聘请了第四个兼职雇员。

在 2 天内赚了至少 12 万美元，从商业角度来说，莫里斯的这次尝试毫无疑问是事件营销的成功典范。据他介绍，最好卖的 T 恤是拉登双眼被画上红叉叉、嘴巴又被抹了一笔红色的图案。购买者基本来自大城市，尤其是克利夫兰和芝加哥这样的中西部城市。

"我已经两天没有睡觉了，一直在工作，根本就停不下来。"莫里斯兴奋地表示。他用"圣诞老人 5 月就来了"来形容自己内心的得意。他透露，在支付 T 恤生产费用、谷歌广告和各种杂费后，每件 T 恤可以至少赚 1 美元。不过也有美国媒体报道说，虽然这个网站注定是短命的，但莫里斯至少能赚到 6 万到 9 万美元。

不过据哥伦比亚广播公司的最新消息，莫里斯卖 T 恤一事出现了戏剧性的变化。这位事后被美国媒体广泛报道的精明大学生已决定退回 T 恤订单，并返还买家的付款，因为在经过一番"灵魂思索"后，他表示自己通过拉登之死赚钱的方式并不道德。

"庆祝一个人死亡，不管他是谁，在我眼中都是邪恶的事情。我认为这并非赚钱的积极方式，我不希望这个商业成功以牺牲其他人的利益为代价。"莫里斯这样说。

这位希望自己用"最正确方式赚钱"的美国大学生已经成立了一家名叫 Zen5 的网站，专门售卖跟新闻事件有关的 T 恤。

资料来源：http://news.qq.com/a/20110509/000807.htm.

# 第四节　商业模式的开发

## 学习目标

学习本章后，你应该：

1. 了解商业模式的基本情况。

2. 为自己的创业找到一个好的商业模式。

3. 学习设计一个适合自己的商业模式。

## ·· 引导案例

### 东软集团的成功模式

东软集团是中国领先的软件与解决方案提供商。身处亚洲软件业，东软不可回避的第一个对手就是印度。印度是从给欧美国家做外包起家的，印度的优势在于两个方面：第一，由于历史上是英国殖民地，英语普及率高，语言上有优势；第二，印度有大批基层的软件技工储备，这是亚洲其他任何一个国家都不具备的。

那么，国内的竞争对手呢？由于中国的软件业发展起步较晚，在国际软件业上是一个跟随者，这也造成了中国绝大部分的软件商都是模仿外国做软件产品，典型代表就是金山、用友等。不可否认，这些软件商在自主研发方面为中国软件业做出了很多榜样，而榜样的力量是无穷的，这也导致了很多后进入者"不假思索"地跟进软件产品市场。但是，最近几年的举步维艰证明了这条路其实是很难走的。中国是一个制造业大国，正在实现从农业国到现代化工业国的伟大转变。东软决定，把业务定位到软件服务业上来。具体地说，就是为合作伙伴提供整套的软件解决方案，生产面向工业生产的软件，使技术与服务和客户核心业务结合起来。

除了中国的大环境，东软定位在解决方案的提供商时，自身也拥有巨大优势。第一，东软拥有大规模的中间件和平台产品开发队伍，形成了2000多人的工程师队伍；第二，东软拥有一个有效而持续的国际联盟，与微软、ORACLE、CA、IBM等知名企业都有很好的合作；第三，东软拥有一个为用户提供服务和支撑的大型网络，覆盖了整个中国市场；第四，东软具备承担大型项目和综合技术的管理能力，这体现在东软提供给中国电信、联通、海尔、春兰、美菱等大企业的解决方案中。此外，长期的软件产品合作关系，使得东软对用户的应用模型和业务有着准确而深刻的理解。

正是有了这些优势，东软才将业务定位在解决方案，同时以向日本出口软件的收入来支持对中国未来技术的开发，这使东软在几年后拥有了在电信、电力、社会保障体系等方面具有知识产权的产品，在软件方面与制造业紧密集合，创造了软件在数字产品之内的成功模式，并基于这种模式找到许多在技术和品牌创新的机会。

东软的例子给我们这样的启示：准确的定位要做很多的功课，必不可少的一部分就是剖析竞争对手，分析自己所处的环境和自己的比较优势，综合考虑，扬长避短。在商业模式上，没有"一成不变"和"放之四海而皆准"，适合自己的才有可能是最好的。

资料来源：魏炜、朱武祥：《发现商业模式》，北京，机械工业出版社，2009。

**思考**

1. 东软为什么决定把业务定位在软件服务业？
2. 东软拥有什么优势？
3. 东软的商业模式是什么？
4. 东软的例子给我们什么启示？

## 一、商业模式的定义和本质

在知识经济时代，商业模式的创新一直是创业者关注的焦点。简而言之，商业模式就是指一种能够为企业带来收益的模式。如何使企业持续获得利润？如何在瞬息万变的市场竞争中立于不败之地？这就是商业模式需要解决的问题。正如管理学大师彼得·F. 德鲁克所说："当今企业之间的竞争，不是产品之间的竞争，而是商业模式之间的竞争。"

早在 20 世纪 90 年代互联网兴起后，商业模式的概念就引起了实践界和理论界的广泛关注。1998 年，欧洲电子政府研究中心主任保罗·提姆斯认为商业模式包含三个方面：一是关于产品、服务和信息流的体系结构，包括对各种商业活动参与者和他们所扮演角色的描述；二是各种商业活动参与者潜在利益的描述；三是收入来源的描述。[①] 这是最早关于商业模式概念的研究，虽然逻辑上不是很严密，但是其重要意义在于，他指出了商业模式是一个复杂的包含多方面内容的复合概念。

麦克尔·拉帕对于商业模式的理解与实践界比较一致，"商业模式就其最基本的意义而言，是指做生意的方法，是一个公司赖以生存的模式，一种能够为企业带来收益的模式"[②]。他认为商业模式表明了公司如何通过明确自己在价值链中的位置，指导其如何赚钱。

在国内，埃森哲公司的王波、彭亚利则认为，对商业模式可以有两种理解：一是经营性商业模式，即企业的运营机制；二是战略性商业模式，指一个企业在动态的环境中怎样改变自身以达到持续盈利的目的。[③]

当然，研究者从不同的角度对商业模式的定义还有很多种，但商业模式的本质显然根源于企业的本质。从企业和模式这两个核心概念出发，商业模式就是指企业在外部环境和内部资源的综合作用下，通过构建价值链为客户及其他利益相关者创造价值的方式。

从本质上看，商业模式是一个结构化的系统，它由不同部分组成，完整的商业模式体系包括产品或服务定位、业务系统、关键资源能力、盈利模式、自由现金流结构和企业价值等六个方面。这六部分互相联系，形成一个动力机制，为企业创造价值、传递价值和获取价值。也可以说，商业模式结构图（见图 3-6）告诉人们，企业是如何运转起来的，它反映的是企业的运行机制。

---

① Timmers P. "Business Models for Electronic Commerce", *Electronic Markets*, 1998, 8(2).

② Michael Rappa. "The Utility Business Model and the Future of Computing Services", *IBM Systems Journal*, 2004(1).

③ 李椿、高莉莉：《商业模式创新基本路径分析》，载《当代经济》，2010(6)。

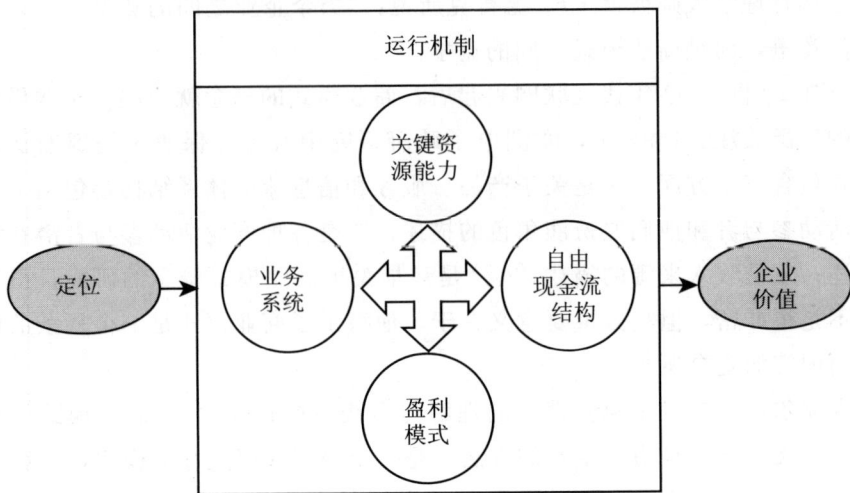

**图 3-6　商业模式结构图①**

## 电子商务的商业模式类型

电子商务企业的业务模式，较为一致的分类方法是根据企业和消费者作为划分标准，分别划分出企业对企业（B2B）、企业对消费者（B2C）和消费者对消费者（C2C）三种主要模式。

1. 企业与企业之间的电子商务（B2B）

指企业之间通过互联网或专用网方式进行电子商务活动，除了在线交易和产品展示，B2B 的业务更重要的意义在于，将企业内部网，通过 B2B 网站与客户紧密结合起来，通过网络的快速反应，为客户提供更好的服务，从而促进企业的业务发展。企业间的电子商务也是电子商务三种主要模式中最值得关注和探讨的，因为它最具有发展的潜力。

---

① 魏炜、朱武祥：《发现商业模式》，20 页，北京，机械工业出版社，2009。

## 2. 企业与消费者之间的电子商务（B2C）

这种形式的电子商务一般以网络零售业为主，主要借助于互联网开展在线销售活动。一般是商家与顾客之间的商务活动，也就是通常所说的"购物网站"。企业、商家可充分利用电子商城提供的网络基础设施、支付平台、安全平台、管理平台等共享资源有效地、低成本地开展自己的商业活动，大大提高了交易效率，节省了不必要的开支。

## 3. 消费者与消费者之间的电子商务（C2C）

指个人与个人之间的电子商务，打个比方，比如一个消费者有一台旧电脑，通过网络进行交易，把它出售给另外一个消费者，此种交易类型就称为C2C电子商务。

商业模式与企业的商业活动直接相关，它依附于企业的组织平台之上，是对企业经营活动的一种整体的、逻辑性的概括。商业模式的目的在于满足客户需求、实现客户价值的最大化，同时使企业形成持续盈利。可以说，任何一个商业模式都是一个由客户价值、企业资源和能力、盈利方式构成的三维立体模式。通俗来讲，一个好的商业模式需要满足以下三个条件：一是在理念、产品和服务上能为顾客提供独特价值；二是竞争对手难以模仿；三是具有实际操作性。在竞争激烈的知识经济时代，好的商业模式是企业发展的生命线。为了使企业获得长期的、持续的核心竞争优势，商业模式必须是一种基于企业内部制度结构和制度安排的动态连续性的经营模式，必须始终保持必要的灵活性和应变能力，即动态匹配的商业模式才能获得成功。

## 二、商业模式和商业战略的关系

随着商业模式研究热潮的出现，关于商业模式和商业战略关系的讨论也逐渐引起大家的广泛关注。在实践中，由于商业模式和商业战略都关注企业的可持续发展和竞争优势，对于它们的定义、要素、本质、分类及评价方法等方面的界定和区分并不是很清楚，很多企业管理者也不太清楚商业模式和商业战略的关系。这将导致商业模式的理论研究很难深入下去，对实践中的指导作用也难以应用。因此，理清商业模式和商业战略的关系对于制定企业的可持续发展战略至关重要。

一般而言，商业战略是指企业所采取的旨在达成一项或多项组织目标的行动，目的是为了实现企业的持续化经营和长远发展。商业模式作为企业的价值创造方式，是商业战略的实现形式。商业模式本身就是一个重要的商业战略，它包含在商业战略之中；商业战略是商业模式研究的主要理论基础，两者关系密切，相辅相成。对于一个企业而言，一个有生命力的商业模式建立在成功的商业战略之上，而成功的商业战略必然有成熟、创新的商业模式支撑。

在全球化、信息化的时代，商业模式和商业战略都非常重要。二者之间的交融关系决定了企业在制定战略的时候必然要考虑配套的商业模式，而创业者在设计商业模式时，也必然要考虑企业的商业战略的目标和意图。

但是，二者也存在一定的区别。商业战略是面向未来的，是一个动态的过程；而商业模式是面向现在的，是一个静态的经营活动表现形式。例如，在创业初期，企业可能没有商业战略，但是肯定要有商业模式；在企业发展面临重大选择时，必然要制定短期、中期或长期的商业战略。一般来说，随着企业的不断发展，可能只存在一种商业模式，但是存在多个商业战略。

从关注的重点来看，商业战略更多地侧重于外部环境和竞争优势，而商业模式关注企业的内部结构和价值实现方式。商业战略要解决的就是通过分析外部竞争环境、评估不同的商业模式设计方案来确定适合企业发展的商业模式。而商业模式作为价值创造系统，侧重于利用独特、创新的经营模式为企业带来利润，它反映的是已经付诸实施的战略。

在实践中，企业要想实现自身的业务发展，就必须选择合适的商业模式。若商业模式建立在商业战略的基础上，将外部环境和内部经营的互补进行匹配，就会为企业创造价值、获得效益，使企业形成持续竞争优势。如沃尔玛、戴尔、阿里巴巴集团等成功企业就是在商业战略分析的基础上，结合自身经营活动的独特性，从而取得了巨大的成功。可以说，商业模式和商业战略既彼此独立，又相互依存。

## 三、商业模式因果关系链条的分解

商业模式的本质是关于企业做什么、怎么做、怎么盈利的问题，实质是商业规律在市场经营中的具体应用。要进一步了解商业模式的核心特征，务必要理清商业模式因果关系链条在市场经营中的运作。事实上商业模式因果关系链条贯穿于企业经营整个过程中，贯穿于企业资源开发、技术研发、业务模式、制造方式、营销体系、流通体系等各个环节，包括目标顾客链、价值内容链、网络形态链等八大链条，下面来逐一进行分析。

1. 目标顾客链

目标顾客链是在设计商业模式之初就需要重点考虑的问题，因为顾客的需求就是企业发展的起点和核心。目标客户群是创业企业产品或服务针对的对象，是企业产品或服务的直接购买者或消费者。作为创业者，需要考虑的问题主要有：细分市场的主要顾客群是哪个年龄段？比例是多少？他们的消费习惯和特点是什么？购买力如何？如何将自己的产品或服务更好地推销给这些目标顾客？

2. 价值内容链

价值内容链是指企业将通过何种产品或服务为顾客创造价值，即你能为顾客提供什么服务？顾客打算花多少钱购买这些产品？你的产品价值是什么？除了考虑影响利润的三要素——销售量、价格和成本外，你还需要做一个价值分析，算一算与替代产品相比，你的产品或服务的突出价值体现在何处？也就是说，企业要解决的根本问题是，打算向目标顾客传递何种价值，即价值内容是什么。以批发零售企业为例，企业主要为目标顾客提供功能价值和体验价值，功能价值是指顾客能购买的产品，体验价值是指顾客在消费过程中所收获的良好体验。如果企业注重对功能价值和体验价值的不断创新、提升和改进，那也能创造出产品在市场上的认知价值，为其带来新的持续不断的盈利。

3. 网络形态链

网络形态链是指为实现价值主张所必需的资源组合和能力安排，即企业应该构建什么样的网络形态来使得价值创造活动高效、顺利、有序地进行。构建合理的网络形态能够保障企业按照精心设计的价值主张向目标顾客高效率地传递价值。在实践中，企业往往要根据效率优先原则，设计相对成熟、适合企业发展的网络形态；然后再根据企业自身的战略资源和核心优势，确定自身在商业模式因果关系链条中的定位。

4. 业务定位链

业务定位链是非常关键的，它决定企业要解决的根本问题是，哪些业务应当自己完成，哪些业务应当外包，简而言之，它是指企业在价值网络中所从事的业务范围的描述。从角色定位来看，企业应该根据自身的核心能力确定自身的业务范围，同时确定以何种方式与供应商建立合作伙伴关系。如批发零售企业的业务定位一般为销售、品牌经营、资本运作等，以卷烟厂为例，由于卷烟产品属于快速消费品，生产者和消费者之间存在大量"交换"需求，社会分工中就产生了"分销渠道"，卷烟产品从原辅材料采购到生产，经过销售渠道到达消费者手中，是一条环环相扣的价值链，这就要求烟草公司、卷烟生产企业等在业务定位链中扮演好自己的角色，建立"合作销售模式"，环环相扣，共生共荣，发挥出自己在价值链中的作用。

5. 伙伴关系链

伙伴关系链是指企业与商业伙伴之间关于产品流、信息流和收入流等的总体安排和统筹。在商业实践活动中，伙伴关系链在商业模式的价值链中发挥着重要的作用。随着市场需求不确定性的增强，合作各方要尽可能削弱需求不确定性的影响和风险。伙伴关系链绝不应该仅考虑企业之间的交易价格本身，还有很多方面值得双方关注，比如各自的核心竞争力、价值观、战略思想等。选择一个适当的商业合作伙伴，不仅要提前做充分的需求分析，并且要根据企业自身的情况确定一定的原则或标准，并确保合作双方都能认识到相互参与、合作的重要性。总而言之，建立高效率的伙伴关系网络，有利于提高信息共享水平，从而大大提高价值网络的协同效应，实现双方共赢。

6. 隔绝机制链

在市场竞争激烈的今天，企业的竞争实际上就是商业模式之间的竞争。然而现实情况是，商业模式很容易被复制，因此"持续的差异化"对于企业来说是最重要的。如何隔绝破坏者和模仿者，如何保持独特的核心竞争力，是企业关注的终极命题。隔绝机制链就是指企业为自身的价值主张和价值网络免受侵蚀和伤害而做出的机制安排，从而使自身的价值创造活动不被外来因素破坏。我们可以看到的是，在资源分配有限的情况下，创新的商业模式往往是很多小企业初期决战商场的唯一武器，而很多大企业从中看到商机后，能以低价甚至免费并配合大规模的宣传加销售力度蚕食小企业好不容易取得的成果。这就需要小企业充分利用隔绝机制链，发挥自身"船小掉头快"的优势，不断创新，开拓新的商业模式和产品，争取做到"人无我有、人有我新"；另外就是小企业要增强知识产权的自我保护意识，如申请国家新产品专利权等，避免被大企业抄袭模仿。

### 7. 收入模式链

收入模式链是指企业获得收入的方式，例如，苹果公司主要有两个盈利的路径：一是靠卖硬件产品来获得一次性的高额利润，这在目前为苹果提供了绝大部分的利润来源；二是靠卖音乐和应用程序来获得重复性购买的持续利润，以及获得运营平台的报酬。这两个盈利方式还会互相加强，形成良性循环。让过去一直小众和封闭的苹果如今不仅完成了大众化的转身，而且仍然自成一体，牢牢掌控核心资源和核心能力后，对内开放，对外封闭，很像是龙卷风。

### 8. 成本管理链

成本管理链是企业管理成本的方式，企业在创造价值的活动中，如何进行成本布局和成本控制，是企业发展的首要任务。成本管理以企业的全局为对象，根据企业的总体发展战略而制定。随着社会经济的发展，生产与信息技术水平不断提高，企业环境发生巨大变化，企业之间的竞争也逐渐加剧，新的管理组织形式、新的服务理念决定了企业成本管理需要考虑企业的内部结构和外部的综合环境。可以说，企业的竞争归根结底是成本的竞争，即成本管理链贯穿于企业整个战略发展规划。强化企业的成本管理链，企业必须要建立适合自己的成本管理体制，培养员工成本意识，树立人人、事事、处处讲成本的观念，对员工尽可能地实行成本、费用指标考核，形成全员参与的降本增效机制，实现降本增效的目的。

## 四、商业模式创新路径与方法

商业模式创新是为公司、客户和社会创造新的价值，市场竞争日趋激烈，对企业的经营提出了更大的挑战，全新的商业模式随着社会的发展会取代陈旧的商业模式。通俗地说，商业模式创新就是指企业以新的有效方式赚钱。在知识经济时代，企业之间的竞争实质上就是商业模式的竞争，亚马逊、苹果、惠普、沃尔玛等企业都是因为它们独特而具有竞争力的商业模式而异军突起，独树一帜。据统计，在过去十年成功跻身于财富500强的27家企业中，有11家都是通过商业模式创新而取得成功。

商业模式创新的路径、方法必须是可操作的，并且必须是比竞争对手更有优势，能带来更多利润。商业模式建立在企业内部资源和外部环境之上，因此没有一个商业模式可以一成不变，没有一个商业模式可以适用于任何企业。而优秀的企业正是审时度势，通过不断地调整商业模式才能获得持续不断的盈利。一般而言，商业模式的创新有以下几种。

1. 顾客价值创新

随着社会经济的发展，顾客需求的不断变化，个性化、定制式、体验式需求的趋势越来越明显。那么企业要想在激烈的竞争中立于不败之地，就必然要从顾客角度入手，洞察目标顾客的需求，根据需求提出顾客的价值主张，通过合适的产品或服务来满足顾客。现实中往往有很多企业在市场研究上投入了大量的精力，然而在设计产品、服务和商业模式上却忽略了顾客的观点。商业模式设计应该避免这个错误，需要依靠对客户的深入理解来进行创新，包括洞察环境、日常事务、客户关心的焦点及愿望等方面。

顾客价值的创新包括两个方面，一是要注意发现潜在的顾客；二是发现顾客的潜在需求。企业在创立初期，创业团队就应该清楚所需要满足的客户细分群体的特征，并围绕他们的特征来进一步设计商业模式，进而满足他们的潜在需求，占领市场。宜家在顾客价值方面可以说是做到了极致，它解决了顾客与商家信息不对称的问题，让市场更加透明，用心感受顾客的需求，不仅种类繁多，价格适中，它的用户体验甚至超越了顾客的想象，床可以随便躺，可以随意拍照，儿童游乐园免费，甚至1元钱的甜筒，这些细节都是宜家在对顾客的价值挖掘方面所做的努力，通过这些开放的手段，宜家积累了大量的用户。宜家的魅力和人气值得所有的家具商场来反思。

2. 收入模式创新

收入模式是指企业通过何种商业模式取得收入，一般而言，收入模式的创新包括三个方面：一是指收入的介质，即企业通过什么产品或服务获得收入；二是交易的方式，即企业通过什么样的方法或渠道来获得收入；三是计费的方法，即企业如何对收入介质定价。企业可以通过灵活地改变收入模式中的相关要素来获取利润，如麦当劳公司就是改变收入的介质，和同行业竞争者形成差异，进而获取巨大利润的。它表面看来是卖汉堡包的快餐连锁企业，但它的企业本质、核心价值却是房地产。据资料表明，麦当劳的近万家餐馆中，有60%的房地产权属于麦当劳总部，另40%是由总部出面向当地房地产主承租的。由此，房地产收入成为麦当劳的主要收入。麦当劳收入的1/3来自直营店，其余来自加盟店，其中，房地产收入占这部分收入的90%。

交易方式创新方面，戴尔的直销方式简化途径、突破传统，选择直接面对客户，减少了仓储面积并杜绝了呆账，没有经销商和相应的库存带来的额外成本，因而可以保障公司及客户利益，加快了成长的步伐。

在计费方法创新的方面，选择不同的计费单位，通过捆绑定价、分期付款、折扣等形式来获取收入，如百度的"竞价排名"商业模式优势非常明显，它依据客户购买的关键字，将客户的广告页面放在搜索库里，在普通用户查询该关键词时就能将不同客户的广告链接以不同的顺序在结果页面中显示出来，将搜索引擎变成企业推广的利器，给百度公司带来了高额的利润。

### 3. 技术模式创新

在知识经济社会，创新是企业的生命力，技术模式的创新更是企业发展不可或缺的。每一次技术变革都给人类社会带来一次惊喜，每一次创新都给企业的商业模式创新带来革命性的影响。目前，很多企业利用互联网进行商业模式创新，包括电子商务与无线网络结合发展、企业电子商务平台垂直发展、线上线下畅通的电子商务发展、搜索引擎与电子商务运营商间开展合作等模式，阿里巴巴、亚马逊、京东商城、当当等都是典型的利用互联网创新获得巨大收益的公司。显然，技术创新的最终目的是为了盈利，因此企业在进行技术模式的创新时一定要注意风险防范，企业必须强化市场调研及预测等市场营销管理活动，利用科学调研方法，准确测度营销环境，来及时准确地切入市场。

一般而言，技术变革是商业模式创新的最主要驱动力，当今最具潜力的技术是 3D 打印机和云计算，如果一旦成熟并商业化，这将能提供诸多崭新的用户价值，从而为企业提供商业模式创新的契机。

### 4. 产业模式创新

在知识经济时代，随着市场竞争的进一步加剧，企业之间的竞争呈现白热化的状态，由此也使得一些企业不得不进行商业模式创新，开拓新的产业领域来不断更新产品或服务，为顾客带来更多的价值。

应该说商业模式创新本来就是一种变革，必然带来某种程度的振荡，产业模式创新可以说是商业模式创新中最为激进的一种方式，因为它要求企业重新定义本产业，进入或者创造一个新的产业。如 20 世纪 80 年代的美国在受到日本产业全方位的冲击后，正是通过产业模式创新来延续其在 90 年代的繁荣。

经济全球化为很多企业的转型创造了无数的机会，同时也必然造就新的商业模式。可以说，产业模式创新已经成为当今世界各国迎接知识挑战、走向经济全球化的必由之路。例如，亚马逊公司将正在进行的商业模式创新向产业链后方延伸，为各类商业用户提供如物流和信息技术管理的商务运作支持服务，并向它们开放自身的 20 个全球货物配发中心，并大力进入云计算领域，成为提供相关平台、软件和服务的领袖。再比如此前一直做电池的比亚迪，于 2003 年进军汽车行业，实现企业的战略转移，在中国汽车行业呈现爆发式增长的时期获得了巨大的成功。

应该注意的是，没有一成不变的商业模式，因为市场环境瞬息万变，竞争日趋激烈，要想在市场中占据一席之地，必然要求企业对自身的经营方式、用户需求、产业特征及宏观技术环境具有深刻的理解和洞察力，不断地对自身的商业模式进行系统的思考，采用合适的创新途径来调整商业模式，以便获得持续的竞争优势。

## ▸▸ 实用案例

### 嘻哈包袱铺：老相声，新创业①

在并非相声艺术大本营的上海，这家竖起"80 后相声"大旗的北京相声团体，每次专场演出都有八成以上的上座率。

顶着上海酷暑烈日，26 岁的高晓攀走出下榻的市中心某经济型酒店。前一个凌晨直至大半个白天，他的身份主要是晓攀文化传媒公司的董事长，接连不断地与市场合作伙伴商谈发展计划。而午后去附近的小面馆随便打发掉午饭之后，他就要进入剧院，粉墨登场，恢复他那备受追捧的嘻哈包袱铺掌柜的角色。

"原来一听说相声，都觉得只有那些传统段子，但嘻哈很不一样。说相声的是年轻人，说的是时髦的事儿，形式新颖喜感十足，而且保留着传统相声的

---

① 邓若楠：《嘻哈包袱铺：老相声，新创业》，载《投资有道》，2011(9)。

精髓，说学逗唱言之有物。"

剧院外，举着一块专门制作的写着"攀"字的灯牌，身为沪上白领一员的王荣告诉记者：近年来，无论雨暑，每个月固定出现在这里，已经成为他们这一批"嘻哈迷"的习惯。

嘻哈包袱铺成立于2008年，最初只有二十几个演员，成立当天第一场演出"只来了两位观众，演出阵容隆重的让两位观众都不好意思走"，但是很快他们就以时代感极强的相声风格迅速蹿红。2009年，高晓攀成立了晓攀文化传媒，在这个从小拜师学艺，读过正规曲艺学校，却在毕业后卖过衣服、刷过油漆，在相声圈子经历过大起大伏的"掌柜"心里，开始有了更大的"商业野心"。

"相声这种语言表现形式，在我们的邻国都很受欢迎，是主要的娱乐产业之一。但在国内，相声整体处于'打游击'的状态，产业链很不完善。"言谈老成的高晓攀告诉记者。

他正试图用娱乐产业的方式打造一个多元化品牌。"完全市场化运营管理"的模式，使以嘻哈包袱铺为基础的企业迅速扩张，打入南方市场，表现出的成长性已引起文化产业领域诸多风投们的注意。

"任何的创业都是艰辛的。我们创业三年，一开始什么活都接，来者不拒，后来逐渐注重品牌和人的经营，直至今年嘻哈包袱铺和晓攀传媒的运营走上正轨。这三年我们经历了如何从感性到理性来运作一家公司的变化。"

"在万变中求发展，在发展中求生存，在生存中求本质。"他在晓攀传媒的商业策划书上这样写道。

嘻哈包袱铺的表演敢于在传统的基础上加上更多符合潮流的创新创意。

"卖乐子"能否"卖"出商业模式？

晓攀传媒的公司介绍很简单：我们不卖车子、不卖房子、只卖乐子。

"卖乐子"中是否存在具有成长性的商业模式。这点或可借鉴日本最大的搞笑艺人公司吉本兴业的发展稍作参考。

这个以经营"笑的事业"而著称的娱乐集团，从最初一家演艺团体的小剧场经营，发展成一个规模化的演艺制作公司，并成功上市。他们拥有演艺人员业务、经理人业务、电视节目、动漫制作，以及自己的卫星频道和遍布日本的剧院、多媒体剧场。他们的发展是一直坚持以娱乐作业的方式进行多元经营，形成一套具有独创的娱乐业体系的结果。

吉本兴业的模式简单来说，得益于采用成熟的现代演艺经纪制度和内容的多媒体应用。

2012年4月，高晓攀在参加日本冲绳电影节期间接触到了这家娱乐集团，对他们的经纪公司模式印象深刻。尽管旗下艺人众多，但吉本兴业至少两三个艺人就配备一个经纪人，负责全面统筹管理，搞笑艺人们被打造成潮流明星。高晓攀认为，仅这一点，就值得借鉴学习。

当被问到晓攀传媒目前的盈利模式时，年轻的创业者想了想，举出了项目开发、剧场运作、宣传策划及明星经纪四大部分。

这个模式或多或少借鉴了本山传媒当下的运营模式：本山艺术学院的人才储备、影视造星平台、明星经纪，以及以刘老根大舞台为基础的连锁剧场。

"他们的每个环节都是健康的并且环环相扣，很值得学习。但是，他们是能够在一开始以实业养艺术，再以艺术去养艺术。而我们初期并没有雄厚的资金链条，只能靠艺术赚得利润。"

他认为项目开发是盈利的"矛"，嘻哈包袱铺的相声艺术是核心产品，"只有生产出好产品，才能找到销售的渠道和方案。"

事实上，他们最初的蹿红，正是因为这个平均年龄24岁的相声团体，在相声的表演上敢于在传统的基础上加上更多符合潮流的创新创意。他们的段子里加入了很多"80后"才懂的"包袱"，大量融入最热的网络用语，甚至加入脱口秀的内容，调侃时下最新的热门事件，这些都很难从老相声演员口中听到。

在他们"火"起来之后，市场上涌现出了一批标榜时尚相声、新潮相声、先锋相声的小团体。"都是有了我们这个风向标，他们争相效仿。不过，我们现在连'80后'这个概念都不太提了。"在他们最新的海报上，写着"最洋气的相声团体"。

目前在嘻哈包袱铺的节目中，60%是传统节目，原创节目占40%。

## 各种形式推广"嘻哈"

2010年，晓攀传媒成立了自己的话剧社——嘻哈乐透社，策划的一系列相声剧自主项目在2011年的演出市场大获成功。其中《超级新白娘子传奇之有碘咸》更是场场爆满。

相声剧形式，最早是高晓攀在嘻哈包袱铺开张不久就提出的设想。当时所有人都反对，认为这太耗人力、财力，还没有经营好传统的相声大会，没必要上相声剧的项目。高晓攀却坚持认为相声大会并不是嘻哈的强项，结果相声剧的上演，成为嘻哈包袱铺剧场演出的第一次爆满。

"输入传统相声，输出创新相声"，这是他们一贯的坚持。目前在他们的节目中，大约60%是传统节目，原创节目大约占40%。

他们的项目计划里还包括与各地演出商、企业或政府合作的大量商业演出，以期找准机会拓展全国市场。

最近，高晓攀还在微博上说起了"嘻哈包袱铺微相声"，仍以捧哏逗哏的形式，话题从热门电影到热点事件，段子一个不落，广受追捧。

高晓攀说，现有的商业模式最大的优势在于定位清晰、品牌提升度很好。

目前，嘻哈包袱铺吸引和选择的合作品牌都以潮流、时尚的品牌效应为主，比如百盛、凡客、阿迪达斯、三叶草、乐途等，都属于年轻群体集中度较高的品牌。

不久前，他们刚与上海文广影视集团达成了合作协议，试图借助这个庞大的影视平台，进一步打开知名度，创造明星效应。同时"也为以后开发自己的影视公司项目积累点经验"。

"在创新节目时我们就会加以细化分类，比如哪一类适合电视节目，哪一类适合剧场演出，等等，在此基础上继续与一些优质品牌合作，用各种形式推广嘻哈的相声和喜剧艺术。"

## 目标：国内相声市场领跑者

嘻哈包袱铺目前已有70多名演员，在北京有4个固定剧场，每个月还要赴天津、上海等地做专场演出。

相声回归剧场是这门传统艺术走向商业化的标志，高晓攀把剧场经营比作"盾"。

"现在嘻哈在北京每周固定有19场演出，平时的上座率约八成，周末三天四个剧场是爆满的，多时每晚客流量能达到两三千人。"他说。

据悉，在保持门票20元不涨价的情况下，嘻哈包袱铺的纯利润每年大约有四五百万元。2010年嘻哈赴香港开了专场演出，2011年10月，又将赴马来西亚和新加坡做两场专场演出。

"相声事业的运营管理有极大特殊性，既不能是单纯的剧团，也不能是纯粹的企业。我希望我们能让这门艺术有继承性、发展性和可延续性，在这个过程中实现利润最大化。"

为了弥补眼下相声界人才匮乏的局面，晓攀传媒投资开设了相声培训班，目前已在全国招募了四五十人的学员队伍，他们中间，已经有人可以登台表演。高晓攀对学员的要求是：首先要练好相声的基本功，技术含量得高；其次要有自己的价值观和思考。

他希望晓攀传媒能够作为一个平台，获得横向发展。现阶段的任务是把现有的商业模式做得更清晰，明晰四个板块的利益链条，在各自的环节上开发出新利益点和利益空间，以点及面形成健康的利益链关系。

"我说过在商业上要么做第一，要么做第二，要么就别做。第一名会占到50％的市场份额，第二名会占到40％，其他效仿者只有你争我夺剩下的10％市场份额。嘻哈包袱铺已经是德云社火了之后第二家火起来的民营相声团体。而晓攀传媒除了嘻哈，未来还计划延伸出更多的子品牌。"

他在采访中还提到了英国的维珍集团，这家目前英国最大的私营企业，旗下有近200家公司，它的创业者在发展时提出的策略是"做一只跟在大企业屁股后面抢东西吃的小狗"。

高晓攀告诉记者，到北京拜师学艺的第一天，师父就跟他说，打死别回去，宁为凤尾不为鸡头。

## 【应用练习】

1. 以嘻哈包袱铺为案例，请你分析一下这一相声团体的盈利模式。

在今天经济发展的时期，演艺活动的单一的盈利模式不再被确定，你试想一下，嘻哈包袱铺作为一家有名的演艺团体，他们的多种盈利方式还有哪些？

2. 商业模式的创新意义重大，它往往可以改变一个行业的未来，请你写出以下成功的创业者在商业模式上的创新活动。

A. Gareen Bank          B. 贝索斯与亚马逊书店

C. 美国西南航空公司         D. 戴尔计算机公司

# 拓展阅读

## 凡客诚品的网络创业故事

凡客诚品的网络创业是从 2007 年 10 月开始的，最初是以一个衬衫品牌在网上风生水起而起步的，凡客诚品的诞生，是最初模仿的结果，其从 2007 年 10 月 18 日正式上线至今，已经成为具有代表性的电子商务企业。

凡客诚品从上线后，凡客的创建团队把经营方向定为服装。"因为吃够了在网上代理卖图书、日用品、小电器，靠低折扣走销量却没利润的苦头。而服装可以自己生产，毛利会高出很多。"助理总裁许晓辉说。

和它的模仿对象一样，凡客也选择了以经典款的男装衬衫作为进入市场的头炮，因为它的标准化最强，设计感最弱。即使一时销售不佳，几年后也照样能卖。

凡客的元老级员工周瑞依然记得，创立之初，她是怎样费力地跑木樨园布料城，向商户要一小块样品，并艰难地谈判代理价。对于这些已经在电子商务领域摸爬滚打多年的人来说，寻找服装代工厂反而成了他们最生疏的环节。那段时间，公司高管天天往木樨园跑，一家家代理商挨个面谈。不少人由此成了布料鉴定专家。随着订单的不断增加，凡客主动寻找代工厂的情况已经倒了过来，浙江有四五十家出口加工厂都成了它的定点外包企业。现在，凡客的产品线逐渐扩充到女装、童装、鞋帽和家居纺织品。

和代工企业的不断壮大相映衬的，是凡客销量的几何级数剧增。2007 年 10 月 18 日，凡客上线当天，十几名员工挤在中关村一套 150 平方米的商住两用房中，紧张地等待着网络端传来销售数据。10 张订单、15 件商品，这是凡客开张首日的营业战报。

在凡客诚品公司物流仓库内，工人们根据客户需求信息将服装分类包装并发货。85 天之后，凡客的日订单已从 10 单增长到 1000 单；不到一年，凡客已搬出蜗居的商住两用房，进入高档写字楼，员工超过 400 人。

现在，凡客的日均订单量稳定在 2 万件上下，年销售额从 2007 年的 500

多万元迅速增长到 2009 年的 6 亿元，28.4％的市场份额更使它稳稳坐在自主销售式服装 B2C 网站第一名的位置上。

## U 形结构：两头在线下，营销靠网络

两年过去，当年的效仿对象已从市场上消失，凡客成了网销服装的"老大"。许晓辉表示，这要归功于凡客"全互联网"的营销模式。在凡客 5000 平方米的仓库里，使用着一套独特的管理软件，拣货员每次出发前都先扫一眼电脑，屏幕上能够显示出他在仓库中穿行的最佳线路。每次，拣货员一趟能拣十个订单。用这套软件，平均每趟少走的冤枉路可以节省出 3～5 分钟。

在电话服务环节，一百多名电话接线员组成的声音此起彼伏。一台即时反馈的液晶显示器，实时显示出正有多少座席在接听电话，多少座席在处理业务，多少座席在空闲……部门经理能够由此及时进行人员调配，实现各种工种的合理配置。

最体现"全互联网"营销模式的还要数市场推广。从一开始，凡客就把重点放在了互联网推广上，采用广告效果计量分成的方式，只有客户通过点击广告而购买了凡客的衣服，公司才会"返点"16％～18％的费用，否则不用支付 1 分钱。这样就把推广成本压缩到了最低。不过，和全部依靠互联网进行营销不同，凡客的生产和物流环节全被牢牢掌握在自己手里，而这也构成了它和很多前端做代理、后端靠外包的电子商务网站的本质性不同。

相比于自建物流的庞大成本投入，将送货业务外包给快递公司，是绝大多数电子商务网站所采取的方式。然而，凡客在成立不到半年、资金周转尚不顺畅的时候，就决定成立自有物流。CEO 陈年的解释是，网购衣服客户摸不到也穿不着，因此警惕度会更高，一次不满意将导致客户再不光顾。而物流是整个网购过程中与客户最近距离接触的一环，因而必须重视。

凡客为此付出的代价，是运营费用提高了 20％，换来的则是超过 50％的二次购买率。这个数字几乎是电子商务网站平均水平的两倍。"24 小时之内送货"。"30 天内包邮费无偿退换"都是凡客凭借自主物流推出的特色服务。2009年，凡客又进一步地推出了"当场试穿"服务——的确，很难想象一家外包快递公司的业务员会抱着五花八门的包裹在门外等待用户试穿。没有自己的物流，做不到这一点。

"电子商务最重要无非三大要素：品质、价格和用户体验。"研究电子商务十余年的商务专家洪涛表示，在竞争对手竞相压价的形势下，电子商务网站首要的就是提升用户体验。从 2011 年开始，凡客又将出现新的"噱头"——在晚 7 时至晚 9 时的快递"盲区"时段送货，这无疑将吸引更多上班族。

资料来源：http://info.1688.com/detail/1026003814.html.

# 第四章　创业资源

▶▸ **学习导图**

　　创业者在创业之初总是面临创业资源缺乏的困境，有时资金的缺乏并不是最主要的问题，而且创业者也会发现，资金并不是解决一切问题的关键。寻找和利用创业资源，是每一个创业者，甚至是企业在成功开始运营后的一段时间内创业者需要做的事情。创业者还需要面对融资的困境，对有些创业者来说，融资是一面双刃剑，权益投资者们会通过股权进入的方式获得资金回报同时带走部分公司管理权，如果创业者不介意是否完全拥有公司，那么每年至少30％的权益回报是可以接受的。

## 第一节　创业资源概述

**学习目标**

　　学习本节后，你应该：

　　1. 明确创业过程中你最需要哪些资源？

　　2. 你如何获取最需要的创业资源？

　　3. 学会合理地利用和安排你的创业资源。

## 坚持艺术，兼顾商业

2003 年，曾经因为中戏毕业大戏《翠花，上酸菜》而名噪一时的导演田有良找到张晨和遇凯，拉他们一起成立了北京自由元素影视文化有限公司（以下简称"北京自由元素"），打算一起拍影视剧。遇凯负责公司的整体运营，田有良干他的老本行，张晨则投完钱就忙别的去了。但是，突如其来的"非典"让他们的起步计划泡了汤，随即三人商量转做舞台剧。年底，他们推出了《想吃麻花现给你拧》作为爆笑贺岁舞台喜剧。

起初，观众对这部由谢娜、何炅、于娜等影视演员主演的贺岁喜剧并不怎么买账，没什么票房，公司几乎是赔钱在做，三个合伙人就公司未来的发展思路产生了严重分歧。田有良始终念念不忘拍影视剧的理想，张晨和遇凯则认为，既然做了舞台剧，就应该继续做下去，至于结果怎么样，先做一段时间再说。但是田有良态度坚决，最后还是出去拍影视剧了。谈起多年前三人的摩擦，张晨懊悔不已："当时我人在国外，没能给予调解。不过我们三个至今都是很好的朋友。"

之后，留下张晨和遇凯两个门外汉继续"拧麻花"。好在随着演出次数的增加，《想吃麻花现给你拧》开始逐渐盈利，媒体也非常热情地左一个"麻花"右一个"麻花"。遇凯他们干脆拿着"麻花"二字跑到工商局打算注册成品牌名称。工商局却不干，告诉他们这是食品名称，不能随便注册，得加字。他们便顺手把开心二字加在前面，用张晨的话说，"'开心麻花'是被媒体和工商局叫出来的。""开心麻花"宣称混合了时尚与快乐两大元素，将传统话剧的深刻主题寓教于乐，相声、舞蹈、魔术等艺术形式被混搭，言语诙谐张扬。相对应的目标人群是金字塔中部的普通大众，除最高票价 880 元之外，其余几档都奉行加 50 元赠送一张套票的优惠策略。演出累计超过百场的《索马里海盗》讲的是曾哥与春哥随货船经过索马里海域时，不幸货船被劫持。二人跌宕起伏的命运自然是剧情主题，而"朝鲜核试验""快女""开心网"偷菜等热点也被点名过来凑了把热闹。这部作品创下了"开心麻花"单部作品连续演出场次的最高纪录，截至2010年8月已经上演超过100多场，现在还在不断地上演。2003年至今，"开心麻花"累计推出13部作品，在千人以上的大剧场演出超过1000场，巡演遍及全国20多个城市。

资料来源：选自网易新闻，《开心麻花的混搭创业》，有删改。

思考

1. 上网寻找"开心麻花"的相关资料，将他们的盈利模式写下来。

2. "开心麻花"作为一个艺术创业的典型，他们的创业资源与传统企业有什么不同？

3. 列出"开心麻花"的创业资源清单，你认为他们的创业中，哪类资源最为重要？

## 一、创业资源及类型

### 1. 创业资源的概念

创业资源，是指新创企业在创造价值的过程中需要的特定资产，包括有形资产与无形资产；它是新创企业创立和运营的必要条件，主要表现为创业人才、创业资本、创业机会、创业技术和创业管理等。

从管理学的角度来说，资源是指企业作为一个经济实体，在向社会提供产品或服务的过程中，所拥有的或所能支配的能实现公司战略目标的各种要素以及要素组合。创业资源是新企业在创建和成长过程中必不可少的基础，是创业者开展创业活动必备的资源。关于创业资源的概念，很多学者也给出了自己的定义。

林强及林嵩曾对创业资源给出了学术定义。他们认为，创业资源是企业创立以及成长过程中所需要的各种生产要素和支撑条件。

资源基础理论学者认为，新创企业其实是各种资源的集合体。因为不同的原因，新创企业所拥有的资源也就不尽相同，具有异质性，而这种异质性恰恰决定了新创企业竞争力的差异。

综合来看，创业资源是指能为创业者的创业行为及新创企业生存、成长提供价值的资源，它是新企业创立和运营的必备条件，主要包括人力资源、财务资源、社会资源、技术资源等。

一般认为，创业者找到好的创意并将之转换成商机后，就可以启动创业了。成立一家公司是大多数创业者要做的事情。在这个阶段，创业者仍然会有大量日常的烦琐的工作。下面是我们列举的创业者需要考虑的事情。

■ 产品靠什么赢得市场？——技术支持。

■ 产品如何进入市场？——营销计划。

■ 谁会来购买产品？——消费者与市场。

■ 公司最需要哪些人来帮助？——团队。

■ 需要多少钱来做启动资金？——财务。

■ 公司在运营中能得到哪些政策或者信息？——政策信息。

创建企业，一般需要从人、财、物的需求角度来分析自己的资源，有了这些必要的支撑，新企业才会发展。美国"创业之父"杰夫里·蒂蒙斯在其《创业学》一书中曾指出，创业资源包括：人，如管理团队、董事会、律师、会计师和顾问；财务资源；资产，如厂房和设备；商业计划。[①] 我们借鉴这样的分类方法，将创业者所需要的资源分成人力资源、技术资源、财务资源、社会资本等。

2. 创业资源的分类

（1）要素资源和环境资源

创业资源是新创企业成长过程中必需的资源，按照资源对企业成长的作用划分，可将其分为两大类：对于直接参与企业日常生产、经营活动及企业战略规划的资源，如人才资源、财务资源、管理资源、市场资源及科技资源等称之为要素资源；未直接参与企业生产，但其存在可以极大地提高企业运营的有效性资源，如政策资源、信息资源、文化资源、品牌资源等。对创业成长的影响更多的是提供便利和支持，它们统称为环境资源（见表4-1）。

---

① ［美］杰夫里·蒂蒙斯：《创业学》（第6版），235页，北京，人民邮电出版社，2005。

表 4-1 要素资源和环境资源

| 资源分类 | | 资源内容 |
|---|---|---|
| 要素资源 | 场地资源 | 基础设施建设、计算机通信系统、物业管理和商务中心等 |
| | 资金资源 | 及时的银行贷款和风险投资，各种政策性的低息或无偿扶持基金等 |
| | 人才资源 | 高科技人才、管理人才、高水平专家队伍、合格员工等 |
| | 管理资源 | 企业诊断、市场营销策划、制度化和正规化企业管理的咨询等 |
| | 科技资源 | 与企业产品相关的科技成果、专业化科技实验平台、科研所等 |
| 环境资源 | 政策资源 | 针对不同创业群体的不同优惠政策、简化的政府办事手续、政府支持等 |
| | 信息资源 | 及时的展会宣传和推介信息、丰富的中介合作信息、良好的采购和销售渠道信息等 |
| | 文化资源 | 企业之间相互学习和交流、相互支持和合作的文化氛围 |
| | 品牌资源 | 借助科技园或孵化器的品牌、借助具有社会影响力的人士对企业的认可等 |

（2）Barney 分类法：人力和技术资源、财务资源、生产经营性资源

从 Barney 的分类出发，创业时期的资源就其重要性来说，分别有以下细分：组织资源、人力资源、物质资源。由于企业新创，组织资源无疑是三类中较为薄弱的部分。而人力资源为创业时期中最为关键的因素，创业者及其团队的洞察力、知识、能力、经验及社会关系影响到整个创业过程的开始与成功；同时，在企业新创时期，专门的知识技能往往掌握在创业者等少数人手中，因而此时的技术资源在事实上和人力资源紧密结合，并且上述两种资源可能成为企业竞争优势的重要来源。在物资资源中，创业时期的资源最初主要为财务资源和少量的厂房、设备等。从而，细分后的创业资源经过重新归纳，主要分为以下三种：人力和技术资源，包括创业者及其团队的能力、经验、社会关系和掌握的关键技术等；财务资源即以货币形式存在的资源；其他生产经营性资源，即在企业新创过程中所需的厂房、设施、原材料等。

（3）核心资源与非核心资源

根据资源基础论，创业资源可分为核心资源与非核心资源。核心资源主要包括技术、管理和人力资源。这几类资源涉及创业企业有别于其他企业的核心竞争力，是创业机会识别、机会筛选和机会运用几大阶段的主线。人力资源对于新创企业来说，是最重要的资源，它主要体现为一种知识财富，是企业创新的

源泉。高素质人才的获取和开发是现代企业可持续发展的关键。管理资源又可理解为创业者资源，创业者自身素质对创业企业的成长有至关重要的作用。创业者的个性，对机遇的识别和把握，对其他资源的整合能力，都直接影响创业成败。科技资源是一种积极的机会资源。对于新创企业来说，主动引进和寻找有商业价值的科技成果，是企业的立身之本和市场竞争之源。

非核心资源主要包括资金、场地和环境资源。如何有效地吸收资金资源，并保持稳定的资金周转率，实现预期盈利目标，是创业成功与否的瓶颈课题。场地资源指的是高科技企业用于研发、生产、经营的场所。良好的场地资源能够为企业大幅度降低运营成本，提供便利的生产经营环境，短期内累积更多的顾客或质优价廉的供应商。而环境资源作为一种外围资源影响着创业企业发展。例如，信息资源可以提供给创业者优厚的场地资金或优秀的人才，而文化资源可以促进管理资源的持续发展等。

（4）自有资源和外部资源

上述所有资源都可以分为自有资源或外部资源。自有资源，顾名思义，是指来自内部机会积累的资源，是创业者自身所拥有的可用于创业的资源，如自有资金、自有技术、自己所获得的创业机会信息、自建营销网络、自控物质资源或管理才能等。甚至在有的时候，创业者所发现的创业机会就是其所拥有的唯一创业资源。自有资源的拥有状况将在很大程度上影响甚至决定我们获取外部资源的结果。

外部资源可以包括例如亲朋、商务伙伴或其他投资者，或优秀人才、空间、设备和其他原材料（有时是由客户或供应商免费或廉价提供的），或通过提供未来服务、机会等换取到的资源，或社会团体或政府资助的管理帮助计划。外部资源更多地来自于外部机会发现，而外部机会发现在创业初期起着决定性作用。创业者在开始创业的时期面临的一个重要问题即资源不足。一方面，企业的创新和成长必须消耗大量资源；另一方面，企业自身还很弱小，无法实现资源自我积累和增值。所以，企业只有识别机会，从外部获取到充足的创业资源，才能实现快速成长，这也是创业资源有别于一般企业资源的独特之处。对创业者来说，运用外部资源，是一种非常重要的方法，在企业的创立和早期成长阶段尤其如此。其中关键是具有资源的使用权并能控制或影响资源整合。

下面我们介绍一些具体的创业资源。

（1）人力资源与技术资源。人力资源包括创业者的个人资源和广泛的人脉，企业需要的各种人才等。创业者需要根据自己企业的性质、规模及初创时的具体情况确定自己最需要的人员，其中包括技术人才、市场销售人员、管理人员等；但是新创企业时，对创业者来说，"合适"比"优秀"更重要，基于新企业的发展阶段，没有必要将所有的人才都招进来，因为这样往往会加大成本投入，这对于资金缺乏的初创企业来说绝不是一件好事。创业者的社会关系即我们所说的人脉对于创办新企业也非常重要，一般如果大学毕业即选择创业，社会关系相对简单，就有可能面临开拓市场和培养客户的压力，但是如果拥有先进的技术资源，一定程度上可以弥补市场开拓的人脉要求。技术资源一般是指根据生产经验和自然科学原理而发展的各种工艺、操作方法与技能的总和，创业阶段的技术资源，一般包括核心技术与掌握核心技术的人员，而核心技术人员的引进，也同时使企业获得人力资源。因此我们会建议大学生，特别是理科大学的学生在创业时应该更为注重技术创新，有了自己的核心技术、创新产品，一定程度上会弥补创业者人脉的不足。

（2）社会资源。美国学者罗纳德·博特在他的著作《结构洞》中，把社会资本看做是"网络结构给网络中行动者提供信息和资源控制的程度"，即"朋友、同事及更一般的熟人通过他们获得使用金融和人力资本的机会"，这就是所说的"结构洞中的社会资本"。在社会资本理论学家林南看来，"社会资本的概念包括三种成分：嵌入于一种社会结构中的资源；个人摄取这些社会资源的能力；在有目的的行动中个人运用或动员的这些社会资源"。这种个人与组织、他人之间的联系可以给个人带来未来的收益。很明显，由于大学生没有过多的社会角色，因此在获得社会资源方面，尤为不足，我们因此也建议，大学生创业者应当首先进入社会，以积攒自己的社会资源，对于大学生创业者来说，另外一种获得外部社会资源的方式是依靠自己的亲戚、朋友、同学等，利用已有的社会资源为自己服务。

（3）财务资源。财务资源不仅是指企业所拥有的财务资本，还包括企业在筹集和使用资本的过程中所形成的独有的不易被模仿的财务专用性资源，包括企业独特的财务管理体制、健全的财务关系，以及拥有企业独特财务技能的财务人员等。创业者常面临的问题是资源特别是财务资源的匮乏，有限的资金与一大堆急需解决的问题摆在创业者面前，几乎每一件事都需要立刻去办，资金总是不够；比如要创办一家加工生产企业，会面临着原材料采购与机器的固定成本投入的矛盾关系；而创办一家网站，先期的网站建设投入会远远大于收益，因此创业者需要考虑启动资金是否能够支撑自己的投入并且如何在产生效益之前获得投资。高科技产业在前期研发的过程中，投资巨大，有时会花光创业者的全部启动资金，后期的生产就需要创业者进行融资。

# 案例

## 梁定邦清华大学演讲(节选)

创业企业就像一个一个婴儿，需要培育和教育。要把研发成果产业化，还要做生产计划，找新的投资人，同时还要管理好公司。创业之初，公司没有几个人，如何安排工作顺序是一个现实问题。

不过，这些问题是可以解决的，也可以用资源解决燃眉之急。

……

因为，我家里做过创业公司，非常艰苦。做了几年之后，做出了在当时看来是最艰苦最困难的决定，即把全部资源放在产业化和开拓市场方面，还是把一部分稀有资源放在公司本身的管理上，这就是公司自身的生产管理、财务管理和治理结构。

公司本身没有很好的管理制度和财务制度，就没有办法知道公司真正的运作情况，产品定价时不知道真正的成本。公司最基础的工作是把公司的财务状况搞得一清二楚，这是需要投入的，需要公司管理层每个月了解公司的财务状况。更重要的是，请审计师进行审计。

资料来源：2001年4月清华大学90年校庆期间，时任中国证监会首席顾问梁定邦先生发表的主题演讲。[①]

由于创业者大都不具有专业的财务知识，财务资源都是从外部获得的，在

---

① 姜彦福、张帏：《创业管理学》，205～206页，北京，清华大学出版社，2005。

　　　　第四章　创业资源 ▶

创业初期，公司的销售量较小，资金也很有限，创业者可以考虑从外部获得暂时的财务帮助，但是创业者一定要做好财务管理，了解自己企业的财务状况，以便对公司以后的融资做出良好的判断。

**资产**。资产一般可以认为是企业拥有和控制的能够用货币计量，并能够给企业带来经济利益的经济资源。简单地说，资产就是企业的资源。我们一般将资产分为固定资产和流动资产。流动资产一般会以一年为限，一年或者超过一年的一个营业周期内变现或被耗用的资产，主要包括各种现金、银行存款、短期投资、应收及预付款项、待平摊费用、存货等。而固定资产是指企业使用期限超过一年的房屋、建筑物、机器、机械、运输工具，以及其他与生产、经营有关的设备、器具、工具等。创业者在创业阶段，由于资金的限制，一般不会寻找大型的、成本投入较高的行业进入，如大型机械制造、大型商场等，当然联邦快递公司是一个成功的特殊案例。这不仅是因为这些企业的门槛较高，创业者不易进入，而且也因为这些企业在新创之初就需要较多的商业资源。

**创业计划**。一旦得到合适的创业资源，创业者就可以着手开办自己的新企业了，但是在此之前，应当先拿出一份详细的商业计划，其实商业计划是在商机刚刚被发现的时候就已经开始了，这个过程是一个帮助自己理清日常工作的思路的过程；另外，对于创业合作伙伴来说，计划书也可以使创业者与其合作伙伴对企业的共同愿景有一个直观的认识；如果创业者希望得到投资者的资金支持，那么一份完备的商业计划书也会使投资者下定投资决心。创业者创办企业，希望获得较高的回报，因此企业在发展过程中，有时会因情况的不同，做出方向的调整，例如，当聚美优品的CEO陈欧发现美团网因为团购市场的饱和而导致客户流失的时候，就调整了企业发展的方向，退出团购网站的发展。新创企业的发展，需要时刻关注市场变化，根据市场，随时调整自己的发展策略。相对应的，商业计划书也是一个不断改进的计划。另外，创业者需要准备几份内容重点不同的计划书，因为合伙人对于企业的希望肯定与投资者的问题是不同的，将他们最关心的问题分别写入各自的计划书，就可以形成针对性不同的计划书。但是不管创业学学者如何思考写作，都不应该夸大或者缩小企业面临的困境，因为不管是商业伙伴，还是投资人都希望看到一个诚信的企业。

# 案例

## 企业不同发展阶段的资源需求

### 1. 种子期

在新创企业的种子期，新创企业的商机巨大且在不断发展，并存在极大的不确定性；企业拥有的资源有限，创业资源比较匮乏，使商机和资源之间存在一种不平衡的状态，此时，企业应根据本阶段的发展重点，以研发驱动和大力发展创业团队为中心，进行资源整合。在种子期，企业所拥有的社会资源发挥着举足轻重的作用。在该阶段，企业还没有形成完整的商业计划，没有完成注册等级，产品与营销模式也尚未确定，创业资金更没有落实。因此，广泛有效的社会关系将成为自主创业的保障。创业者如果能很好地利用社会关系资源，处理好与政府部门、潜在消费者、供应商、分销商等之间的关系，将会为企业未来的发展提供强有力的帮助。

### 2. 起步期

在新创企业的起步期，商机更大而且发展更快，企业在经过种子期的努力后获得了部分相应的资源，资源和商机之间的差距逐渐变小，二者之间的匹配程度开始逐步转向平衡。由于在该阶段企业的业务量较小，市场认可度较低，技术资源的开发将是本阶段企业发展的重点，企业必须找到竞争对手在技术上的优势和不足之处，加大技术开发的利用，在行业内形成独有的技术优势，才能在激烈的市场竞争中站稳脚跟。

如何利用有效渠道筹集企业发展所必需的资金是这个阶段资源配置所面临的主要难题。起步期，新企业出于扩大再生产的需要，对财务资源有着更迫切的要求。而此时单纯依靠创业者自身筹集资金，或者向亲朋好友筹集，已经不能满足企业发展的需要。通过寻找战略投资者或采取融资租赁的方式将是此阶段比较好的筹资方式。

### 3. 创业资源的重要性

与普通的商业资源相比，创业资源并不注重固定资产的积累与投入，而是表现出轻资产、重团队的特点，创业资源中，更重要的是无形资产的积累，人才对新创企业来说尤其重要。

（1）创业资源为企业成长提供重要支持

林强等人认为，创业资源对企业成长具有重要的支持作用。企业在创立初期，一方面，战略的制定和实施需要一定的资源予以支持，只有拥有充分的资源，战略才有制定和实施的基础。因此，新创企业所拥有的创业资源为创业战略的制定提供了一定的保障；另一方面，创业资源还可以适当校正企业的战略方向，帮助新创企业选择正确的创业战略。可以说，企业获取的创业资源对创业战略的实施是非常有利的。

这就要求创业者了解创业所需的各种资源，分析现有的资源状况，明确资源缺口和关键资源，并找到适当的时机和途径来获取资源，为企业的成长提供坚实的基础。

（2）人力资源是企业持续经营最重要的资源

人力资源是创业时期最为关键的因素，创业者及其团队的洞察力、知识、能力、经验和社会关系影响到整个创业过程的开始与成功。创业者在创业初期，其自身素质对创业企业的成长有至关重要的作用。创业者的个性，对机遇的识别和把握，对其他资源的整合能力，都直接影响创业成败。

对于高科技企业来说，人力资源更是重中之重，它主要体现为一种知识财富，是企业创新的源泉，也是企业在市场中持续经营最为关键的资源。多数成功的创业者认为，在创业初期，人是最重要的，因为人是最具能动性和爆发力的，可以说，高素质人才的获取和开发是新创企业可持续发展必不可少的。

# 案例

小米 2010 年 4 月成立，是一家专注于高端智能手机自主研发的移动互联网公司，已获得来自 Morningside、启明、IDG 和小米团队 4100 万美元投资，其中小米团队 56 人投资 1100 万美元，公司估值 2.5 亿美元。

在 2011 年 8 月 16 日，小米公司成立至今仅仅 1 年零 4 个月，小米开始手机硬件设计制作仅仅一年的时候，他们发布了第一款小米手机。最关键的是，按照小米董事长、CEO雷军的说法，这款小米手机将是一款性价比极高的高端智能手机。

能够成就如此小米速度的，是小米公司那七个堪称超豪华的联合创始人团队。雷军是金山软件的董事长和著名的天使投资人，林斌是谷歌研究院的副院长，洪锋是Google高级工程师，黄江吉是微软工程院首席工程师，黎万强是金山软件人机交互设计总监和金山词霸总经理，周光平是摩托罗拉北京研发中心总工程师，而刘德是一位自世界上顶级设计院校ArtCenter毕业的工业设计师。

(3)战略性资源能够创造企业竞争优势

创业者在初期所拥有的资源有限，一方面，要借助自身的创造性和人力资源等资源创造不平凡的价值；另一方面，还要设法获取战略性资源。战略性资源是指能为企业带来持续竞争优势的资源，创业者在创业过程中若能有效地发现、整合并合理运用战略性资源，将能为企业的发展起到极大的推动作用。战略性资源一般具有有价值、稀缺性、难以模仿及不可替代等特点，如很多白手起家的创业者，他们并不具备充足的资金资源和物质资源，但是他们所拥有的创业精神、个人独特的创意、核心技术等就成为创业阶段的战略性资源，而这些资源往往能帮助这些新创企业成功生存下去，获得良好发展。

## 二、创业资源的获取

### 1. 资源获取的技巧

每一位创业者在创业之初，需要得到各种资源的帮助，创业者一方面需要找到自己拥有的资源，也需要积极获得外部资源的支持。根据所创的企业不同，创业者所需的资源重点也各不相同。创业者在对创业机会作出评估之后，首先需要思考的是，如果将这个项目实施，最需要的是什么，要多少；哪些可以自己准备，哪些需要外来的帮助，从哪里能找到这种帮助。还有一点创业者必须认识到，几乎所有的创业者在创业之初，都要面对资源匮乏的难题。

创业资源分为外部资源和内部资源，创业者首先想到的应当是充分利用内部资源，使之发挥最大的作用，而后是从外部获得创业资源。能将创业资源有效利用，是一个创业者的重要性问题。蒂蒙斯将创业资源与创业者、创业机会一起列为创业三要素。创业资源是重要的条件因素。创业者在找到合适的创业机会时，如果没有创业资源的支撑，创业也难以完成。但是我们也注意到一个有趣的现象，那就是创业者创业活动最初的成功与所拥有的资源关系不大，并且几乎每一位创业者在企业初创时期都会面临着资源匮乏的情况。比如我们所熟知的惠普公司：1938年夏天，比尔·休利特（Bill Hewlett）与戴维·帕卡德（David Packard）利用从特曼教授那里借来的538美元和一间仅能存放一辆汽车的车库，开始创业，但是他们的全部工具只有一个工作台、一把老虎钳、一台钻床、一把螺丝刀、一把锉刀、一只烙铁、一把钢锯，以及一些在外面买来的元件。直到1940年，两人才从这间车库中搬出。而苹果公司的最初创业者年仅21岁的乔布斯与好友沃兹尼亚克于1976年4月，也同样是在自家的车库内生产出苹果电脑。当年，为了创办苹果，乔布斯和好友沃兹尼亚克"卖掉了他们最值钱的东西"，乔布斯卖掉了他的大众小巴，沃兹尼亚克则卖掉了惠普科学计算器，一共筹到了1300美元，创办了新公司。从上面两个事例可以看出，创业成功者并不是拥有最多创业资源的人，反之，创业资源的缺乏也不能决定一个企业创业是否成功。成功的创业者往往是一个懂得利用资源，并且是一个整合资源的高手。

**首先，机会有限的原则，在初创企业的过程中非常重要。**这是因为，在创业过程中，创业机会既难以得到，又转瞬即逝，创业者必须抓住机会。但是如果没有创业资源辅助，也无法建立新企业，获得利润。然而，并不能因此就认为，创业者需要等到创业资源齐备的时候再开始创业行动。创业者应该运用机会优先的原则，在获得机会时立刻出击，在没有获得外来创业资源时，首先利用自己的智慧最大限度地整合自有的创业资源，发挥资源的最大作用，开始创业活动。

## ▶ 案例

### 北京大学的猪肉大王

陈生毕业于北京大学，十多年前放弃了自己在政府中让人羡慕的公务员职务毅然下海，倒腾过白酒和房地产，打造了"天地壹号"苹果醋，在悄悄进入养猪行业后，在不到两年的时间里在广州开设了近100家猪肉连锁店，营业额达到2个亿，被人称为广州千万富翁级的"猪肉大王"。

据不完全统计数字显示，目前我国大学生创业成功率则只有2％～3％，有97％～98％的大学生创业失败，专业人士分析，缺乏相关的创业教育和实战经验、缺乏"第一桶金"等都是其中的重要原因之一。然而，对于成功创业的大学生来说极为重要的实战经验及"第一桶金"都是"天上掉下来的"吗？为什么陈生在不到两年的时间里进入养猪行业，就能在广州开设近100家猪肉连锁店，营业额达到2个亿？这个问题，的确值得好好追问。

实际上，之所以能在养猪行业里很短时间就能取得骄人成绩，成为拥有数千名员工的集团的董事长，还在于陈生此前就经历的几次创业的"实战经验"：陈生卖过菜，卖过白酒，卖过房子，卖过饮料。这使得陈生有着这样的独到的见解：很多事情不是具备条件、做好了调查才去做就能做好，而是在条件不充分的时候就要开始做，这样才能抓住机会。

然而，"条件不充分"时到底怎么才能"抓住机会"呢？我们来看一下陈生的做法：他卖白酒时，根本没有能力投资数千万设立厂房，可是他直接从农户那里收购散装米酒，不需要在固定设施上投入一分钱便可以通过广大的农民帮他生产，产能却可以达到投资5000万元的工厂的数倍。此后，他才利用积累起来的资金开始租用厂房和设施，打造自己的品牌。迅速地进入和占领市场，让他在白酒市场上打了个漂亮仗。而当许多人"跟风"学习一位到南方视察的国家领导人用陈醋兑雪碧当饮料的饮食方法时，善于"抓住机会"的陈生想到了如何将这种饮料生产出来。经过多次尝试，著名的"天地壹号"苹果醋就此诞生。

企业"抓破脑袋"寻求发展良机，在这样的情况下，只有技高一筹者才能够取得成功。而一些企业运用精细化营销，就是一种技高一筹的做法。于是，从传统的中国猪肉行业里，陈生分析到了其中的巨大商机，因为中国每年的猪肉消费约500亿公斤，按每公斤20元算，年销售额就高达上万亿。而与其他行业相比，猪肉这个行业一直没有得到很好的整合，基本上没有形成像样的产业化，竞争不强，档次不高，机会很多。更重要的是，进入这一行业的陈生，机智地率先推出了绿色环保猪肉"壹号土猪"，开始经营自己的品牌猪肉。

虽然走的还是"公司＋农户合作"的路子，但针对学生、部队等不同人群，却能够选择不同的农户，提出不同的饲养要求，比如，为部队定制的猪可肥一点，学生吃的可瘦一点，为精英人士定制的肉猪，据传每天吃中草药甚至冬虫夏草，使公司的生猪产品质量与普通猪肉"和而不同"。在这样的"精细化营销"战略下，陈生终于在很短的时间内叫响了"壹号土猪"品牌，成为广州知名的"猪肉大王"。

资料来源：http://www2.gxtc.edu.cn/tw/jycy/200908/52564.html.

**其次，找准最重要的人力资源，有利于创业者以最小的代价，获得最大化的利益。**

创业者在最初创办公司的时候，往往首先会从人、财、物的角度考虑创办企业的各项要素。按照我们之前对创业资源的分类，创业者应该从人力资源、财务资源、物质资源三方面的准备开始。其中，又以人力资源发挥着统领各项资源的作用，日本经营之神、松下电器的创始人松下幸之助曾经说过"造人先于造物"，比尔·盖茨也有过这样的名言"把我们顶尖的20个人挖走，那么我告诉你，微软会变成一家无足轻重的公司"。人力资源既包括创业团队成员的知识技能、专业智慧、判断力等个人条件，也包括人的经验、视野，甚至是拥有的人际关系等外在条件。因此，大学生在创业活动中应首先整合人力资源，很多创业者在创业之前，都会积攒一些从业的经历，一方面，可以获得丰富的技能、经验，了解市场及行业运作；另一个重要的方面，就是积累广泛的人脉，以便更好地获得自己创业所需的人力资源。这两方面都是大学生创业应当重视的。

**最后，注意寻找外部资源作为支撑条件，获得更大的收益。**

创业者在创业之初都会受到资源约束，对于创业者来说，自身的创业资源往往不能满足创业需要，社会资源不同于物质资源、人力资源，它是创业者建立在自己人际关系上的社会关系网络资源，对创业者来说，所处的社会阶层越高、社会交往面越广、交往对象越多样化，其创业成功率就会越高。但是对于大学生来说，自己所拥有的社会资源却恰恰是他们的短板，这是因为他们的生活圈子与社会联系不紧密，而且也不具备社会交往的外部条件。在这种条件下，创业者特别是大学生创业者需要从周围的相关人群中获得帮助，如亲戚、朋友等，获得较多的创业支撑条件。

2. 自有资源利用的途径

创业资源的缺乏，对于创业者来说既是困难，同时也暗示着巨大的优势，因为创业者可以把精力集中于自有的优势资源，以期获得最大的盈利。例如，一个销售人员在创业时，虽然缺少人力资源、资金、设备等条件，但是他会将自己的优势集中到销售环节上，利用销售资源为企业带来利润。

在企业的初创阶段，利用自有资源的途径有以下三个方面。

(1)学会拼凑。创业者在创业初期面对资源匮乏的束缚时，可以利用自己的智慧和创造力，对资源进行拼凑式的整合。所谓拼凑，是指创业者在自己已经具备的创业资源中，加入一些新的元素，与其相结合，重新产生新的能够为自己所用的创业资源。这种方法在高科技产业中运用较为广泛。例如，我们所熟知的联想集团创始人柳传志，他就是一位拼凑资源的高手。柳传志创办的联想集团，是一家先进的电脑公司，但作为创办人，他大学期间主修的却是雷达专业，大学毕业后他辗转来到中国科学院计算机所，接触了计算机的知识，在中关村计算机产业兴起的时候，柳传志找准机会，利用自己对这个领域的了解，确立创业方向，创办了联想集团。

创业阶段的拼凑，要求创业者要有明确的思路和犀利的眼光。清楚地了解自己需要哪些资源，明确各种资源能够带来的收益，进行创新式的整合，这也正是创业者富于创造力和创业精神的体现。大学生在创业过程中，可以利用身边能找到的一切资源，有些资源对于其他人来说，可能是无用的，没有价值的，但是创业者可以利用自身的独有的经验和技能，加以利用整合，创造新的资源，这对于弥补创业资源的不足是十分重要的。我们也应该看到，拼凑过程有时是一种随机的过程，创业者往往是"摸着石头过河"，需要什么就寻找什么。因此，在创业过程中发现所需和解决问题的能力，就成为创业者最重要的能力体现。

(2)步步为营。这是创业者降低风险、保证资源得到最大化利用的一种方式。步步为营，一般是指在缺乏资源的情况下，创业者分多阶段地投入资源，并且在每个阶段都尽可能地节省资源，以求用最少的投入获得最大的利益。与发展成熟的大公司相比，初创的小企业都会存在资金匮乏、人才不足等困扰，更为艰难的是初创的企业总是更加难以得到利益持有者的青睐，融资难几乎是每一个初创企业面临的问题之一。解决这一问题，除了获得融资之外，创业者还可以从企业内部入手，降低资源的一次性使用量，节约使用现有资源，使企业在有限资源的束缚下获得满意的发展。例如，生产加工企业在初创时期，资金紧张，可以采用分批分期购买的方式采购原材料，也可以采用订单生产的方式，减少库存，保证现金的最大流动。但是有些初创的企业过度节俭以至于降低了生产质量，影响了产品的服务，造成企业发展的困难。对创业者来说，掌握好"度"是很关键的。创业者树立正确的控制和管理的价值理念，可以帮助自己在新企业开创之初就形成良好的文化和价值理念，这种文化和价值理念是企业的长久发展的有利因素。

（3）发挥资源的杠杆作用。创业者利用资源的杠杆效应，更像是武术中的借力打力。创业者要做的是借用他人资源来完成自己的创业目的。用一种资源补足另一种资源，以产生更高的复合价值；或者利用一种资源撬动和获得其他资源。对创业者来说，容易产生杠杆效应的资源，主要包括人力与社会资源，比如，创业者利用自己的知识、技能、信誉等获得其他的创业资源。

3. 学会利用外部资源

创业者在创业过程中，尽管可以充分利用自有的创业资源，但是外部创业资源仍然是创业过程中资源的重要来源。这是因为创业者不可能是一个全才，也没有必要成为一个全能选手，学会创造性地整合外部创业资源，是一个优秀的创业者应该具有的技能。在下面"借力修天桥"的案例中，年轻人利用政府批文，整合可口可乐公司的资金，又从广告公司获得佣金，在自己未出一分钱的情况下，成功修建天桥，并且获得利益。

## 案例

### 借力修天桥

在天津生活的人都知道国际商场。国际商场是天津市第一家上市公司，20世纪80年代初期开业，定位于引进国外最好的商品，让改革开放初期急于了解国外又无法出国的人了解国外，准确且新颖的定位使国际商场开业后很红火。国际商场邻南京路，这是一条十分繁忙的主干道，道路对面就是滨江道繁华的商业街。在国际商场刚开业时，门口并没有过街天桥，行人穿越南京路很不方便也不安全。应该修建天桥，这是很正常的事情，估计经过那里的人都会很自然地想到这一问题。但是，估计绝大多数有这样认识的人会觉得这个天桥应该由政府来修建，所以想想、发发牢骚也就过去了。有一天，一位年轻人同样也产生了这样的想法，他没有认为这是政府该干的事情，而是立即找政府商量，提出自己出钱修建过街天桥，希望政府批准，前提是在修建好的天桥上挂广告牌。不花钱还让老百姓高兴，再说天桥也不注明谁出资修建，政府觉得不错，就同意了。这个年轻人拿到政府的批文，从政府出来后立即找可口可乐这些著名的大公司，洽谈广告业务，在这么繁华的街道上立广告牌，当然是件好事情。就这样，这位年轻人从大公司那里拿到了广告的定金，用这笔钱修建了天桥还略有剩余。天桥修建好了，广告也挂上了，年轻人从大公司那里拿到余款，这就是他的"第一桶金"。

资料来源：百度文库，作者整理。

实现对外部资源的整合，其关键要点之一是识别利益相关者及其利益。在创业过程中，人的资源是最重要的资源，创业者在创业最初都会面临着寻找资源提供者的任务，并且应该尽可能多地搜寻利益相关者。

创业者整合创业资源的原则一：尽可能多地搜寻利益相关者。利益相关者既包括现有的拥有丰富创业资源的人，也包括潜在的创业资源拥有者。大学生在创业时，要尽可能多地寻找这些资源，如政府、大公司、天使投资人等。我们仔细研究就会发现，政府对大学生创业的支持力度正在逐年加大，这是一个可喜的消息；对此我们的建议是，大学生在准备创业时，可以先期了解政府信息，掌握政府的优惠政策，这对于节省创业的人力物力，有很大帮助。

创业者整合创业资源的原则二：识别利益相关者的利益所在，寻找共同的利益。任何创业活动的进行，都是为了获取尽可能多的利益，因此，共同的利益应该是将创业者与外部资源结合起来的有力纽带。创业者必须分析资源拥有者的利益所在，理解资源拥有者的利益诉求，与其建立起紧密的利益联系，才能得到外部资源的支持。"A country does not have permanent friends, only permanent interests."（没有永远的朋友，仅有永远的利益）这是 19 世纪英国首相帕麦斯顿的一句话，也可以成为大学生创业者的创业名言，因为利益优先是整个商业活动的定律。

创业者整合外部资源，关键要点之二是构建共赢的机制。有了共同的利益或利益共同点，并不意味着就可以顺利实现资源整合。资源整合是多方面的合作，切实的合作需要有各方面利益真正能够实现的预期加以保证，这就要求寻找和设计出多方共赢的机制。对于在长期合作中获益、彼此建立起信任关系的合作，双赢和共赢的机制已经形成，进一步的合作并不很难。但对于首次合作，建立共赢机制尤其需要智慧，要让对方看到潜在的收益，为了获取收益而愿意投入资源。因此，创业者在设计共赢机制时，既要帮助对方扩大收益，也要帮助对方降低风险，降低风险本身也是扩大收益。在此基础上，还需要考虑如何建立稳定的信任关系，并加以维护。在创业中，对外部资源的整合，一般采取两种方式，市场交易方式获得或者非市场方式。一般情况下，创业者可以采用购买的方式获得外部资源，如厂房，机器设备等物质资源，也可以通过购买专利设备等使自己的企业获得发展。市场行为中的共赢机制是指与企业发生交易行为或者存在联系的诸多部门的共同获利的行为。初创企业的建立与发展，会与多部门发生联系，政府、银行、融资机构都是企业将要与之长期建立联系的部门，如何平衡各方的利益，是创业者应当考虑的问题。

创业者整合创业资源的原则三：让对方先赢自己再赢。初创企业的创业者在创业初期都面临较多困难，希望尽可能多地获得利益是每一个初创企业的希望，在整合创业资源的时候，有时创业者会面临两难境地，有时获得重要的资源需要花费大量的资金或者其他大量的重要的资源，此时创业者就需要从长远利益出发，采取让利的原则以赢得发展的机会，由于新创企业的资金较为短缺，公司的产品知名度也较小，面对外界的风险困难相对较大，创业者需要掌握合作方或竞争对手的情况并为自己赢得时机，即能够使自己的利益损失最小，获得最大化的优势，这也是创业者能力的体现。

## 实用案例

### 马克·艾略特·扎克伯格和他的 Fackbook 传奇

一谈起 Facebook，几乎所有的人都要为之叹服。对于一个成立仅 6 年，市值就高达 700 亿美元的互联网公司，Facebook 在当今可算是一个传奇。如今，提到互联网公司，更年轻的网民首先想到的已经不是 Google、Yahoo、Amazon，也不是 MySpace、Youtube，而是 Facebook。Facebook 以 5 亿的注册用户，超越 Google 的 PV 流量，700 亿美元的市值已经成为全球最热门的社区网站。

而作为其创始人——马克·扎克伯格也不得不说是一个传奇人物，"盖茨第二"、不到 28 岁、全球最年轻的亿万富翁、身家高达 330 亿美元、全球富豪榜上名列第六、聚集全球 5 亿多人相当于世界第三人口大国……各种光环都聚集在他一人身上。他确实有这一资本，2010 年，《福布斯》将他评选为世界上最年轻的亿万富翁，净资产 40 亿美元。2011 年 11 月，福布斯 2011 权力人物榜：27 岁的社交网站"脸谱"创始人马克·扎克伯格从 2010 年的第四十位升到第九位。2012 年 3 月的胡润发布全球富豪榜，28 岁的 Facebook 创始人马克·扎克伯格以 260 亿美元位列第八，成为全球最年轻的白手起家的富豪。

在哈佛二年级时，马克发明了一个名为 Facemash 的程序，让同学们挑选出最佳外貌的人，同时他也创建了一个网站，放上两张照片，或两张男生照片和两张女生照片。浏览者可以选择哪一张最"辣"，并且根据投票结果来排行。不过这网站仅一个星期后就被迫关闭，因为哈佛的服务器被灌爆，因此不准学生进入这个网站，但这也为马克后来创建 Facebook 开创了一个良好的开端。后来有一天扎克伯格突发奇想，要建立一个网站作为哈佛大学学生交流的平台，仅一个多星期他就完成了这一任务，网站一开通就大为轰动，几个星期内，哈佛一半以上的大学部学生都登记加入会员，主动提供他们最私密的个人数据，如姓名、住址、兴趣爱好和照片等。学生们利用这个免费平台掌握朋友的最新动态、和朋友聊天、搜寻新朋友。很快，该网站就扩展到美国主要的大学校园，包括加拿大在内的整个北美地区的年轻人都对这个网站饶有兴趣，如今，在英国、澳大利亚等国的大学校园同样风靡。连奥巴马、伊丽莎白等政界名人也是这网站的会员。由此可见其影响力之大。

资料来源：阿里巴巴资讯创业，作者加工整理。

【应用练习】

1. 你认为对于一个大学生创业者来说，什么样的创业资源是最需要的？

2. 如果你怀有创业梦想，请你现在就做好以下准备。

准备你的资金：对自己的资金做出规划，现在就开始你的存钱计划吧。

准备你的人脉：扩大交际圈，通过你的朋友多认识一些朋友的朋友吧。

开始你的信用积累：评判自己的信用程度，如果你对自己的信用有信心，就要继续努力，让更多的人了解你。

整合你的资源：你的创业资源有多少，尽管你的资源少得可怜，你还是要充分地整合一下，比如，你可以先将自己的公司开在家里，这样就会省下办公室租借费用。

准备你的创业计划书：创业计划书的撰写，让你一开始就知道自己创办的是一家充满活力的、有可能在未来上市的企业，那么目前的困难是不会让你丧失信心的。

# ▸▸ 扩展阅读

## 没有 VC 关注你，不妨试试这三种融资渠道

如果你只是通过新闻来了解一些事情，你可能会认为风险投资是为你的业务提供资金的唯一途径。然而，事实上大多数公司在创业之初是得不到任何风投的垂青的。

诚然，从财大气粗的风险投资人那里你或许能寻求到创业所必需的资金，但与此同时你很可能要放弃你事业的部分产权和控制权，从此你将很难与其他的企业家平起平坐了。

对于那些希望对自己的创业公司拥有完全掌控权的人，或没有办法得到投资人青睐的企业家们，我们也有其他办法帮他们拿到事业发展所需的资金。在美国，初创公司们还可以通过这三种常见渠道来获得融资，作为风投的替代品。

1. 小企业贷款

如果你需要大量的资金，小企业贷款可以为你提供几十万美元的贷款，以供你支付创业必需的设备、场地和劳动力的开销。

小企业贷款的主要优势在于，他们可以让你以较低的成本获得较多的资金。比如，美国小企业管理局统计 2012 年小企业平均贷款额突破 30 万美元，有小企业管理局担保的贷款，若其期限少于 7 年则利率不得超过最优惠利率 2.25%。

贷款的道路并不总是一片光明的。营运资本贷款或循环信贷额度，有时可能会更符合你的需要。你可能会发现小企业贷款的资金往往超出你所需要金额，而你又必须要为这部分多余的贷款支付利息。

另外，这些贷款也很难获得，企业往往需要出示至少两年的财务资料，银行才有可能会考虑他们的申请。然而，帮助小企业主与贷款机构建立联系的网站 Biz2Credit 指出，贷款申请批准率在去年有所提高，2013 年 8 月大型银行批准率徘徊在 18% 左右，比 2012 年大约提高了 11%，该指数是经过每月对来自 Biz2Credit 的 1000 份贷款申请分析得来。调查人员同样表示，小型信用社的贷款通过率也有所上升。

提示：如果你想要采取以上途径，你最好有一名与你有良好合作关系的贷款人同行，这会让你的申请有更大的可能获得批准。

2. 商业信用卡

如果你倾向更具灵活性的循环信用额度，那么你可使用商业信用卡以避免大额贷款所带来的额外的利息。比如说，如果你恰好需要支付工人的工资而手头又恰好不宽裕，又或者你恰好要进行小额的市场营销时，你可以考虑采用商业信用贷款。

商务信用卡贷款的好处不仅在于它拥有灵活的信用额度，它在账目记录方面也有很大帮助，因为大多数的信用卡都提供某种形式的账目记录功能。许多信用卡还会在客户进行特定的商务交易时赠送奖品，如办公用品、免费旅游，甚至机场休息室的特殊使用权等。

美中不足的是，几乎所有商业信用卡都需要你亲自担保你的信用额度。这意味着，如果你的公司拖欠其小企业贷款，那么，即使你的公司是责任有限公司，即便你并不承担其中的任何个人责任，即便那家企业已经倒闭，你也必须要还清信用卡的所有债务。此外，由于信用卡债务是无抵押的，其利率也往往高于一般的抵押贷款。

提示：尽量使用拥有较低年利率的信用卡，如果没有达到次要求的信用卡，至少也要选择享有六个月以上较低先期利率的信用卡来使用。

3. 个人担保贷款

如果你不符合小型企业贷款的资格，也不想承担商业信用卡贷款的高额利率，那么你可以通过有抵押的个人贷款来为你的企业寻求发展的机会，房屋产权证和车辆登记证书都可作为贷款抵押物。但请明白一点，申请个人担保贷款意味着不仅仅你的公司背负债务，你自己也将成为这笔债务的责任人。

实话说，这并不是一个很好的选择，但如果你想为你的事业全力以赴并且已经没有其他的选择的时候，这或许是你唯一的选择。

提示：在考虑个人贷款时，首先要明确正常状况下你每月可以承担的最大还款额度；之后，找到在你还款能力内的最低利率贷款。

检查以确定你的信用卡记录没有任何问题，并在申请贷款前还清上面的欠款。这将尽可能提高你的信用评级，来帮助你获得最佳的贷款利率。

资料来源：http://www.qncye.com/qibu/rongzi/11206367.html.

# 第二节　创业融资

## 学习目标

学习本节后，你应该：

1. 学习测算启动资金。
2. 了解企业取得资金支持的途径。
3. 学习融资的相关知识。
4. 学习谈判的技巧。
5. 掌握政府相关融资信息。

## "80后"创业成功案例：陈曦，我会是名人

陈曦，1981年出生，畅网科技合伙人、CEO，14岁考入天津大学少年班。2005年，从1万多名竞争的做生意者中脱颖而出，获得东方卫视《创智赢家》冠军，声名鹊起。

2004年"80后"创业成功案例，陈曦和两名从英国回来的MBA联合投资100万元人民币在上海创立畅网科技，他选择的项目是手机网络游戏，通过类似于WAP的技术让任意两个手机用户可以进行互动游戏，现在已经排名行业前三。2013年年底，一旦获得第二轮融资，市值就将达到3000万美元。

陈曦是公司的最大股东，也是管理核心。他时刻提醒自己不要做一颗流星，"倘若没有为社会贡献价值，'名'就是一种巨大的讽刺。柳传志一代的企业家基本已经退出了历史舞台。明天或许陈天桥、江南春也会退出历史舞台，我不知道能否成为一个经典的英雄，但治国平天下，会是我一直的追求。"稍一停顿，陈曦又坚定地补充说："当然，我始终相信我会是个名人。"

在外人眼里，陈曦或许更应该理所当然地选择一条学术研究的道路，成为科学家。但外表沉静的陈曦却有着一颗"不安分的心"，虽然他渴望能安静地坐在研究室里研究理论，或是周末的下午给别人讲课，也喜欢经济理论和哲学，崇拜尼采、萨特、叔本华和黑格尔，但他却选择了退学，走上通往企业家的道路。

对于这个决定，陈曦的解释是"我希望能成为对社会、对别人有贡献的人，能为更多人承担责任，但自知天赋不够，很难用科学理论造福社会。而企业家是个不错的角色，我想用商道改变社会。另外，我从小就对经济敏感，有成为做生意者的特质"。

的确他比一般人更早地展现了做生意天赋。在少年班上学期间，陈曦就开始赚钱了。1997年初，当很多人对互联网还很陌生的时候，他已经利用B2C的模式盈利，"比马云的阿里巴巴要早几年"。一家香港的风险投资公司一下子

投了 400 万美元，这在当时绝对是一个天文数字。陈曦毅然离开了学校，和伙伴们在天津、北京、杭州等地开设了公司，他的身家也一下子涨到了几千万。

1999 年，他在北京创办了第二家公司，做行业管理软件开发。年轻的陈曦早就听过许多 IPO 的故事，上市的愿望异常强烈。他并入了一个据称即将上市的公司，最终该公司并没上市，陈曦的公司股权却在并购后异常复杂，局面难以操控。买壳上市的失败让他遭遇了人生中第一次惨败，身价一下子从几千万直落到 50 元。

他至今仍清楚地记得一个人坐在已经破产的公司的办公室，看工人们一点点把家具搬空，守着一盏小黄灯看天一点点亮起来。但他没有被失败击倒，"失败的教训是很好的财富，给了我更多思考的机会。'80 后'创业成功案例，让我不断去完善自己。真正伟大的斗士不仅仅是把对手击倒，而是被失败击倒后再勇敢地站起来。"

"今天我选择一件事情会非常专注、有耐心，尽管周围的人都不相信我，我还是会坚持。"他也时常会想，或许今天所做的一切明天就都没有了。"这个行业就是这么残酷地巡回往复，但我不怕，能够成功的人必须明白'大赌大输'的道理。"

资料来源：《时尚家居置业》，2006(12)。作者加工整理。

## 思考

1. 创业者的启动资金有哪些途径可以得到？你了解吗？

2. 以上陈曦的事例说明新创企业的上市是一条艰难的道路，你认为融资上市最重要的是什么？

3. 创业企业的启动资金获得有很大难度，陈曦遇到的困境你也可能遇到，他的哪些经验或者教训是你可以吸取的？

## 一、投资资金测算

投资资金是指创业者在开办企业之前的资金投入，包括流动资金投入、非流动资金投入，以及开办费用支出等全部资金投入。创业计划确定之后，创业者就需要对自己的投资资金有一个大致的估算，以帮助自己进行融资活动。由于前期的资金需求量较小，可以不必找专业的财务人员帮助，创业者自己可以以简单记账的形式完成启动资金的测算，也可以找亲戚、朋友等帮忙筹款。为了使自己的创业活动顺利进行，我们建议创业者要先学习一点财务知识，能够理顺财务的收入与支出情况，这对创业成功后的企业继续发展也会有所帮助。企业投资资金的测算一般是以假定企业开张3～6个月不能达到收支平衡的情况下甚至是没有收入的情况下所需资金来计算完成的，在这一阶段，创业者首先应充分考虑初创企业的总体支出，尤其在进行成本测算即各项实际费用的测算时，应多追加6个月支出计算；另外，很多创业者在考虑资金投入时，往往只考虑厂房、设备等固定成本，而忽略了开办费用、广告、员工工资等其他隐形支出，尤其员工工资一项，应该充分考虑即使在6个月不能达到收支平衡时，员工工资的正常发放；最后，创业者一定要充分考虑现金流的情况。

投资资金，可以按照不同的标准进行分类，按照资金的占有情况不同，可以分为非流动资产和流动资产（见表4-2）。创业企业的非流动资产一般包括企业建设必需的厂房、在建工程、固定资产等，如果一些设备的投入是长期的，也可以算作非流动资产。流动资产又可以叫作营业周转资金，包括现金、存货、预付款等；聘用人员的工资和创业团队的工资，从企业资金周转的角度看，同企业购买原材料所付的费用一样，也可以算作流动资产，这些钱在没有收入之前都需要从投资资金中支出，创业者如果不准备聘用专业的财务人员，可以以表格或者流水账的形式记录每笔支出预算；采用表格的形式列举各项资金，是对创业资金的有效测算。

表4-2 投资资金的分类

| 非流动资产 | 流动资产 |
| --- | --- |
| 房屋、建筑物 | 办公设备 |
| 设备 | 原材料、存货 |
| 固定资产 | 员工工资、创业团队工资 |
| 长期股权投资 | 运营费用、广告费用 |
|  | 水电费、电话费、租金 |
|  | 保险费、开办费用 |
|  | 其他 |

行业不同，需要的投资资金也不相同，创业者可以先进行市场调查，估算同行业的资金投入，以确定自己的投资资金数量，对于投资资金的测算，创业者可以聘用专业的财务人员来帮助自己。

# 案例

## 周鸿祎谈企业融资方案

周鸿祎曾供职于方正集团，后历任 3721 公司创始人、雅虎中国总裁等职务。2006 年，周鸿祎出任奇虎 360 公司董事长，并带领奇虎 360 公司于 2011 年 3 月 30 日在美国纽交所上市（NYSE：QIHU）。

周鸿祎现为 360 公司董事长，知名天使投资人。

创业者该采取什么样的融资策略是经久不衰的话题。日前，互联网老兵周鸿祎以自己最初创业经历为例，分享了自己对融资策略的看法。他认为，创业者不应该在早期追求估值，而要注重融资的速度，并且专注于产品。

以下为周鸿祎的经验分享。

我见过一些创业者，他们有好的想法就像抱着金娃娃一样，觉得全世界只有自己一个人能想到，这个想法融到钱就一定能够成功。所以他们在早期的时候跟投资人计较来计较去，觉得如果不能把公司融资的价格弄高一点，自己就很没面子。但我一直主张，首先，在天使和 A 轮阶段的创业者快速拿到钱是最重要的。可能由于没有经验，你第一次拿到钱的条件也许不会特别好，但是这种牺牲是值得的。

市场是非常的残酷，就像打仗一样。两支军队抢夺一个山头，这个时候谁不要命谁先爬上去，哪怕比别人领先 10 分钟，先架起机枪就能横扫，就能取得最后的胜利。不要觉得自己的想法或者产品是独一份，是奇货可居，在中国，聪明人很多。可能你想到的一个产品，已经有 100 人同时想到了，有 10 个已经开始做了，等你搜索一下，发现有一两个已经上线了。所以时间和机会往往比你融资的价格更为重要。

其次，真正融资成功的人，都会为融资的高价格付出相应的代价，比如估值很高，投资人就觉得不安全，就一定要你跟他做对赌，而这往往会带来双输的局面。对于一个刚出道的创业者，我认为最重要的是快速拿到钱，快速地干活，快速把产品做出来，快速把产品推出去。

最后，我认为融资价格高也并不代表真正的成功。融资只是一种手段，最重要的还是要把你的企业的产品和市场做好。最后证明你的价值不是你的融资价格，而是你做成功之后你上市或者并购的时候的那个价值。

我给大家讲一个我自己的例子。我第一次做公司的时候没有一点融资经验。当时的 VC 只投海归，后来我好不容易见到 IDG。IDG 问我说："你要多少钱？"他们的心里期望值是 200 万美金。但是我战战兢兢在心里盘算了一下，说 200 万就够了。他们问我说："200 万美金？"我说："人民币啊。"IDG 就压抑着心里的欣喜说："投 200 万吧，但是我们要 25％的股份。"这个条件好吗？肯定不好。但是我从来没有为此后悔过，甚至我从来没有埋怨过 IDG。即使他们从我的公司赚了超过 100 倍的回报，我还是觉得蛮开心的。为什么呢？因为我觉得没有那笔钱我就不可能进入互联网，也就没有后来的尝试。

投资人很喜欢我，因为他们都从我身上赚了很多的钱，但是我也感觉得到了他们很多的帮助。我记得刘少奇说过一句话："有的人是吃小亏占大便宜，有的人是占小便宜吃大亏。"所以，我觉得创业者早期的时候不懂融资没有关系，迟钝一点没有关系，被人家揩点油也没有关系。最重要的是你能够得到投资人的支持，抢占优势地形，迈出那至关重要的第一步。

资料来源：腾讯科技，作者加工整理。

**非流动资产测算。**非流动资产一般是指企业购买的不能在一年之内通过某种经济运作转化为可用资金的物品。非流动资产的特点是占用资金多、周转速度慢、变现能力差等。企业的性质不同，非流动资产的投入也不同，有的企业用很少的非流动资产投入就能开办，而有的却需要大量的固定资产投入才能启动。新创企业最好的做法是把必要的成本投资降到最低限度，以保证最大限度的流动资金的使用，企业就可以降低现金流断裂的风险。然而，每个企业开办时总会有一些是非流动资产的投资。因此这是一笔固定要支出的费用，而且说不定要等好几年后企业才能挣足钱收回这笔投资。因此在开办企业之前，需要创业者预先测算一下企业到底需要投入多少非流动资产。

非流动资产一般可以分为两类：企业用地和建筑；设备。无论是办企业或者开公司，都需要有适用的场地和建筑。也许是用来开工厂的整个建筑，也许只是一个小工作间，也许只需要租一个铺面。如果在家开始工作，这笔开支可以推后投入，但是不能省去这笔投资。需要注意的是，如果采用租用场地的方式开始创业投入，租金可能会需要按季或者按年交付。

设备是指企业需要的一些大型、复杂的机器，使用一年以上且作为固定资产投资的。对于传统制造行业和一些服务行业，最大的需要往往是设备。需要大量设备的新创企业，创业者可以本着一切从简的原则，考虑使用二手设备或者租用设备以节省成本。现在一些新兴的创业，如新材料的生产会采用外包的方式进行生产，这样可以减少非流动资产的投入。即使是只需要少量设备的企业，也要慎重考虑你确实需要哪些设备，并把它们写入创业计划。总之，要学会花最少的钱办最多的事。

**流动资产测算。**流动资产和非流动资产的主要区别就是能不能在一定的周期内把资产转变为流动的资金使用，这个周期一般都是在 1 年之内。所以流动资产是指 1 年内能够转换成为流动资金的物品，包括储存的原材料和成品、开办费用、广告费用、员工工资和促销等。一般加工企业，制造商在销售之前必须先把产品生产出来；服务企业在开始提供服务之前要买材料和用品；零售商和批发商在卖货之前必须先买进货与租用库房；所有企业在揽来顾客之前必须先花时间和费用进行促销等。在企业有收入之前，促销是一笔需要计算在内的支出。以下是我们列举的流动资产。

(1)原材料和成品库存。制造商生产产品需要原材料；服务行业的经营者也需要些材料；零售商和批发商需要储存商品来出售。一般来说，预计的库存越多，需要用于采购的流动资金就越大，新创企业由于现金数量较少，就应该将库存降到最低限度。制造商要预测企业的生产需要多少原材料库存，以此计算出销售收入之前的购买支出。如果是一个服务性企业，创业者必须预测在顾客付款之前，提供的服务需要多少材料库存。零售商和批发商必须预测他们在开业之前需要多少商品库存。根据现金流最大化的原则，如果创业者的企业允许赊账，资金回收的时间就更长，这就更需要动用流动资金再次充实库存。

(2)促销。新企业开张，需要促销自己的商品或服务，而促销活动需要流动资金。

(3)工资。如果雇用员工，在起步阶段就要给他们付工资。创业者还需要以工资方式支付自己家庭的生活费用。计算流动资金时，要计算用于发工资的钱，用每月工资总额乘以还没到达收支平衡的月数就可以计算出来资金需求。

（4）租金。正常情况下，企业一开始运转就要支付企业用地用房的租金。计算流动资金里用于房租的金额，用月租金乘以还没达到收支平衡的月数就可以得出来。但是创业之初还要考虑到租金可能会预付3个月或6个月的，这样会占用更多的流动资金。

（5）保险。企业一开始运转，就必须投保并支付所有的保险费，这也需要流动资金。

（6）其他费用。在企业起步阶段，还要支付一些其他费用，例如电费、水费、办公用品费、交通费等。

**现金流。**现金流是指一段时间内企业现金流入和流出的数量。在需要的时候形成相应的现金流，体现的是企业的运营与发展能力。企业在销售商品、提供劳务，或是出售固定资产、向银行借款的时候都会取得现金，形成现金的流入。而企业为了生存、发展、购买原材料、支付工资、构建固定资产、对外投资、偿还债务等，这些活动都会导致企业现金的流出。在市场经济中，企业还势必要积极而力求稳妥地运用信用手段（如向银行贷款，企业间应收、应付的商业信用），如果企业手头上没有足够的现金流来维系这些业务的支出和信用关系的资金链，其结果将是灾难性的。从企业整体发展来看，其实现金流比利润更为重要。新创企业由于收入较少或者没有收入，在进行启动资金测算时，需要多准备一些现金，保证开业后6个月的现金充足，现金流不会断裂。创业公司里最重要的财务预测是它的"现金流"。"现金流"是创业公司的命脉，一个创业公司无论有多好的创业创意，有多出色的团队，要是现金流断了，必死无疑。创业者必须清楚自己公司现金流里的每一个数字。在任何时候都要保证公司的账上有不少于6个月的现金储备。原因有二：一是创业公司只要账上还有钱，有现金在继续流动，就死不掉；二是完成一轮融资通常需要6个月时间，创业公司需要有足够的现金储备，让公司能坚持到投资人的钱进来的那一天。

## 二、企业发展与融资渠道

企业的融资，一般会发生在企业的三个阶段，首先是企业的启动资金；其次是在企业的种子时期；还有就是企业的快速成长期。资金匮乏也是企业遇到的最普遍的问题之一。对于创业资金来源，创业者首先利用的是自有资金，这样一方面，表明对创业活动的全身心投入；另一方面，也可以保证自己对公司的拥有权。在企业最初开始运营的时候，公司的组织结构、人员配备、职能部门等还不够健全，公司的内部组织建设还不完善，随着公司的日益发展，这些问题需要逐步解决，特别建议创业者在一开始创业时就应该具有远大的理想。当公司发展良好时，融资计划就可以启动，创业者需要明确自己的企业发展方向，走出小型公司的思维模式，走向全面发展的道路，企业领导人需要对未来企业的财务状况做出预期，理顺企业的组织结构，找出市场潜力、竞争力等资源，来帮助自己明确公司所需资源以及为得到这些资源可以做出哪些牺牲。

尽管企业筹资的方式有很多，但依据资金的来源与使用方式，一般可以分为债权融资和股权融资（见表4-3）。债权融资指投资方以抵押贷款或者担保的形式提供资金借贷，企业要全部偿还资金以及利息，但是投资者不会参与公司的股权分配与管理。股权融资是指投资者提供资金支持但是不会要求企业拥有者偿还本金与利息，而要求拥有企业股份，有些还会要求参与公司管理。投资者成为新的股东，而企业的拥有者的股权会被稀释。股权融资所获得的资金，企业无须还本付息，但新股东将与老股东同样分享企业的盈利与增长。

创业者与新创企业应慎重考虑融资方式，因为这关系到企业未来的发展，如果采取债权融资的方式，企业可能在将来面临更大的资金压力，因为还本付息的时间会在一个固定的时间段内，债权人基本不会考虑债务人的资金现状，一旦不能偿还债务，创业者有可能面临破产危险；而相对债权融资，股权融资的投资者将直接要求公司的股份作为回报，并参与企业管理，与创业者一起奋斗增加公司的盈利与增长，因此创业者一般会选择股权融资作为首选，同时创业者也应考虑到作为企业的拥有者，在企业融资后自己对公司的所有权有可能会消失。

表4-3　债权融资方式与股权融资方式一览表

| 债权融资 | 股权融资 |
|---|---|
| 亲戚、朋友 | 风险投资 |
| 银行贷款 | 创业者集体筹款 |
| 政府项目投资 | 天使投资 |
| 民间借贷 | 私募资金 |

# ▶▶ 案例

## 融资感悟(节选)
### 创业家：张远

......

你在多轮融资的时候每一轮都会发现你的股权越来越被稀释，但按PPLIVE创始人姚鑫说的，稀释完了不但不会少，甚至会多。怎么做到的呢？第一，大把地发期权，因为期权可以提高管理团队整体持股比例。第二，回购老股，这适应于天使投资，早期的起点我是学生创业，没有什么钱，还在写毕业论文，议价能力和商业经验起点都非常低，天使投资会要一个比较高的股权比例，这个比例随着公司业绩增长就不合适了，所以每一轮融资我们都会回购老股，通过回购和发期权保证了我们管理团队股权不至于被稀释得太过分。

我们能比较幸运地完成B轮融资，更重要的是，我自己努力做一个靠谱的人，也希望我建立的公司是靠谱的公司。决定投资人的想法，很多时候不是天花乱坠地讲，而是别人在另外的场合了解到的你，对你的公司的产品感觉很不错。你建立了一个靠谱的名声，自然地传播出去，就会有投资人向你靠拢。道盛和夫说："积善行、思利他！"所以要做一家好的公司，获得投资商的认可，我想靠谱其实是我理解中最最重要的。

......

资料来源：http://money.163.com/11/0902/13/7CUVPA0E00253B0H.html.

新创企业融资难是每一个新创企业都会面临的问题。可口可乐公司的前总裁曾经说过，就算可口可乐公司在一夜之间遭遇火灾，也有可能一夜之间重建。因为银行家会争着向可口可乐公司贷款。与此对比，新创企业的融资恐怕就没有那么容易。

分析造成新企业融资难的原因，我们通常归为以下几个方面。

第一，企业难题。新创企业融资过程中，需要面对的问题首先就是企业由于缺少可抵押资产而不能得到银行的帮助。一般说来企业不同，融资的时机也不相同，举例来说，一般情况下，新创一个零售企业，或者其他小型的低门槛准入企业，在种子期不会需要太多资金，创业者可以选择跟亲戚、朋友借款形成债权资本来解决自己的启动资金，这类公司的融资一般发生在企业的快速成长期，而在成长期面临融资问题的企业，也仍然会由于规模小、固定资产少、技术潜力不足、财务报表不好看等原因不能得到银行的信任。银行的贷款一般会以企业的固定资产，如厂房、机器设备、土地等作为抵押，因为小企业的固定资产较少，因此得到的银行贷款机会也不会很多。在这一时期，一些小型生产加工企业通常可以使用订单融资来解决企业的贷款资金问题。

而一些高科技企业在公司盈利之前，就可能需要大量的资金投入用于产品的前期研发，此类企业的融资一般数量巨大且投资时间长，虽然投资收益巨大，但是相对风险也会较高，创业者如果取得银行的贷款有一定难度，可以寻求风险投资或天使投资的帮助，获得股权融资，对于风险投资者来说，投资得越早，风险越大，期望的投资回报率也就越高。但是这也就意味着新的投资实体同意购买当前股东拥有的公司股票。创业者此时要考虑的是继续拥有公司还是拿着钱退出。

第二，投资方难题。银行为企业提供资金支持，是为了获得高额回报，因此银行会将精力放在能够创造盈利的企业中，在融资过程中，投资方会要求对企业进行调查，但是新创企业如果缺少可供参考的经营情况或者市场表现较差，银行也将无法贷款，即使产品有很好的潜力。而且新创企业的融资额度相对较小，银行会考虑投资成本，举例来讲，在每一次贷款成本相同的情况下，你愿意把100万元一次性贷给一家大公司，还是愿意给10家小企业每家贷10万元呢？答案显而易见，相对于银行成本计算，贷款额度越大越能得到银行的青睐。这就意味着，银行更愿意贷款给那些大企业，而初创的小微企业则很难得到银行的青睐。另一方面，新创业企业如果想得到股权融资，可以寻找风险投资或者天使投资人，这两种融资方式都会希望得到公司的股权和一部分管理权，但这样有可能使创业者失去对公司的拥有权。

第三，信息难题。作为创业者，最大的难题可能是找不到投资方，而投资人又苦于找不到合适的企业投资，这其中最主要的原因就是信息的不畅；即使接触成功后，仍然面临信息不畅的问题，投资人总是希望得到最真实的企业信息对企业做出综合评述，以便更好地做出决策，但是调查渠道却很少，而且一些创业者会有意识甚至是下意识地掩盖企业存在的问题，使得投资人做出错误判断，以至于影响后期的合作。因此投资者在投资时会非常谨慎，这也给一些高风险的创业企业造成影响。

## 案例

### 张伟平与张艺谋的分手

自 2012 年年初《金陵十三钗》冲击奥斯卡溃败，以及影片在海外营销失利后，导演张艺谋与其御用制片人张伟平决裂的消息就频频传出。尽管张伟平所在的新画面公司三缄其口，但二人分道扬镳的消息在昨天终于被正式确认。

1990 年，商人张伟平在一个酒会上结识了恰逢导演生涯低谷的张艺谋。1996 年，张伟平投资拍摄张艺谋执导的《有话好好说》，进军影视界。截至2011 年史诗大片《金陵十三钗》上映，张伟平充当张艺谋御用制片人角色已经16 年整。16 年间，二人联手打造的《有话好好说》《我的父亲母亲》《英雄》《十面埋伏》《千里走单骑》《满城尽带黄金甲》《山楂树之恋》《金陵十三钗》都取得了票房上的巨大成功。

《金陵十三钗》投资 6 亿元，在电影筹备初期，香港合作伙伴江志强临时撤资，理由就是对影片海外市场不乐观。张伟平一气之下把房产物业抵押给银行一人独资，力挺张艺谋，并将影片票房目标锁定 10 亿元。但是因为种种原因，《金陵十三钗》票房成绩与投资成本持平，除去分成，其实张伟平没有赚到钱。此外，因为影片涉及敏感话题，国际市场将其拒之门外，张伟平心里的滋味可想而知。

据称，早在《金陵十三钗》拍摄之初，两人就曾闹得不愉快，张艺谋选定由倪妮扮演女一号玉墨，但张伟平却极力推荐另一位"秦淮女人"韩熙庭挑大梁，最终张艺谋驳了张伟平的面子，坚持用了倪妮。

尽管二人已分道扬镳，但二张的兄弟情谊已在影视界留下佳话。目前张艺谋受邀正在与英国方面合作大型歌剧《图兰朵》，6月底将登陆伦敦温布利球场，成为2012年伦敦奥运会艺术节中规模最大的演出。

资料来源：天津网—数字报刊。

第四，技术难题。技术难题首先表现在新创企业中相关技术人员的短缺上。在高科技创业中，创业人员一般都是技术人员，不少创业者在建设团队时只强调专业技术，而导致团队中缺乏精通现代企业经营理念的经营管理者，即使企业进入成长期，组织管理仍然不够规范，这些也会间接影响了投资者对技术的判断。另外即使新创企业资金流量较小，创业者也必须有专业的财务人员为其进行自己估算，这样才能得到投资者的认可，如果企业为了节省成本，可以找专业的财务公司为其服务。其次表现为信息不对称的难题。创业者在融资时，希望得到最优惠的条件，因此一些不完善的地方会被小心地掩饰；而创业活动的不确定性，会使投资者感觉到风险，他们希望得到更多的创业者的信息；这样的信息不对称就会造成融资难。

## 三、企业初创时期的融资方式

早期的创业融资包括多种方式，从自身筹集资金、各种形式的自助成长法、通过亲朋好友筹资、初期贷款，以及通过国家的扶植政策获得政府机构的融资等。这一时期的融资多为债权融资的形式。寻找最合适的融资资金，创业者一般要考虑多种因素，包括资金需求量、资金到位时间、多长时间收回本金利息等。创业者对资金的需求虽然可以是"多多益善"，但是要考虑细化资金的使用，如何使资金合理分配等问题；一般来说，筹资是需要一个过程的，筹资的预计时间要预留出比实际需要筹资的时间多一倍，筹资还是一件耗费精力的工作，对此创业者要提早作出安排；如果等到资金紧张时匆忙进行融资决策将是很大的冒险。创业者对现金流的预测也很重要，保证公司有充足的现金流是关系到公司生存的大事，在融资过程中，创业者可以寻找专业的财务人员帮助自己解决资金难题。

## 北京大学生创业优惠政策

为支持大学生创业，国家各级政府出台了很多大学生创业优惠政策，涉及融资、开业、税收、创业培训、创业指导等诸多方面。对打算创业的大学生来说，了解这些政策，才能走好创业的第一步。

统计数据显示，在北京创业、工作的留学人员 4 万余人，占全国的四分之一；而且，这个数目正以每年超过 20％ 的速度递增；截至 2004 年底，北京海归企业已达 5000 余家。另一项最新调查表明，目前 80％ 以上留学人员希望回国创业，其中 60％ 以上的人首选北京。

### 优惠政策

1. 留学人员来京创业、工作，不受出国前户籍所在地限制，可长期居留或短期工作，来去自由。对在中关村科技园区创业并符合园区发展需要的回国留学人员，可按北京有关规定办理"工作寄住证"或常住户口，不受进京指标限制。此外，留学人员在子女入学、购房等方面享受北京市市民待遇。

2. 设立"北京市留学人员创业奖"和"归国留学人员创业专项资金"，奖励在首都经济建设中做出突出贡献的留学人员。

### 重点领域

高新技术产业：北京的高新技术产业发展基础良好，加上丰富的人才资源及中关村的品牌优势，是相当不错的创业领域。特别在生物工程和新医药、光电一体化、新材料等新兴高科技领域，有很大的创业空间。

文化产业：北京是中国的文化中心，在文化、传媒领域有着无可比拟的市场优势。北京现有的传媒产业结构中，网络媒体的份额相对薄弱，因此，发展空间相对较大。

电子信息产业：是北京工业领域的第一支柱产业，电子产品相当丰富，其电子城科技园吸引了众多高新技术企业，其中不乏世界 500 强企业。在北京投资电子信息产业，有无可比拟的群聚优势。

软件和集成电路设计领域：2008 年北京软件产业和集成电路设计分别可实现 700 亿元和 100 亿元的产值，而 2004 年两者分别只有 520 亿元和 50 亿元的规模，发展空间可见一斑。

## 创业环境

1. 北京是中国的政治文化中心，同时也是经济中心之一。北京高新技术产业发达，拥有丰富的人才资源，特别适合海归人员发展创新性中小企业。

2. 目前，北京现有海淀、北大、清华、中关村丰台园等留学人员创业园以及中关村国际孵化园等 12 个留学生创业园区。

3. 北京的房价、薪资水平、消费水平等都处于全国领先地位，导致创业成本居高不下。

## 优惠措施

从 2006 年 5 月起，除拥有北京《再就业优惠证》的人员外，持有北京户口的未就业大学毕业生想要从事个体经营或自主、合伙创办小企业自筹资金不足的，也可申请小额担保贷款。为了让更多的人群享受就业优惠政策，在原有享受范围的基础上，北京首次将城镇低保人员、残疾失业人员、农转居人员和大学生等纳入了优惠政策的适用范围。大学生毕业后有创业要求的，只需带着自己的学历证明和北京市户口，到户口或经营所在地的社保所申请即可。

毕业 1 年之内的应届毕业生到工商部门办理证照，1 年内免缴个体工商户登记注册费和个体工商户管理费、集贸市场管理费、经济合同鉴证费、经济合同示范文本工本费等。在北京，大学生只需带着学历证明和北京市户口，到户口或经营所在地的社保所申请即可。在上海，如果成立非正规企业，只需到所在区县街道进行登记，即可免税 3 年。

资料来源：http://www.studentboss.com/html/news/2013-04-17/131334_1.htm.

**自筹资金。**在公司创立之初，创业者一般会自筹部分资金，这些自筹资金大多来源于个人存款或者各种各样的个人资金，包括亲朋好友的资金投入。亲朋好友并不会对市场做细致的研究工作，也不熟悉商业风险，他们借出资金是因为对创业者本身的信任，因此创业者应该向亲朋好友告知有关的风险。创业者拿出自己的资金反映了其对自己行为的态度、信念和承受力。很多人在一开始创业时，可以拥有一份全职工作，这时自己的事业，只是一份兼职工作，当事业的回报超过自己的薪水收入时，创业者就可以离开自己的工作，全身心投入创业了。

**自助成长。**自助成长法一般是指新创企业利用自身的一些条件，从当前运营和管理费用中降低成本。创业者首先会分析如何节约成本，提高效率，这样做不仅节省资金，而且投资人也会欣赏一个低成本高效率运作的公司。节省成本的做法在具体实施中，可以从以下几个方面考虑：节省租金、与其他企业交换商品与服务、租借设备、供应商与客户的帮助、外包业务等。

# 案例

## 如何获得昂贵的机器设备

如果一个新创的企业需要使用一台昂贵的机器设备，但是这种设备只在最初公司建立的时候才需要，那么你如何获得这种设备来为自己服务？

1. 购买。
2. 租借设备。
3. 到大学或者政府设置的实验室中寻找。
4. 联系大企业获得帮助。
5. 和其他企业合作购买。

解释：显然除了第一种，其他都是节省成本的办法。

**银行贷款。**银行贷款是中小微企业最常用的融资方式，它最大的优点就是创业者不需要放弃任何企业所有权就能获得贷款。这种商业贷款既有抵押贷款，也有非抵押贷款，抵押贷款需要创业者以房产和机器设备等作为抵押申请资金，非抵押贷款指的是不需要抵押物的个人贷款或者无担保贷款，但是这种贷款由于新创企业自身的原因很难获得。当贷款机构审核一项贷款申请时，它们往往根据被称为贷款"4Cs"条件来权衡是否对融资企业做出贷款决定，即经营者品质、现金流量、担保物和经营利润。新创企业有时可以通过贷款中介机构获得帮助，比起银行直接贷款更加方便快捷。在贷款方式的选择上，银行更趋向于抵押贷款的方式，银行一般要求创业者提供一定的担保物作为借款抵押。银行贷款需要支付利息，需要创业者提供财产担保证明。银行的手续较为烦琐，周期较长，但是国内有很多企业性质的公司可以帮助新创企业，这些公司帮助企业担保，与银行建立关系，但是收取相应的费用。举例来说，商业机构提供的贷款为 15 万元，还款期限为 10 年，每月还款 1755 元。

▸▸ 案例

## 某贷款机构提供的企业经营抵押咨询服务

◇ 企业经营抵押咨询

企业经营抵押咨询是以中小企业、微型企业及私营业主为服务对象的抵押咨询产品，帮助申请人融通资金，具有审批时间短、还款方式灵活的优势。同时，金信慧达与合作机构执行更加灵活、务实的评判标准，建立特色服务通道，通过高效优质的服务和科学简化的审批流程，使每一位私营业主满意。

◇ 企业经营抵押咨询申请条件

年龄 60 周岁（含）以下的具有完全民事行为能力的自然人；能提供合法、有效、足值的房产作抵押；信用良好，具备按时足额偿还本息的能力。企业经营抵押咨询仅限于申请人在投资经营过程中的正常资金需求，不得用于证券、期货和股本权益性投资，不得用于房地产项目开发以及用于国家法律法规明确规定不得经营的项目。

◇ 企业经营抵押咨询金额

企业经营抵押咨询的抵押物需为个人（含第三人）或企业名下的住房、商用房、商住两用房；抵押金额不得超过评估价值的70%。投资期限最长不超过10年(含10年)。执行人民银行规定的同期同档次利率或适当上浮。投资期限在1年(含)以内的，采用按月付息，分期还本或一次还本的还款方式；抵押期限超过1年的，采用按月还本付息方式。

◇企业经营抵押咨询需提供的资料

(1)个人身份证、户口本、婚姻状况证明；(2)个人收入证明或个人资产状况等还款能力证明；(3)抵押用途证明(如购货合同等)；(4)房屋产权证(以第三人房产作抵押的，还需提供房产所有人身份证件及同意抵押的书面证明)；(5)经营实体的经年检的营业执照、税务登记证、组织机构代码证、企业章程、财务报表。

# 案例

## 企业如何申请贷款

### 申请贷款的企业需要符合什么条件？

答：银行贷款支持的中小企业应该符合三个方面的条件：一是具有偿还能力。这是银行支持的首要条件，没有偿还能力，不论是中小企业或是大企业、高科技企业，银行都不能贷款支持。二是具有良好信誉。使用银行贷款取得效益以后，应该按合同规定主动归还贷款，不能拖欠银行贷款本息，或者转移资金逃废银行债务。三是符合银行贷款要求。银行对企业贷款，还需要企业健全财务制度、落实抵押或担保等。企业必须同时具备以上三个方面的条件才能取得银行贷款。

### 申请贷款企业需要提供哪些资料和如何申请？

答：申请贷款一般需要提供的资料有：(1)营业执照、企业法人代码证、税务登记证，特殊行业需提供特殊行业经营许可证原件并提供复印件；(2)企业法人身份证复印件及签字样本；（3）开户许可证及贷款卡复印件；（4）企业或经营者个人自有资产的权属证明、企业有关章程或非独资企业的各股东有关出资协议、联营协议或合伙企业的合同或协议；（5）企业前3年报表(不满3年的提供2年或1年报表)及近期报表。

招商银行佛山分行的"好易贷"在审批过程中相对不太注重报表，而较关心企业缴纳电费和水费等发票，这对财务制度不是很健全的中小企业来讲，申请贷款比较方便、灵活。

小企业申请贷款时，一般是采用抵（质）押方式。抵（质）押物包括：（1）房地产抵押，包括商业用房和工业用房房产抵押，商业用地和工业用地土地使用权抵押，也可以为自愿为借款人抵押的第三方拥有的房地产；（2）人民币存单质押；（3）外汇存单或外汇现汇质押；（4）银行本票、银行承兑汇票、国家债券或金融债券质押；（5）人寿保险单质押；（6）仓单、提单质押；（7）动产质押；中小企业贷款也可以采用专业担保公司担保方式。

资料来源：http://www.1128.org/html/qyrz/rzkx/2006/11/doc28443.shtml.

创业者在获得贷款时，需要拟定好一份详细的贷款申请书。在申请书中，应该包含贷款的详细信息以回答银行家的提问。贷款申请书包含以下几个部分。（1）详细的财务报告。创业者应该出具一份详细的财务报告，包括过去三年的资产负债表和损益表。银行会详细审计；（2）贷款用途。贷款的用途必须说明，一般情况下，计划越详细获得审批的机会就会越大；（3）贷款总额。创业者都会对贷款总额做出预测，这种预测一般应根据之前的成本数据说明申请总额的合理性；（4）偿还计划。企业的偿还计划必须与所申请的贷款相匹配。创业者借助贷款获得创业资源，这些资源必须通过提升销售量，削减开支或者提升效率产生借款偿还基金。创业者到银行申请贷款时也得带上这些必不可少的财务资料。

**通过政府渠道筹资。**小企业特别是大学生创业者创立的企业，一般都会得到政府部门的支持，创业者应善于利用这些条件，为自己的企业获得资金支持。在就业环境严峻的形势下，各级政府都有支持中小微企业的政策出台，这些政策与计划的特点是有些是资金的投入，有些是技术支持，有些是税收方面的优惠，还有一些是政府直接采购，作为一名大学生创业者，能很好地利用这些优惠条件，也可以为企业发展助力。

**企业孵化器。** 企业孵化器是指那些协助和推动小型企业发展的机构，本义是指人工孵化禽蛋的专门设备，后来引入经济领域，指一个集中的空间，能够在企业创办初期举步维艰时，提供资金、管理等多种便利，旨在对高新科技成果、科技型企业和创业企业进行孵化，以推动合作和交流，帮助企业做强做大的一些机构。大部分企业孵化器都有6个月到3年不等的时间限制。

## ·▶ 扩展阅读

### 企业孵化器简介

企业孵化器是一种新型的社会经济组织。它通过提供研发、生产、经营的场地，通信、网络与办公等方面的共享设施，系统的培训和咨询，政策、融资、法律和市场推广等方面的支持，对创业企业提供有效地帮助，降低创业企业的风险和成本，提高企业的成活率和成功率。企业孵化器的主要任务是为高新技术成果转化和科技企业创业提供不断优化的孵化环境和条件，培育科技实业家和专门人才，为科技企业发展提供必需的市场化和国际化服务。

企业孵化器在20世纪50年代发源于美国，是伴随着新技术产业革命的兴起而发展起来的。企业孵化器在推动高新技术产业的发展、孵化和培育中小科技型企业，以及振兴区域经济和培养新的经济增长点等方面发挥了巨大作用，引起了世界各国政府的高度重视，企业孵化器也因此在全世界范围内得到了较快的发展。截至1998年底，世界上已有3300多家企业孵化器，其中北美拥有750家（并以每周新建一家的速度增长），欧洲拥有2334家。

企业孵化器拥有5大要素：共享空间、共享服务、孵化企业、企业孵化器管理人员、扶植企业的优惠政策。帮助新兴的小企业迅速长大形成规模，为社会培养成功的企业和企业家。

企业介入孵化器的经营目的是什么呢？从为孵化器项目提供的服务中获取利益是甚微的，因为这些项目本身还需要扶植。企业经营孵化器是一种战略行为，即通过把孵化器中的一些较好的持股项目做好做大，达到上市目标，经营孵化器的企业早期以低廉的股价投入而得到了几十倍、几百倍的回报，从而获得巨大的收益。同时，经营孵化器的企业本身也有机会上市，东湖高新公司本身就成了上市公司。同时，所投资参股的很多孵化器项目如"凯迪电力"都上市了，东湖高新公司从持股中获得了巨大的收益。这就是企业介入孵化器经营的缘由。

## 四、企业高速成长时期的股权融资

企业进入快速成长期也需要融资，此时可以考虑以天使投资、风险投资和正式的私募股权投资等作为自己的资金来源。权益融资是指公司出卖一部分所有权以股权的形式给投资者而得到资金，投资者不会要求很快的资金回报，但是会参与公司的管理，在公司获得发展后，出卖公司增值的股权获得更大的利润。这个时期一般为3～5年。对于创业者来说，一旦出售公司的部分所有权，公司的命运将随着股权转让而变化，这种变化的后果是先前的投资者会随着股权的稀释而失去公司的完全拥有权。作为公司的创建者，在接受权益性外部投资时需要明确自己对公司的管理期望，有时公司会因为股权的重新分配而为他人所有。

**风险投资。**风险投资（Venture Capital），也称创业投资，根据全美风险投资协会的定义，风险投资是由职业金融家或组织投入到新兴的、迅速发展的、有巨大竞争潜力的企业（特别是中小型企业）中的一种股权资本；相比之下，经济合作和发展组织（OECD）的定义则更为宽泛，即凡是以高科技与知识为基础，生产与经营技术密集的创新产品或服务的投资，都可视为风险投资。

对于创业者来说，风险投资的特点是不需要做任何形式的抵押就可以获得资金支持，也不会面临还款压力，但是风险投资机构会参与公司的股份，有些风投还会直接参与公司的管理决策，因而造成创业者失去对公司的拥有权，有些创业者则不能接受这样的安排。当然，如果创业者能够接受将公司所有权部分出让，那么风险投资是一项不错的融资计划。我们还应该了解的是，风险投资公司虽然也是以盈利为目的的，但是秉承着高风险才能有高回报的原则，风险资本一般会在企业早期或者产品研发阶段就进入，因为越早进入就意味着越容易得到高回报。投资过程中，风投企业非常注重那些有着高新技术、蕴含巨大市场潜力的企业，他们最看重的是企业未来的发展。首先，如果企业在未来有可能成为市场的领军人物，那么就有可能吸引风投的注意；其次，一个好的创业团队也是风投关注的；最后，管理层如果能做出有远见卓识的计划，也可以得到风投的青睐。风险投资公司一般会关注一些高科技企业，新技术产品的研发，互联网的新技术运用等。

风险投资公司一方面在寻找好的投资项目；另一方面，创业者也会需要风险投资助力自己的企业发展。要得到风险投资的资金支持，创业者一般需要一份详细的计划书帮助自己获得支持。如何写作创业计划书，我们会在下一章中做详细介绍。

融资过程中，最吸引投资者的，不是公司现有的利润，而是公司未来的发展潜力。风投不仅有资金的投入，还会要求参与公司的管理，这对创业者是双刃剑，因为投资者参与公司管理，对于初创企业来说，有时会帮助企业迅速成长，但是创业者也需要考虑股权的分配及公司拥有权的问题。风险投资会对企业进行评估，因此创业者首先要做好财务分析与预测，如果公司没有专门的财务人员，创业者可以找专业财务人员帮助自己，风险投资者一般会关注企业3～5年的财务制度，一份好看的财务报表会给企业的融资加分。如果风险投资对你的企业感兴趣，就会进入融资谈判，作为融资企业，在与资金方的沟通与谈判中，经常会遇到两类情况：一是企业团队对于与融资相关的专业知识、资金方的运作流程及金融法规等不够了解，甚至经常出现重大误解，导致双方交流很难达成一致，甚至不欢而散；二是有些企业不注重融资计划书和项目计划书的撰写，不注重准备与融资相关的书面资料，致使融资合作很难有大的进展。在谈判前，创业者需要了解流程、书写计划、做好功课，争取谈判最终取得双赢的效果。

**天使投资。**天使投资是一种特殊的融资方式，是指一些拥有资金的个人出资协助具有专门技术或独特概念的原创项目或小型初创企业，进行一次性的前期投资。这种投资方式最早出现在美国，是新罕布什尔大学商学院教授、美国风险投资研究所的创始人 W. Wetzel 在 1978 年首先开始使用的。天使投资在美国还有个别称叫"3F"，即 Family，Friends，Fools(家人、好友、傻瓜)，意思就是，要支持创业，首先要靠一群家人、好友和傻瓜！

天使投资人本身是一些有着丰富商业经验或者较多资本的人，他们乐意拿出一部分资金投入到新建的企业中去，而且他们还会与资金投资的公司互动帮助他们解决公司发展中遇到的问题。通常，天使投资人也会选择自己比较熟悉的行业作为投资对象，但是有时当他们遇到好的创业者，也会因为信任其而进行投资，总之，天使投资人进行投资，更多的是基于自己的判断。并且常常参与其中，更为普遍的情况是，他们作为投资的合伙人为公司的发展提出意见与决策。

与风投相比，天使投资的进入更早，虽然企业在成长过程的三个阶段都需要融资，但是，不同的阶段，创业者可以考虑不同的投资人，天使投资的特点是在企业发展的早期就进行投资，他们使用自有资金投资，公司起步所需要的这些资金一般从5万、10万到50万元不等，这时，风险投资的资金很少进入到这些企业，而天使投资则在早期就进入。风险投资主要是由机构资金投资，特别是为发展时期的企业注入100万美元左右的资金。天使投资会非常关心公司制定的商业计划，好的创业团队。并要求查看公司的财务回顾与分析。他们希望所投资的企业在5～7年内，能够上市或者完成并购，这样就可以使他们在企业内的股份，一般是20%～35%，有相应的回报率。有些天使投资人还会要求拥有公司董事会的席位。

创业者一般遇到的问题是很难找到天使投资人，寻找的最佳方式是依靠口碑。创业者可以依靠在商圈的朋友和同事的推荐，或者参加当地举行的一些见面会。创业者如果有创业想法可以尽早建立自己的人脉，努力去结识一些朋友、熟人、商业人士或者商业团体。大学生进行创业活动，最好先认识一些创业圈里的人，熟悉创业环境，增加自己的人脉。

最好的天使是那些能带来相关利益的人员，例如惠普公司在创业之初就得到了天使投资受到了斯坦福大学教授及导师 Fred Terman 的鼓励和支持。

## ▶ 案例

### 陈欧与徐小平

陈欧，聚美优品化妆品电商网站的创始人，也仅仅是一位"80后"的年轻人。在他的创业道路上，得到了一位优秀的投资人徐小平的帮助。徐小平，新东方的创始人之一，在新东方上市时退出，此后，他投资了很多企业，成为一名著名的天使投资人，其中最为我们熟知的就是世纪佳缘婚恋网站。2006年年底，陈欧正为 Garena 在国内寻找投资人。结识中关村著名天使投资人徐小平，还是经过"兰亭集势"创始人郭去疾介绍的。不过，2006年的时候，陈欧与徐小平之间也只是萍水相逢，没有更多商业上的实质来往。

Garena 是陈欧在2006年伙同新加坡大学师弟刘辉（现聚美优品联合创始人、研发副总裁）创办的在线游戏对战平台，当年陈欧正读大四。作为一名资深游戏玩家兼程序员，陈欧说他创办 Garena 的原因很简单，就是因为当时盛大浩方想进军东南亚市场，但是产品及本地化做得都很糟糕。"既然市场并不成熟，不如自己来做"，陈欧这样思量。

直到现在，Garena 都是新加坡最好的一家在线游戏平台。在陈欧管理期间，已经达到10万人同时在线，最高峰时有四五十万人。到陈欧离开时，通过卖给玩家增值服务的方式赚钱，基本做到收支平。

2006年大学毕业后，陈欧决定申请斯坦福 MBA，因为这个学校的 MBA 融资比较容易。陈欧这个决定，完全是为创业做准备。

陈欧那时的想法是，一边读 MBA，一边远程管理 Garena。但后来发现，远程遥控并没有想象的那么简单。因为距离太远，陈欧已经无法掌控公司。2008年中旬，Garena 引进了职业经理人，陈欧卖掉了所有股份，拿到千万级别的现金。仅仅一年之后，Garena 接受了腾讯千万美元级别的投资。

"天使投资人投笔钱会显得更加光鲜，用自己的钱创业，别人会觉得你可能是找不到工作，也没啥家底，拿天使投资人的钱是一个放大器，后面找 A 轮会容易一点。"找徐小平，陈欧考虑的是对方的名气。

的确，作为中关村的著名天使投资人，徐小平在业界有"指路仙人"之称。早在2006年新东方成功上市后，徐小平就离开了董事会，转做投资人。2010年徐小平成立真格天使投资基金，最为成功的案例是世纪佳缘。

陈欧与徐小平虽然认识的时间很长，但正式就商业计划书进行洽谈还是在2008年。其实在美国斯坦福读 MBA 期间，陈欧就开始筹备回国创业的计划，最后选择了游戏内置广告商业模式。实际上，陈欧的这个创业项目既有广告商，也有游戏公司，还涉及游戏玩家，是一个链条，是一个系统工程。最后，陈欧拿到了徐小平的 18 万美元投资，创立了 Reemake 游戏广告公司。

徐小平对陈欧的影响，还有一件事可以说明。2011 年初，董事会要求陈欧出来为他创办的聚美优品做代言的时候，他是非常犹豫的。后来董事会讨论，尤其是徐小平，希望陈欧站出来，发挥优势为产品做代言。为此，徐小平还给陈欧举了张朝阳的例子，这位互联网第一代创业者，通过打个人品牌，以极低的代价成功带动了搜狐的知名度。

资料来源：载《中关村》，2012(6)，由作者整理。

**私募股权投资**。私募股权投资一般发生在公司的高速成长阶段，公司已经建立起股份制，私募资金的投资者会将资金以股权的形式投入公司，或者公司以股权交易的方式变卖一定股份而获得资金支持，一般投资方会投资于非上市公司，在交易实施过程中附带考虑了将来的退出机制，即通过上市、并购或管理层回购等方式，出售持股获利。在私募股权融资具体操作中，通常先是由企业制定融资目标，做出商业计划书，详细列出所需资金和投入时间，以及盈利预测(销售或销售增长预测)，然后私募股权投资家根据这份业务计划进行调查来决定是否投资，并就投资的价格和条款进行充分的谈判，然后签署有关投资的法律文件，最后资金到位。

## 五、创业融资的过程

作为一位创业者，要创立一个企业，首先应该对自己要干的事情很清楚，俗话说"工欲善其事，必先利其器"，有了充分的准备，事业就有成功的希望。按照正常的程序，我们将创业融资分为融资准备、资本需求量测算、商业计划书的编写、融资来源确定、融资谈判五个方面。

**融资准备**。企业特别是新创企业由于没有历史业绩，因此很难在一开始就得到投资人的青睐，因此做好融资准备就显得格外重要。首先，企业要明确自己的融资方式，我们前面所讲的融资方式都有各自的利弊，创业者需要权衡利弊，找到适合自己的融资方式，大学生创业者可以登录政府官方网站，获得政府相关信息，找到政府的政策支持，帮助自己的企业。其次，创业者可以利用自己的表现刷新自己的信用额度，一般来说创业者的信用记录是帮助他获得贷款的良好方式，而且也可以获得投资者的帮助。

**计算创业所需资金。**创业者往往希望融资得到的钱越多越好，投资者把钱投向企业也是为了获得高额利润，投的钱越多得到的利益就会越大。但是创业者应该首先明白，天下没有免费的晚餐，新创企业的股权融资是以股权为代价获得的，如果要求资金很多，创业者就有失去公司拥有权的可能。因此创业者在融资前，最好能够运用科学的方法，准确地计算资金需求量。

**编写商业计划书。**编写一份实际需要的商业计划书，对创业者帮助很大，他可以帮助企业进行未来的规划，创业计划书中要对企业的技术、生产、销售做全面细致的分析与精确的预测，创业计划书不仅是用来吸引投资者的目光，也是自己理清思路，谋求发展的必须阶段。

**寻找投资者。**企业寻找投资者往往会利用网络上的信息或者朋友之间的介绍，创业者一般在创业之初或者甚至是有了创业想法的时候就积极接触创业圈的人，积累自己的人脉，进一步了解融资渠道，了解不同融资渠道的优缺点，根据自身的实际需求选择适合自己的融资方式。

**融资谈判。**融资谈判也需要很高的技巧，作为企业的创业者，如何让投资者了解自己的项目是一门技巧，创业者将复杂的技术问题以最简单的方式描述出来、能清晰地讲出资金的需求与使用可以为自己加分，一般情况下，谈判是一个双方相互熟悉、了解的过程，最终达成一个双赢的局面。

# 实用案例

## 京东商城的创业史

刘强东，江苏省宿迁市宿豫区人，本科毕业于中国人民大学社会学系。京东商城的创建者。1998 年 6 月 18 日，在中关村创办京东公司，代理销售光磁产品，并担任总经理。2004 年初涉足电子商务领域，创办"京东多媒体网"（京东商城的前身），并出任 CEO。后京东多媒体网改名京东商城。2012 年 11 月在完成了第四轮融资之后，京东商城有望 2014 年在美国上市。

2011 年获得华人经济领袖大奖，2011 年 12 月 12 日，获得第十二届中国经济年度人物。

## 负债最多的大学毕业生

直到现在，刘强东依然记得第一次创业失败后自己的心里有多痛苦。背负24万元债务的他，承受着周围异样的目光。

1973年，刘强东出生在江苏宿迁的一个海事家庭，父母忙于出海，从小就把他放在农村奶奶家。"奶奶不识字，从小到大一直都是自己做主。"刘强东回忆，"但这也锻炼了我自学的能力。"现在，刘强东自学的编程及软件技术在业内都是专业级的，他可是京东的超级程序员。

1992年，刘强东以高分考入中国人民大学，但理科超强的他却稀里糊涂地报了社会学专业。感觉专业不对口的他利用课余时间自学编程技术，还因此做了不少兼职，也赚了不少钱。"比如一个节目拿到电视台去编排成本非常高，而拿到我这里价钱只是电视台的十分之一，所以我的生意非常好。"

手里攒了一些钱的刘强东在大四时决定自己开餐厅。在向家里借了些钱后，刘强东以24万元的价格承包了学校附近的一家餐厅。然而令他没有想到的是，除了这24万元外，每月还要付6万元的房租、供养那么多的员工。

刘强东接手了餐厅和所有员工，但却没有仔细想过要如何管理，甚至根本没有想过要有一个能够信任的经理，饭馆处于一种放任自流的状态。由于还要上课，他一周才能去一次餐厅，而每次去餐厅，刘强东做得最多的竟是端盘子、点菜。所以，管理在当时刘强东的思维里不过是抽时间看看员工是否在努力工作、找个新想法改善餐厅环境而已。

员工乱报账、做假账时有发生，餐厅不到一年就关张了。"餐厅倒闭时，我欠了20多万元的债，可以被评为负债最多的大学毕业生了。"刘强东调侃道，"20多万元对于一个学生来说简直是天文数学。我选择把压力化为动力，毕业后我进了外企，还利用闲暇时间做兼职，努力还债。"

## 进入电子商务契机是"非典"

"享受挑战自己的乐趣。"热爱越野车的刘强东这样总结自己的个性。大学毕业两年后，刚刚还完大学欠下的债务，刘强东拿着手里仅剩的1万多元选择再次创业。而这次，他打了个漂亮的翻身仗。

1998 年，刘强东辞掉了日企的工作。"再次创业前我自己做了许多心理上的准备，吃苦不是问题，关键是要战胜自己的内心、能不能承受再次失败、能不能承受他人的不理解。"刘强东说。

辞职后，刘强东在中关村开了一家代理光磁产品的柜台——京东多媒体（京东商城的前身），开始了站柜台的日子。如同所有的企业刚刚起步一样，要想获得客源，没有辛苦的付出是不行的。发小广告、跑到柜台外拉客源成了家常便饭。"但是做这些工作时并不觉得自己卑微，这个时候心里有个信念——这是我伟大事业的起点，我与其他发小广告的并不同。"刘强东说。刘强东看到很多人对电脑一窍不通，所以他在卖产品的时候，将培训和系统融入其中。凭借这种独特的营销方式，虽然京东多媒体卖的价高，却十分畅销。

2003 年，刘强东又对自己发起了挑战，进入完全陌生的领域——电子商务。契机是由于"非典"，迫使他只能通过网络进行宣传，但没想到一些老客户居然看到了自己的宣传，通过网络买货。刘强东脑筋一转，何不直接在网上开店？第 2 年，京东商城就正式上线了。

资料来源：http://www.chnrailway.com/news/20110621/06％7D21347436_2.html.

**【应用练习】**

1. 你利用自己的知识，希望创办一所计算机培训机构，以下是你要考虑的问题。

A. 你的培训场地在哪，需要花多少钱？

B. 你准备雇佣几个老师，他们的工资是多少？

C. 你需要雇佣招生专员来为你招生，你准备采用何种方式支付这些人的工资，以提高他们的积极性？

D. 你每一个学生需要收多少学费，按何种方式收费？

E. 你招收多少学生后才能做到收支平衡？

2. 你需要上网查阅相关网页，找到一家银行贷款的代办机构，了解一下内容。

A. 你如果需要贷款 10 万元，是否会有机构愿意为你代办，手续费是多少？

B. 你如果贷款 50 万元，是否有机构愿意为你代办，手续费是多少？

C. 你需要准备哪些材料，流程如何？

D. 查阅银行贷款的条款，看一下你的还款责任与逾期不还的措施，慎重考虑一下你的贷款。

3. 你知道中国天使投资人的姓名吗，请上网查阅一下他们的姓名与交往方式，记录下来。

选择 3 个天使投资人认真调查一下，包括他们的联系方式，他们的投资领域，以及他们帮助过的企业，试想一下自己的企业该如何得到他们的关注。

# ▶▶ 扩展阅读

## "背包客"的创业经

"三夫"是一家著名的户外用品连锁经营公司，从 1997 年在北京大学东门外一处 30 平方米的小店开始创业之后，在十几年的发展壮大之后，三夫已经成为在全国拥有近 30 家一流水准的专营店，经营品种达上百种的户外用品专营企业，企业 CEO 张恒在 2013 年被评为"中国十大经济潮流人物"，2014 年三夫的上市计划将启动。

### 落魄旅行引发创业

1996 年 5 月，刚从北京大学毕业的张恒和同班同学小叶合伙开了一家计算机软件公司。在当时的"中国硅谷"中关村，这几乎是最时髦、最有前景的行业。"但不到一年公司就倒闭了。"张恒背负着 20 多万元的外债，决定到西藏"背包旅行"，用高强度的体力消耗，来排遣心里的压力。

曾是北大著名登山社团山鹰社成员的张恒，几乎是中国内地第一代"背包客"。当时，国人对"旅游"的定义多停留在名胜观光层面，背包自助游还相当前卫，以致还没有与之匹配的户外用品销售市场。张恒常和同学们到河北白沟的工厂淘一些军用的帐篷和睡袋。西藏之行便带着它们。

一路上，张恒发现外国旅友的背包、帐篷、睡袋都相当专业。和他们聊天，这才知道，在国外，尤其是美国，户外用品是一个非常大的产业，有很多的专卖店。张恒突然意识到，随着中国人收入提高，人们也会开始喜欢户外旅行。"尽管不清楚这个到底需要多少时间，但这个市场一定会起来。"他心里想。

"我还记得西藏纳木错湖边的那个傍晚，我背了一个部队的迷彩大军包，里面有一个帐篷，是一般工厂生产的单层帐篷，当时就想在湖边撑起来过夜。到湖边一看，几个老外已经撑起了两顶帐篷，生着篝火，喝着啤酒，聊着天。我一看老外的帐篷，哎呀，太好了。我觉得自己的帐篷撑起来都丢脸。"张恒笑着说。

那一晚，张恒的帐篷始终没有撑起来。"我在纳木错出租的小木屋里住了一晚上，那天晚上我就决定了回到北京开户外店。"张恒回忆道。

为了检验市场，张恒回到拉萨便在布达拉宫门前摆起了地摊，卖掉了随身带着的军用户外装备。"100多块买的帐篷卖了300块，当时就觉得有戏。"张恒说。

## "行业顺风车"来前做好准备

当时中国国内做户外用品的很少，国内品牌只有两三家，户外店在全国算起来10家都不到。15年后，中国成为户外产业发展最快的地区之一，全国有4000～5000家商场开设户外用品专柜，户外用品的专营店有2000多家。

北京的桑温特户外用品店，是中国最早的户外专营店之一，成立于1995年，起初生意也并不火爆。

据张恒介绍，当时中国不少工厂已经在加工国际上著名品牌的户外用品了，但是完全出口，没有内销市场。比如，德国的BigPack等。偶尔从这些工厂流出一些东西，一般都叫作"厂货"。"现在说来，大家会觉得买'厂货'很掉价，但在当时国内'厂货'是最好的东西。"淘"厂货"成为"背包客"们热衷的话题。张恒感觉到市场需求已经存在了。

1997年底，张恒的户外小店在北京大学东门外的成府街开了张。这条清华和北大之间的小街几乎是那个年代的文艺青年心目中最先锋前卫的地方。同一时间在这条街上开张的雕刻时光咖啡馆、万圣书园、那里酒吧等小店，均开当时"先河"，填补了市场空白。

小店、小生意，刚刚收支平衡，用张恒的话讲，三夫户外就这么"耗"了三四年。户外产业的高潮并没有张恒想象中来得那么快。没有生意的时候，他便到隔壁咖啡馆看书，一看就是几个小时。有时，他也会一个人在店里默默地写工作日记，为小店的未来规划蓝图。"现在翻看那时候的工作日记，比如现在的连锁店、俱乐部、会员交流网站等，都是那个时候的构想。"对于那段"寂寞"时光，张恒也充满感恩。

大约2001年，越来越多的报纸、杂志、电视开始讨论攀岩、户外运动、自助旅行这些词儿。"当时有种感觉，这个市场要起来了。"从一些户外爱好者、三夫会员中又招募了几个股东，融资几十万元，从这年开始，基本每年都会开一家新店，到了2006年，三夫户外已发展到五家连锁店。

经过1997年到2001年的"缓慢萌芽期"（张恒语），2001年到2006年的"平稳发展期"，自2006年起，三夫户外进入"井喷式发展"。2008年初，三夫获得几家国内知名投资公司注资，与张恒私交甚好的前冬奥会短道速滑冠军大杨扬也成为三夫的个人股东之一。

2013年，三夫户外在中国的连锁店达到35家，销售额占中国内地20亿元的户外用品市场的10%以上。

张恒将近几年的"井喷式发展"归结为两个因素：第一，市场形成，规模效益开始产生。整个产业规模开始增加，需求也多了。户外产品的市场也趋于成熟；第二，开店多年积累了一些零售经验，开店选址、装修、进货等流程都比较熟悉。

企业正发展得顺风顺水，张恒也开始思考下一步的发展战略："下一步是——三夫是不是应该开始考虑做个对环境更加友好的企业。"

资料来源：http://www.zaobao.com/finance/people/story 20130330－200393.

# 第三节　创业资源管理

## 学习目标

学习本节后，你应该：

1. 学习进行资源整合与利用。

2. 学习如何管理人力资源。

3. 学习财务资源管理的初步知识。

## 华谊兄弟的资本经

"我们是最早进行资本运作的，最早做经纪公司的，最早买断音乐公司的，最早做并购的，甚至最早说我们希望做中国时代华纳的。"

——王中军

王中军正式进入电影业是在1998年，那时他投了姜文的《鬼子来了》和冯小刚的《没完没了》。10年过去，很多当年投资电影的人已经退出了这个行业，但王中军和王中磊的电影公司不仅做到了今天，而且成为内地首个影视股登陆创业板，他们的财富神话再次实现几何级跳跃增长。

王中军说，华谊的战略模式，是近两三年才开始清晰的，也是从近两三年开始，才做了单戏百分之百自己投资。"前几年都是为了品牌。我们靠什么？靠把有限的资金，推广在尽量大的层面上。"

### 从资本运作开始转型

王中军、王中磊两兄弟当年进入电影业的时候，"觉得给一个电影投3000万元资金，票房3000万元就应该回来了吧。"但是别人告诉他，票房3000万元，他们只能分到900万元，因为要和院线进行票房分账。王中磊一开始特别想不通，为什么自己投资，却要给别人分钱。后来才了解到，这个行业有很多环节。院线分账是因为院线也要进行影院建设。

每个环节都要从票房中分成，发行也要投入经费，但当时电影收入只有票房这一个渠道，因此从那时开始，王中军和王中磊才想怎样去赚钱。

尽管每部电影只投入了一部分资金，但在这些电影的制作过程中，华谊是以操盘手的形象出现的。冯小刚在《没完没了》之前不但要当导演还要当制片人，到处去拉钱。遇到王中军和王中磊之后总算可以专心做个导演，而王中军和王中磊当时能想到的赚钱渠道就是拉广告和拉赞助。《大腕》里的那场明星的葬礼，基本上是冯小刚对当时状况的一次调侃。

真正让华谊兄弟得到转型机会的，是资本运作。华谊兄弟得到的第一笔商业投资，是在拉赞助的过程中遇到的太合集团。主业为地产和金融的太合集团，2000 年前后主要扮演财务投资者的角色。2000 年 3 月，王中军和太合集团各出资 2500 万元，将其重组为华谊兄弟太合影视投资有限公司，王中军兄弟持有 50% 的股权。2001 年王氏兄弟又从太合控股回购了 5% 的股份，拥有了公司的绝对话语权。

但正是太合和它的 2500 万元，使华谊兄弟在制片领域迅速完成了初始扩张。到 2003 年，华谊兄弟已占国内 30% 的票房，2004 年继续增长到 35%，其 2004 年出品的影片数量占内地总量的 13%。2004 年 12 月，华谊兄弟每年能够制作三四部影片和 100 集电视剧，是最大的内容提供商。

## 娱乐圈里最早的私募

同时，2000 年底，华谊兄弟买下了一家仅有 7 个签约艺人的经纪公司，2004 年与战国音乐组建了华谊兄弟音乐有限公司。2003 年 5 月，在西安电影制片厂的股份制改造中，华谊兄弟收购了西影股份发行公司 40% 的股权，之后增持到取得控股权，并将其改名为西影华谊电影发行有限公司。2003 年，其发行的 3 部影片《卡拉是条狗》《手机》《天地英雄》赚得 1 亿元票房，在发行领域的市场占有率为 11%。

2005 年，华谊兄弟开始通过私募筹集资金，这是在国内娱乐圈里走得最早也是最快的公司。这一轮私募，华友世纪和 TOM 公司入股华谊兄弟。之后，马云在王中军的说服下，掏出 600 多万元接手 TOM 集团退出的股份成为华谊兄弟的股东之一。这是到目前为止，马云以个人名义出资的唯一一个投资项目。2007 年 8 月，通过马云的介绍，王中军又把江南春和鲁伟鼎"拉"来成为华谊兄弟新的合伙人。三人介入华谊股权时间虽然不同，但持股单位成本是一致的，均在每股 0.5 元左右。

这让华谊兄弟在 2007 年一下"膨胀"起来。王中军说："他们不仅带来了资金，还带来了品牌帮助，像江南春和马云，在今年中国 25 个最有影响的企业家中就占了两个名额。当然，阿里巴巴冲了一个 2000 亿市值，成为新型公司里的最大。其实大家想到他们的时候，会想到他们是华谊的股东，这对华谊也是一个很大的帮助。"

2007年，华谊兄弟调整电影、电视、音乐、明星、营销这几块，变成了两大块：影视及衍生产品；艺人的服务及衍生产品。表面上看是在财务方面更方便，实际上看出了王中军的野心，他希望整合后的结构能把触角伸得更灵活，比如他现在开始打编剧、作家和画家的主意，这种整合便于吸纳各种人才和制造各种产品，同时也是为了适应上市的需要。

这些地位显赫的江湖大佬的加入，无疑提升了华谊兄弟在资本市场的预期，王中军不仅仅筹到了钱，更赢得一笔丰厚的无形资产。不过，王中军给予朋友的回报也是可观的。华谊兄弟的股东名单中，排在第三位的马云持有1382.4万股，占比10.97%，第四大股东则分别是江南春和鲁伟鼎，两人均持有590.4万股。如果上市后华谊兄弟股价上涨50%，马云和江南春的账面价值将会逼近10亿元。

## 《风声》给华谊上市推了一把"东风"

最近3年，华谊兄弟的利润也在逐年增长，每年增长都在50%～80%。2007年，利润增长最快的是电视剧这块，5个导演拍的电视剧全部盈利。王中军说："去年我们电影成绩比较好，前5名里有3部。今年电影排行前10名里，我们有两部。电影的数量我们一直控制在每年三五部，明年多一点，大概六七部。"

虽然投资项目没有增多，但是华谊的投资比例却越来越高，王中军说："我们拍《功夫》《大腕》《手机》的时候，公司在每部戏上的投资比例其实不高。虽然是我们公司开发的，也是我们经营，但由于资金量的问题，我们没办法投入过高。《功夫》那一年，因为有《天下无贼》等几部戏都要投，虽然是我们做，但实际上我们只投了5%。现在就不一样了，以去年为例，《夜宴》投了100%，全部由我们经营，股权也归我们。《宝贝计划》《墨攻》《情癫大圣》《鸡犬不宁》也都是100%投资。5部戏全部是内地经营及全部版权，我觉得这就是一个质的变化。前些年我们贷款也非常困难，现在不能说不困难，但我们毕竟打开了贷款渠道。我们的资金量加大，私募也拿下来了一些现金，现金贷款能力越来越强，这是个良性循环。"

但是，尽管资金实力越来越强，招股说明书却诚实地道出华谊兄弟盈利能力不强的事实。从2006年到2008年，华谊在经营活动中的净现金流量始终为负，直到今年初才靠《非诚勿扰》盈利，但此后的《拉贝日记》和《追影》表现不佳。与《建国大业》硬碰硬的《风声》，实际上成为"胜负手"，直接关系到华谊能否拿着一张好看的财务报表上市。

好在《风声》的票房"很争气"，尽管受客观条件的束缚，放映空间没有得到完全开发，但《风声》还是拿到了 2 亿票房涉险过关。最终，高群书没有回家，华谊也得以高高兴兴上市。

10 月 30 日，筹备已久的创业板就将正式挂牌。华谊兄弟计划募资 6.2 亿元，实际募资 12 亿元，网上网下申购资金高达 1928.61 亿元，超额认购达163 倍。作为内地第一家影视上市公司，就像旗下众多的闪闪发光的明星一样，华谊兄弟毫无悬念地成为创业板红地毯上的焦点。

资料来源：http://finance.sina.com.cn/roll/200911201/7046995271.shtml.

**思考**

1. 华谊兄弟是中国大陆一家知名的综合性民营娱乐集团，2009 年成为首家获得公开发行股票的娱乐公司。华谊公司最初的创业是从一部电影的投资开始的，请你指出华谊兄弟公司在融资方面的最大优势是什么？

2. 在华谊兄弟的融资过程中，你认为什么是最成功的？

3. 华谊兄弟成功地将自己的盈利部分转移到电影的衍生品上，你思考一下，在娱乐文化产业中，还有哪些地方可以产生创业项目。

## 一、创业资源的管理

创业者在创业之初，对创业资源的开发、整合、利用、分配等都属于创业资源的管理范畴，新创企业获得的最主要的创业资源一般有资金、市场、技术等，如何对这些创业资源进行整合、利用，需要创业者有好的管理。通常情况下，创业者面临的首要问题是资源得到最大化的利用，以保证在资源相对匮乏的情况下，能够使新创企业获得生存与发展。

我们将创业资源的管理细分为人财物的管理，创业者需要在实现资源价值的基础上丰富资源库，进一步拓展资源的来源和用途，使新企业获得持续的竞争优势。下面我们就重点讨论人力资源、技术资源、物质资源的管理。

人的资源利用与管理。创业资源中的人的资源包含三方面的内容：第一，指公司内部的人才资源的管理与运用。企业在初创时期，人员较少，分工不明确，创业者与团队之间基本采用集体管理的模式，随着企业步入正轨，公司内部组织结构日趋完善，人员分工开始明显，利益关系开始变得清晰起来，因此创业团队成员就会出现波动，需要创业者对此进行管理。第二，创业资源中的人的资源还包括创业者的人脉资源。人脉资源是指创业者的社会关系和人际网络，在我国，特别重视人际关系，很多商业成功人士都知道人脉资源对自己的事业成功的重要性。美国钢铁大王卡耐基经过长期研究得出结论："专业知识在一个人成功的过程中的作用只占15％，而其余85％则取决于人际关系。"第三，创业者为客户提供产品，只有产品被消费者接受，公司的运营才能继续展开，因此客户资源也是企业的重要资源之一。客户资源的开发与利用，会影响到企业的盈利能力和可持续发展的能力，创业者需要保留住老客户和不断开发新客户和寻找潜在的客户。

1. 公司内部的人才管理。创业者在创业之初，由于团队成员较少，大家有着较为一致的目标，在开始创业时，很少有人计较个人的利益，但是随着公司不断成长，利润逐渐增加，公司进入到成长阶段，创业团队成员之间不可避免的出现各种矛盾，如果不能有效地解决矛盾就会造成团队成员的离开，特别是技术人才的离开，对于新创企业来说是致命的打击。我们在讨论创业团队管理时，可以借鉴国外的经验，确立合作伙伴的关系，在企业创办之初就签订协议，以制度保证团队之间的合作。除此之外，建立有效的激励机制是保证创业团队合作的重要因素。判断团队成员的"利益需求"是有效激励的前提。实际上，不同类型的人员对于利益的需求并不完全一样，有些成员将物质追求放在第一位，而有些成员则是希望能够获得荣誉、发展机会、能力提高等其他利益。因此，创业团队的领导者必须加强与团队成员的交流，针对各成员的情况采取合理的激励措施。

创业团队的利润分配体系必须体现出个人贡献价值的差异，而且要以团队成员在整个创业过程中的表现为依据，而不仅是某一阶段的业绩。其具体分配方式要具有灵活性，既包括诸如股权、工资、奖金等物质利益，也包括个人成长机会和相关技能培训等内容，并且能够根据团队成员的期望进行适时调整。例如在创业者中，腾讯公司的创业团队保持着相当高的稳定性，5人的创业一直按照当初的出资共同持有公司的大部分股份，在公司上市之后，更使得5位成员均成为亿万富翁。

## 腾讯五人团队创业故事

这是一个难得的兄弟创业故事，其理性堪称标本。

12年前的那个秋天，马化腾与他的同学张志东"合资"注册了深圳计算机系统有限公司。之后又吸纳了三位股东：曾李青、许晨晔、陈一丹。这5个创始人的QQ号，据说是从10001到10005。为避免彼此争夺权力，马化腾在创立之初就和四个伙伴约定清楚：各展所长、各管一摊。马化腾是CEO(首席执行官)，张志东是CTO(首席技术官)，曾李青是COO(首席运营官)，许晨晔是CIO(首席信息官)，陈一丹是CAO(首席行政官)。

之所以将创业5兄弟称之为"难得"，是因为直到2005年的时候，这5人的创始团队还基本是保持这样的合作阵形，不离不弃。直到做到如今的帝国局面，其中4个还在公司一线，只有COO曾李青挂着终身顾问的虚职而退休。

都说一山不容二虎，尤其是在企业迅速壮大的过程中，要保持创始人团队的稳定合作尤其不容易。在这个背后，工程师出身的马化腾从一开始对于合作框架的理性设计功不可没。

从股份构成上来看。5个人一共凑了50万元，其中马化腾出了23.75万元，占了47.5%的股份；张志东出了10万元，占20%；曾李青出了6.25万元，占12.5%的股份；其他两人各出5万元，各占10%的股份。

虽然主要资金都由马化腾所出，他却自愿把所占的股份降到一半以下，47.5%，"要他们的总和比我多一点点，不要形成一种垄断、独裁的局面"。而同时，他自己又一定要出主要的资金，占大股。"如果没有一个主心骨，股份大家平分，到时候也肯定会出问题，同样完蛋"。

保持稳定的另一个关键因素，就在于搭档之间的"合理组合"。

当然，经过几次稀释，最后他们上市所持有的股份比例只有当初的1/3，但即便是这样，他们每个人的身价都还是达到了数十亿元人民币，是一个皆大欢喜的结局。

可以说，在中国的民营业中，能够像马化腾这样，既包容又拉拢，选择性格不同、各有特长的人组成一个创业团队，并在成功开拓局面后还能依旧保持着长期默契合作，是很少见的。而马化腾成功之处，就在于其从一开始就很好地设计了创业团队的责、权、利。能力越大，责任越大，权力越大，收益也就越大。

资料来源：http://finance. jrj. com. cn/people/2010/12/1413288775065. shtml.

2. 人脉资源的开发与管理。大学生创业的短板之一，即人脉的短缺。大学生社会关系相对单纯，朋友圈较窄，不利于发展人脉关系，因此当大学生准备创业时，就应该有计划地进行人脉资源的获取规划，有计划有目的地寻找人脉，获取人脉信息，扩大自己的朋友圈，为自己的创业做准备。进行创业的人脉规划时，企业管理者应当注意以下几个问题。首先，建立你的价值，创业者应当首先将自己企业的价值观介绍给商业伙伴，如果公司的文化是一种诚信的，积极的价值观，那么公司的文化或者企业领导者的个人魅力就是拓展人脉最好的价值所在。其次，信息的传递、人脉拓展规划中，要将信息的传递速度、传递广度作为拓展的内容，要善于利用朋友、朋友的朋友，寻找与自己有着共同商业利益的商业伙伴、天使投资人，要快速地向对方介绍自己的情况，让对方快速地了解自己。在拓展人脉时，最常见的方法是熟人介绍、参加社会活动，目前互联网也为我们提供了大量人员的信息，使我们能够与他人联系、交流和了解，使人脉之路也变得更广泛，互联网已经成为最廉价、便捷、应用最广泛的手段之一。人脉分享原则，保持人脉的最重要的方法之一是分享，企业的领导者在企业建立之初，往往会有强烈的占有意识，订单越多越好，客户越大越好，而此时的企业由于规模较小，没有能力组织强大的生产，对于人脉的经营高手来说，分享订单也是企业发展的一个过程，良性竞争带来的结果往往是两个企业的共赢。在创业者经营自己的人脉关系时，应该遵循 2/8 原则，即在对自己一生起到决定性作用的人中，最重要的人往往就是几个重要的人物，甚至只是一个人，因此，在开发人脉时不能平均使用时间、精力和资源，而必须区别对待，必须对影响或可能影响我们前途和命运的 20% 的重要人物重点关注，在他们身上花费 80% 的时间、精力和资源。

3. 客户资源的开发与利用。创业者在对待客户资源时，有两个任务需要完成：一个是开发新的客户或寻找潜在客户；另一个是维护原来的客户，增加这些客户的重视度。创业者首先需要提高产品质量和增加售后服务来留住原来的客户避免客户流失，在创业之初公司人员配备不足，售后部门不健全的时候，如果创业者能够亲自投入时间与精力与客户建立良好的友谊与互动，可以提升品牌形象，迅速建立客户的忠诚度。我们所熟知的大企业 CEO 往往有着强烈的个人魅力，如苹果与乔布斯、微软与比尔·盖茨等，这些都说明创业者与客户的忠诚度有着紧密的关系。作为普通的创业者，我们可以采取以下的方式开发利用客户资源。首先，是特殊待遇与优惠条件的提供。企业的客户群既包括消费者也包括原材料的提供者，对于企业来说，这两种资源都需要不断的开发与利用，最初创业者会向原材料的提供者提供特殊的激励措施，向早期的消费者提供各种优惠的产品以及售后服务，以取得消费者的认可，创业者还可以寻找机会，寻找那些边缘客户，借助其他企业的盲点发展自己的客户群。设计自己的形象，获得客户资源的辨识。企业文化与企业形象也会在企业寻找客户资源时加分，传统的大型企业虽然资金雄厚，组织结构完善，但是新创企业也有新创企业自己的优势，在谈判桌前创业者需要借助自己的企业形象吸引客户，有些潜在客户也包含在这些人当中，企业需要与供应商建立长期的合作关系，如果企业树立起诚信的企业形象，就会赢得合作，为企业以后的发展建立良好的伙伴关系。其次，加大客户转移成本。新创企业通常会向客户提供服务承诺、价格折扣、延长供货等措施，让客户感受到超值服务；通过产品或服务的差异性，强化客户消费习惯，加大客户的转移成本。最后，增加客户的忠诚度。新企业通过不断提高产品或服务的质量留住老客户，提高客户继续使用本产品或服务的意愿，通过客户的分类管理，提高原有客户的满意度，可以对客户采用跟踪调查管理，调整重点管理的客户对象等方式增加客户的忠诚度。通过用户锁定的方式留住现有客户。在高科技企业中，产品的开发往往不会停止，商品往往有着系列性，某一产品是整个产品系列中的单品，单品只有在与其他产品相互配合时，才能使其发挥作用，因此，客户在购买了某一件单独产品之后，通常还需要购买配套的硬件和与之相关的服务，如培训、售后等，一旦客户向某种特定的系统中投入时，就会被锁定，成为企业的客户或潜在客户。

## 二、技术资源的开发

创业的技术资源包括创业者所获得的商标产品、技术、专利、知识产权、商业秘密等，创业者对于技术资源的管理，是指企业对所获得的技术进行管理，保护并加以开发利用。

1. 商标。商标是指商品主体用来区分自身产品与其他产品的最有用的工具，商标和"品牌"相似，在某些情况下，甚至是同义的，因为它们都有保护的功能，商标是我们最熟悉的知识产权形式之一。

商标的核心作用是在客户头脑中产生关联，他们是影响顾客或使用者决策的重要知识产权形式，基于个人经验、口碑宣传、广告和其他形式的宣传认知，顾客对于该品牌下的不同产品和服务形成印象，当要在这一产品或者与其同类产品做出购买选择时，这些留下的印象就会指导顾客选择并决定。商标注册是指创业者为了合法的在商业活动中使用商标而对商标进行的使用权的管理。只有商标的所有者才能对商标进行注册，注册时由商标注册申请人提出申请，经商标局审查后予以初步审定公告，没有人提出异议或提出异议经裁定不成立的，该商标即注册生效，受法律保护，商标注册人享有该商标的专用权。一个商标从申请到核准注册，大约需一年至一年半时间。商标注册后商标持有人就会在使用中处于有力的竞争地位，初创企业如果在一开始就有自己的商标，虽然前期成本投入会有所加大，但是随着企业的发展，商标的认知度提高，企业的前期投入会获得高额回报。对商标的管理还需要阻止商标侵权，在我国商标侵权是一个比较严重的问题，创业者需要注意的是，规定侵权商标不一定和被侵权商标完全一样，只要商标足够相似以致容易引起混淆，就可以认定侵权，类似的商标在同一或者相似的业务中使用，很可能构成侵权，面对这种情况，商标拥有者可以采用法律手段维权，创业者一方面应当保护自己的商标拥有权；另一方面，要避免侵犯其他企业的商标使用权。商标也是一种知识产权，是一种无形资产，在融资谈判时，商标的价值应当被估算在内。商业交易中商标与其他资产都是企业的业务与产品，创业者可以出售自己的商标从而获得持续受益，例如，可以出售商标的许可使用权 50 年等。

2. 版权。版权的概念出现在创作领域如写作、艺术、音乐创作、摄影和建筑设计等作品中，它是作品的原作者拥有的保证其作品受法律保护的权利，作品除了要有原创性，被保护作品主要以特定的媒体手段记载。随着社会的发展，对版权的界定也不断更新，目前计算机程序也可以获得版权。对拥有版权的创业者来说归根结底，版权的交易可以是其从中获得利润，并且随着时间的延长，版权的价值会有所增加，但是也应当注意，版权保护的时间一般是50年，之后作品就可以向公众开放而不必收取任何费用，如果创业者致力于建立一家出版或设计公司时，就会遇到与版权相关的问题，我们因此建议创业者首先应当了解版权的知识，版权保护包括两个方面，一方面，版权作为一项技术资源，创业者在获取版权时，应当先从版权持有者处获得许可，否则就会涉及侵权；另一方面，企业的拥有者要保护好自己拥有的版权，防止其他企业的盗版侵权。

3. 专利技术与知识产权。专利是企业特别是高科技企业最重要的技术资源之一，也是一个企业生存发展的技术资源之一。专利权指专利权人对发明创造享有的专利权，即国家依法在一定时期内授予发明创造者或者其权利继受者独占使用其发明创造的权利，这里强调的是权利。专利权是一种专有权，这种权利具有独占的排他性。非专利权人要想使用他人的专利技术，必须依法征得专利权人的授权或许可。专利技术，是受国家认可并在公开的基础上进行法律保护的专有技术。"专利"在这里具体指的是技术方法——受国家法律保护的技术或者方案。① 专利是受法律规范保护的发明创造，它是指一项发明创造向国家审批机关提出专利申请，经依法审查合格后向专利申请人授予的该国内规定的时间内对该项发明创造享有的专有权，并需要定时缴纳年费来维持这种国家的保护状态。高科技企业的创业中，技术产品的生产往往与专利技术资源息息相关。创业者要特别注意对专利技术的保护，并且在创意刚产生时，就应当以知识产权的形式确立自己对其的拥有权。还要注意的是，创业者在与合作伙伴或者融资人谈判时，应当首先签署一项非常简单的非公开协议或者保密协议。而在企业的生产过程中，也应当注意专利技术保护，通常的流程是公开专利技术以获得公众的认可，以公开换取占有。

4. 商业秘密。在知识产权领域，即使已经受到法律保护或者登记自己拥

---

① 所谓专有技术，是享有专有权的技术，这是更大的概念，包括专利技术和技术秘密。某些不属于专利和技术秘密的专业技术，只有在某些技术服务合同中才有意义。

有，有些信息仍旧是不公开好，重要的信息对于一个成功的创业者来说是有价值的，不能与大众分享，这就是商业秘密的价值体现。在广泛的意义上，商业秘密可以以任何形式或者信息格式存在，作为秘密，给它的使用者潜在的或者实际的经济价值，甚至是超越其他的竞争优势，创业者应当保护自己的商业秘密。例如最著名的案例，可口可乐公司宣称其已经成功地保护了风靡全世界的软饮料秘密，以防止外部发现。这是一种非常成功的商业秘密保护。

虽然利用最先进化学分析可以将这些商业秘密打破，但是没有多大用处，因为多年的保留处方已经使公司建立起强大的品牌，即使可以复制产品，也没有消费者可以接受它的同一性。这种商业秘密并没有时间的限制，也就是说，它为拥有者创造的价值与服务的时间不会受到时间的限制。保护商业秘密的前提是可识别性，创业者应当首先识别出商业秘密，认识到商业秘密的存在，并且采取积极的措施保护它。保护商业秘密的具体方法是限制公开，知道商业秘密的人越少落入竞争对手的可能性就越小，创业者可以选择公开商业秘密的一小部分给任何一个信任的人，在这里起决定因素的，并不是少数的人，而是人品。创业者必须有较强的认知，可以信任的，可以保密的人员有时并不是自己创业团队中与自己关系最好的人，创业者不可以因为私人关系的原因就泄露商业秘密。如果一个雇员或者合伙人或者其他知道商业秘密的人离开企业，我们建议签订一份非竞争性协议，以保证离开公司的人员能够继续保守企业的秘密，另外创业者还应当与企业外与企业有联系的业务实体达成保密协议，以加强商业秘密的保护。

## 案例

### 无知带来的损失：商业秘密的价值

早在 19 世纪初，日本间谍就试图打听宣纸的生产技术，并且连偷带抢地弄走了一些生产宣纸的特种树皮，侵华日军还曾经绑架了一些宣纸的工匠，并且运走了一些树种，但是中国工匠拒不透露宣纸生产的工艺，他们用生命保护了宣纸的技术。

1991年的时候，日本人曾经去过宣纸的故乡——安徽泾县，他们来到厂家后，千方百计地打听各项生产流程，为了达到目的，他们给工作人员送礼品，递小费，妄图了解宣纸的生产技术。由于泾县的人们警惕性高，不允许日本人现场录像拍照，也不允许他们取走纸浆，最后让他们无功而返。

之所以这样警惕，原因很简单，这毕竟是1985年就被列入国家的"绝密"级别传统工艺，有"千年寿纸"的美誉，典型的"国粹"啊。

可就是这样，"智者千虑，必有一失"。在1992年，也就是上次窃取失败后的第2年，另一批日本人来到了浙江某县造纸厂，这个厂是安徽泾县扶持建立的，拥有全套的宣纸制造设备和技术。可惜的是，此厂某些领导在被蒙蔽贿赂后对待外宾可谓做到知无不言，言无不尽，比当孙子还实在，有问必答，连蒸煮原料的碱水浓度这样的细节都详细告诉了日本人。

没用多久，日本人就得意扬扬地向世界宣布：在宣纸这一行，泾县第一，日本第二，浙江第三，台湾第四。

## 三、创业资本(资金)资源管理

创业资本管理，是指创业者对创业资源的利用与管理，创业者成功建立企业并且使企业的整体运营步入正轨之后，企业产生现金流量，此时对资金的管理是资本管理的重要组成部分。创业者能够分析财务报表，编制预算和现金流预测将有助于创业成功。由于财务报表分析对于一个成功的创业者来说是至关重要的，因此我们建议立志创业的大学生可以学习简单的财务知识，为创业做准备。

1. 理解财务报表

公司在运营时通过财务报表来向他人提供公司的财务状况，财务报表包括资产负债表，一定时期的财务损益表和现金流量表，以及附加的财务信息。财务报表反映了企业的经营状况，企业管理者通过财务报表了解企业的经营状况，在某些情况下，也可以用来预测企业未来的经营状况。大多数公司运用以下基本的财务报表：资产负债表、损益表、现金流量表。

**资产负债表。**资产负债表提供了公司在特定的时间——通常是一个财务周期的期末的财务状况。其本质是对公司经营状况的反映，包括企业拥有的资产和企业的负债，以及投资者投入公司的资本和公司经营损益的累积。在1年内可以转换为现金的资产称为流动资产，其余资产称为长期资产；必须在1年内偿还的债务称为流动负债，其余负债称为长期负债。因为存款可以在1年内转换为现金，所以把存款归为流动资产，企业的流动资产可以进一步划分为产品、原材料和成品。分析公司的资产负债表时，管理者与投资者都必须考虑行业类型，例如可以预测制造业的固定资产会占到总资产的大部分份额，服务业则恰恰相反。

**资产损益表。**企业的经营报表即企业的收益表、损益表，企业的费用划分为几类，如产品销售成本以及营业费用，产品销售成本是从原材料加工到产品销售过程中所有的支出，包括原材料、劳动力、制造费用。营业费用与产品的生产无关。营业费用主要包括研发费用、营销费用、管理费用和财务费用。

在财务管理中，营业收入并不等同于净利润，营业收入等于收入减去费用，创业者还必须考虑所得税与利息，这些不用减去。对于净资产负债率与利润率的分析可以分析出企业的财务状况，创业者如果对财务知识不熟悉，找一个专业的财务人员是比较不错的选择。

**现金流量表。**现金流量表总结了一段时间内现金的来源与用途，现金流量表分为三个部分：经营活动现金流量表、筹集活动现金流量表、投资活动现金流量表。现金流量表首先显示的是从损益表中得来的净收入，接着是调节不涉及现金流的项目（比如应付账款和折旧），以及其他非经营所得，还有现金支出（如购买固定资产的支出，卖方付款的支出等），现金流量表反映了资金的运转情况。现金流量表的形式有很多种，但最好的方法就是只列出经营收入和销售收入，就我们所说的记账。

2. 进行现金流的预测

现金流的预测反映了一段时间内现金流入（应收）和现金流出的总量，现金流也向银行或者创业者反映了企业额外需要的运营成本，创业者能够通过现金流预测了解企业是否有充足的现金支付循环信用透支的利息。新创建的企业由于没有真实的销售额，因此制定现金流量表的基础就是参考同一规模水平上的竞争对手的经营，还要注意的是，由于公司创建初期会受到一些因素的影响，因此起步阶段的现金流预测应当减半。新创建的公司早期要面对的一个主要问题就是现金流问题。资金短缺是公司失败的主要原因。现金管理可以预计暂时会出现现金短缺，然后有充足的时间安排短期的借款应急。现金流量表的形式很多，最好的方法就是只列出经营收入和销售收入。创业者可以到网上搜寻现金流量表的模式，然后根据自己公司的情况，进行调整，从而设计出一张符合自己公司的现金流量表格。

# ▶▶ 案例

现金流量表的格式分为两栏，左边是会计科目，接着是两列平齐的竖栏，用于每个月的数据，开端为计划起始的月份。

**公司 4 月现金流量表**　　　　　　　　　　　　　　单位：元

| 项目 | 4月计划 | 4月实际 | 5月计划 | 5月实际 |
|---|---|---|---|---|
| 现金收入 | 22000 | 185000 | | |
| 现金支出 | | | | |
| 工资 | 10000 | 11500 | | |
| 代理费用 | 2000 | 1500 | | |
| 租赁费用 | 3500 | 3500 | | |
| 设备支出/计算机 | 12000 | 12000 | | |
| 总现金支出 | 27500 | 28500 | | |
| 调节现金流量 | | | | |
| 期初现金 | 5000 | 5000 | | |
| 加：现金总收入 | 22000 | 18500 | | |
| 减：现金总支出 | 27500 | 28500 | | |
| 期末现金 | | | | |
| （下月初现金） | （500） | （5000） | | |

从表中可以发现，现金流量表分为明显的三个部分：第一部分是现金收入，第二部分是有关现金支出的部分，最后一部分是现金调整部分。

3. 编制财务计划

创业者应该会用财务会计信息制订经营计划和评估决策。预算、现金流预测和盈亏平衡分析不仅方便资本的管理，还可以给潜在的投资者和债权人提供所需的信息。年度财务预算是逐月计划，按年总结收入与支出。它是编制其他财务报表的基础，标准的预算包括以下类别。

销售额。这一预算的内容包括：产品线销售和顾客购买的销售额、地区销售额以及各地销售代理的销售目标。

产品销售成本。这一预算不仅包括原材料，还包括运输成本，如果是制造业企业还要包括制造费用。

毛利润。这一预算包括按照产品销售种类划分的毛利润。毛利润由销售收入减去销售实现过程中的直接成本。

营业费用。包括研发费用、销售费用、营销费用和管理费用。这几大费用均可按照费用的种类细分，如工资、津贴、租赁费用、电话费等。有些费用还可以进一步细分。

营业利润/损失。营业利润或者损失都可以根据销售种类计算出来。

其他收入与支出。包括利息支出，还包括与经营无关的收入与支出，如法律支出或者灾害损失等。

税前收入与税后收入。公司的管理者根据受益估算需要上缴的税收，包括国税与地税，税前收入一般来自于营业利润以及其他收入和支出，然后根据收入确定税额。

净收入。净收入一般可以用来分配或者再次投资，也可以用来分红。

创业者在进行财务管理时，可以借助资产负债表、损益表和现金流量表帮助分析公司的财务状况，这些财务报表应建立起日常的审查制度，这些重要的财务报表反映了公司在一定的时间或阶段内的业绩。

另一个全面的检查公司业绩的项目是运用财务比率。财务比率包括净资产负债率、利润率等关键数据，它反映了公司财务状况的强弱；财务管理是创业者成功的关键。许多优秀的公司失败就是因为创业者对现金流、资产和利润管理不善，创业者应该定期监测预算和对现金流量表进行盈亏平衡分析，在发生变化时进行适当调整。

创业者如果希望将自己的企业发展壮大就必须建立稳健的财务计划，此计划不仅是企业基础、追求进步、谋求所需资本的重要工具，更是企业发展壮大的根本。

# ▶ 实用案例

## 将发明变成产品：高新技术如何创业

视美乐是由在校大学生创立的一家高科技企业，被誉为中国第一家大学生高科技公司，公司的核心产品是"多媒体投影机"。视美乐的创业过程就是一部大学生创业的生动教材，也是大学生创业的良好示范。

1. 发明带来的商机

1999年4月，材料系4年级学生邱虹云的发明——大屏幕投影电视在校园名牌比赛"挑战杯"学生课外科技作品大赛上夺得一等奖。创业故事就此拉开帷幕，但是创业故事并不是从发明者开始，而是从清华自动化专业五年级学生王科开始的。宁波理科状元出身的王科有遗传自母亲的天生的商业头脑，敢想敢干的他最强烈的欲望是创业。邱虹云的发明给了他创业契机。王科在公司兼过职，他了解投影机的市场需求和进口产品的昂贵价格，清华底子的技术敏感更使他意识到这项发明的"价值"，他提出要以十几万元的价格买下邱虹云的技术。不过，聪明的王科很快意识到这项专业技术含量很高的产品如果没有技术上的支持和不断突破，很难发挥它应有的价值。于是，王科说服邱虹云以技术入股，共同开发使之成为市场产品。

如果说商业敏感使王科及时抓住了商业机会的苗头，那么商业才华的再次显示就是他组织起一个创业的核心团队——在把技术核心邱虹云拉下"海"后，王科开始寻找管理人才。这样的认识和人力资源积累也源于创业计划竞赛。两周后，上届创业竞赛的活跃分子清华经济管理学院MBA班班长徐中也加入了进来。

2. 从发明到产品

视美乐很清楚地认识到，技术和创新只有与商业和资本结合，完成研发和商品化，产生盈利，才能获得成功，自己才能获得经济利益的回报。他们也知道自己欠缺经营能力，更欠缺资本运作能力，因此很积极地寻找资本合作方。他们遇上了刚成立的、以清华大学经济管理学院为依托的清华兴业投资管理公司。清华兴业急需树立自己国内风险投资先驱的形象和业绩，因此双方的合作既迅速又真诚。他们的合作模式是经过很典型的三个回合接触后定下来的。

第一次是潘福祥来到视美乐所在的学生宿舍，他被精彩而简陋的发明作品震撼了，这位在资本市场摸爬滚打多年、现又在清华正式任着证券市场课、同时又经营着投资管理公司的老师兼老总向创业者们提出了从资金、产品到市场一系列问题。"潘老师把我们从盲目乐观的天上拉到地上。当时我们觉得潘老师太高了。"同时，潘福祥也对几个小伙子的素质、冲劲、意志力，包括作品比较看好。

第二次，视美乐团队拿着一份列得仔仔细细的资金需求预算表来到兴业的办公室，谈他们的问题——全靠自己的力量融资有难度。这次，小伙子们是精心准备过的：着装正式——穿西服打领带；言谈有序——注意相互配合特别要多听对方意见；态度上不卑不亢。结果是：潘福祥表示可以帮助融资，视美乐则提出请兴业拿出一份书面方案。这中间有一个小插曲：王科他们是托人打探了兴业底细后才愈加认真地做合作的准备的。

第三次接触就在几天后，兴业拿出了一份规范的投资管理顾问方案，提出风险投资的引资运作模式，拿出了帮助融资、管理、成长的计划，同时规范地提出了双方的责、权、利。非常重要的是，这里还有一个小插曲：兴业并不是视美乐当时唯一的可选对象，但它反应迅速、操作规范，尤其是它要做精品、要把视美乐作成"样板戏"的理念使视美乐毫不犹豫地选择了这个把他们作为第一个项目的新公司。

视美乐和兴业的合作模式是共担风险、共享收益——兴业以提供全方位的顾问业务拥有视美乐5％的股份。从此，视美乐发展中的融资、管理、人力资源等大事都离不开兴业这个高参。在融资上，兴业更是起了决定性作用，以至于上海一百的老总称潘福祥为视美乐的"教父"。同时，视美乐的成功也给兴业带来经济回报，更重要的是业界值得骄傲的声誉。"样板戏"确实叫响了。与投资方的理性合作——优化资源并为资本负责。

3. 融资奠定公司发展基础

1999 年底，视美乐多媒体投影机中试成功。几个月下来，一直关注着中试进展的上海一百意识到中试后的产业化不像原来想象的找个生产厂家投入资金生产就行了，产品的技术非常复杂，国内目前还没有能代理加工的工厂。要

第四章 创业资源

组织全新的生产能力并且管理生产，商业龙头一百并不在行。以把事业做大为目标，视美乐和一百协商决定引入有生产管理经验的家电厂家加盟。消息传出，国内外十多家投资公司和家电厂商来洽谈，希望能够参与二期投资。

视美乐最终选择了澳柯玛集团作为二期投资方是认定了它发展高科技产业的决心、实力和董事长鲁群生的诚恳和果断。澳柯玛得知视美乐的项目是通过飞机上的一张报纸。鲁群生很快决定亲自赴京面谈，恰逢大雪，机场封闭，这位几十个亿资产的集团老板竟改乘火车，赶往视美乐。以后的谈判进展顺利。

2000年4月，澳柯玛决定投资3000万元，与视美乐签订合资协议，成立北京澳柯玛视美乐公司(下简称澳视公司)，双方各占新公司的50%股份，开发、生产销售多媒体投影机和相关视听产品。视美乐公司依然存在，以后将开发新项目并进行产业化。上海一百撤销原二期投资计划，其原有股份随视美乐进入澳视公司，后期并将以其商业龙头优势参与市场销售。至此，经过资源优化，支持产品走向市场的投资终于顺利完成了。视美乐找到了优秀的投资方，更不忽视对投资方负责。全力投入工作，随时汇报进展自不必说，在花钱上，除工作必需之外，他们则能省则省。至今，王科、徐中、邱虹云都没有汽车，常常骑车来来往往。至今，在MBA同学中徐中的薪水仍最低。但是，他们成功摘下了学生公司帽子——团队建设、管理、产品走向成熟。

资料来源：李家华：《创业基础》，北京，北京师范大学出版社，2013。

## 【应用练习】

1. 如果你是一位准备创业的大学生，那么你认为可以从哪里得到你需要的启动资金？

A. 个人积蓄

B. 亲朋好友

C. 合伙人，企业创建者可以与一个或多个人形成合伙关系，以团队创业的形式获得开办企业的资金

D. 成立公司，通过组建公司的方式获得私募资金

2. 一位刚毕业的大学生，有很好的计算机应用技能，他打算在校园附近开设一间网吧，供学生上网使用，他打算先买5台电脑，开这间网吧需要借钱。如果你是他，下面这些问题，你是如何考虑的？

A. 网吧里边 5 台电脑需要多少钱？

B. 他需要为网吧的开张筹集多少钱？

C. 如果到银行贷款，他该如何做才能使得到贷款的机会增加？

D. 有没有可能从电脑供应商那里赊购到电脑，什么样的交易条件可以接受？

E. 如果亲朋好友答应借钱，可以制订怎样的还款计划？

# ▸▸ 拓展阅读

## 给创业者的忠告

如果你是一名创业者，我要为你鼓掌，我由衷地佩服你。创业是我所经历过的最艰难的事情。一年半之前，我辞掉了工作，开始了我梦想已久的创业，这段时间以来我积累了一些经验教训，希望创业的兄弟姐妹们可以避免这些很多年轻创业者容易犯的错误。

1. 时间就是金钱

在我刚创业时，我好多时间是用在参加各种会议上，甚至可以说我不是在会上就是在为参加会议做准备。现在我非常后悔，我多想找回那些浪费在各种会议上的宝贵时光。创业者最宝贵的财富就是自己的时间，你花在那些无关紧要的事上的每分钟都是时间和金钱的浪费。刚创业时顾问对我说："时间不够，就是重视度不够。"这真是真知灼见，如果你的很多时间浪费在了无意义的会议上面，你会发现你们的财务状况很糟糕。

2. 抱最大的希望，做最坏的打算

坏事有可能落在你头上，所以一定要有所防备。如果你还没准备好创业所需的启动资金，那先不要辞职。在你有足够的实力创业前，没理由放弃你的收入来源。对创业的未婚人士，我建议至少要预留 3 个月的生活花费。在你开始创业后，账户上的资金要确保可以支撑大概 6～9 个月，因为糟糕的事极有可能发生，客户付款到账也会需要一定的时间，在艰难时刻要有自己的救命钱。

### 3. 管理好你的现金流

我的一位顾问曾跟我说，一般公司倒闭的原因有三个：资金周转不灵；资金周转不灵；资金周转不灵。我很乐观，他很现实。但是，他所言极是。现金流是你运营企业首先要学会管理的最重要的财务指标。如果你不知道你的钱从哪来，到哪去了，你就非常危险了。认真做个预算，按预算执行对创业企业是非常重要的。

### 4. 制定清晰明确的目标和阶段性任务

如果你是一名早期创业者，你很有可能会把很多时间花费在翻来覆去地设想你的产品概念上，不找潜在的目标客户测试、论证你的产品，而只是空想概念，这纯粹是浪费时间。为避免这样的错误，在一开始就要制定一个可行的时间表，明确每个阶段的任务及截止日期。设置阶段性任务可将你们怎样一步步实现最终目标的路径清晰展示出来。

### 5. 记录出项

如果你是第一次创业，那你肯定有好多要忙活的，会有点手忙脚乱。很多创业者认为做出项记录没有做商业计划、与客户沟通等重要。但是，每个月做好这些记录是非常重要的，到你真正需要时就不会焦头烂额了。当你要报税或要向银行提交报告时，如果没有了之前的记录，缺了相关的资料，那可糟糕透了。

所以，与其到时浪费时间再往回刨，不如从第一天就做好相关准备。我建议你在最初的几个月可以采用 Quickbooks 之类的在线记账软件记录自己企业的简单账务。如果你没时间做这些，可以招个记账员。然后，你们的信息资料会越来越多，越来越复杂，在你报税的时候就要请个会计了。当然如果你自己能搞定这些，就没必要花钱聘请这些专业人员了。

### 6. 你曾经的员工福利

当我还在银行工作时，我把医疗保险、停车补助、401 相关计划等众多优厚福利视为理所当然。在你开了自己的公司后，很多这些福利就没有了。所以在交你的辞职信前，花时间想想你的医疗保险、养老保险接下来要怎么办。

### 7. 多花些精力在你的目标客户上

没有客户，何来生意？与其花费时间、金钱"空想"谁才是你的目标客户，不如找到一些潜在的目标客户，问问他们这个简单的问题："你会买这个吗？"

如果不会，问下具体原因。这个工作你做得越早，你的公司越成功。这是我之前犯的最严重的错误之一。我找到我认识的一些人，他们对我很好，我问他们："你们喜欢这个吗？"出于善意他们给的一般都是肯定的回答，这让我的自我感觉非常良好，但这并不能帮助我建立一家成功的企业。所以不要找你的母亲、你的朋友，找到那些真正的潜在客户，看看他们的真实反馈。

8. 对资方坦诚相待

在商业来往中，没有比不诚信和沟通不到位带来的麻烦更大的了。特别是对那些正在融资或找贷款的创业企业来说。如果你表现的遮遮掩掩、行为可疑，人们就不会相信你。同样的，如果你不愿意透露公司运营的相关数据，你就不会赢得资方的信任。现在我的投资人就是我的朋友和家人，让他们了解公司的财务状况已经成了我的定期工作。虽然双方的沟通会有不愉快，但这有助于提高信任度，他们可以帮我们度过发展的困难时期。如果你没有融资，找几个顾问，每个季度开会讨论下运营数据。这样还可为公司带来外部的支持和一些好点子。

9. 给自己发薪水

在吃了一年的方便面和墨西哥煎饼后，我才发现我吃不起像样的大餐。很多早期的创业公司没有实力发高薪，但你也要为自己发薪水。如果不发，不要觉得自己很伟大，其实这样做对公司、对你自己都很不利。在投资者看来，没有什么把钱投给那些"需要钱"的人风险更大的了。那些独立于公司财务系统之外的人被认为是不靠谱的。为了避免这样的风险，不要怕给自己开工资。投资人也理解你不能只靠方便面和煎饼过下去。

10. 降低固定支出

在创业的早期，要尽最大的可能降低固定成本支出。在曼哈顿的繁华商业区租间大办公室可不是明智之举。虽然说你的营业收入会逐步增长，可以预支一些费用，但是要耐心一些。看看是否有价格低些，可以月付的办公室可租用。如果你所在的城市有孵化器，详细了解下。同时，可以考虑把你的家或公寓当办公室。在要签一个租金不菲、为期两年的租房合同前，要确保你不会被这些大额开支给压垮。

作者资料：Eric Bell，28 岁，个人理财专家，财务培训公司 YoBucko.com 创立者。

# 第五章　创业计划

　　现实生活中，创业者在最初开始创业时，很少有规划与方向，一般是说干就干，也不会太多考虑企业的困难；一般初期的两年中，是企业发展的关键时期，也是企业死亡率最高的时期。创业成功不仅要靠自身的勤奋、能干，还有许多未知的因素，比如资金的支持、团结的创业团队等。创业计划书可以帮助创业者与潜在投资者之间架起沟通的桥梁。另外，创业计划书还能帮助创业者按部就班地将计划付诸实施。

　　本章中，商业计划书的写作是重点内容，除此之外，还需要学习向投资者展示创业计划。创业者在写作创业计划书时要意识到有不同偏好的"兴趣小组"存在，要针对他们制订不同的计划，这对于公司的成功来讲很重要，创业者应牢记的是每一个小组都希望从你的计划中得到他们所想的。

　　公司财务利益相联系的人想要知道根据"风险/回报"公式计算出来的结果，他们还想要知道伴随着风险未来资金的流入和流出。

　　员工们希望获得一种"安全感"，他们希望获得的是一份职业而不仅仅是一份公司的工作，我们对工作的理解通常比较简单，工作只是意味着解决了一个人的生存问题，而一份职业则不仅仅是生存问题而且是一个人的发展问题了。

　　销售人员希望了解产品/服务、价格、渠道、促销（4Ps）。

　　卖方、供应商和合作伙伴想要知道你的经营模式，这样才可以成为你的供应链的一部分。

你的合伙人需要了解公司的运作法规，明确游戏规则，以保障他们的合法受托权利和责任，保护自身利益，保证企业发展。

创业者自己需要将自己的想法和公司发展的路线图相比较，用来对比公司的发展道路是否与当初自己的设想一样。

# 第一节　创业计划

**学习目标**

　学习本节后，你应该：

1. 了解创业计划的价值。
2. 学习制订创业计划。
3. 了解风险投资，运用创业计划进行融资谈判。

## ▸▸ 引导案例

### 爱语吧的创业故事

北京爱语吧科技有限公司（爱语吧）于 2012 年 1 月依托于北京航空航天大学软件学院优秀的研究生和本科生成立，致力于为全球用户开发精品的外语学习应用。爱语吧的目标是成为中国最好的英语学习社交应用平台及全球最好的汉语学习与社交平台。截止到 2013 年 8 月，爱语吧已经开发了 20 款应用，拥有了 300 多万网页端用户和 300 多万移动端用户，成为国内领先的外语学习应用开发团队。

北京爱语吧的创业故事也会给创业者很大的启示。

一个大学生将参加商业计划大赛、撰写商业计划看作重要手段，帮助自己构建了有关爱语吧网的思路，选定了正确的功能效用，整合了各部分要素，获得了资金等各项支持。

随着互联网与移动技术的发展，越来越多的传统行业已经被互联网的应用所改变。网上搜索、电子购物的广泛应用等给人们的生活带来了极大的便利，互联网对生活的改变总是以最接近于互联网技术应用的行业开始的，随着移动终端的普及，外语学习也许会成为下一个被互联网应用颠覆的传统行业。在2011年中国第一届移动云计算硕士研究生专业开学典礼之后，北京航空航天大学软件学院刚刚入学的穆德国向软件学院创业中心的评判专家们陈述了自己的商业意向：在中国4亿人在学英语，这是一个很了不起的市场，随着移动技术的发展和人们的时间碎片化，移动学习将会极大满足人们对学英语的需求。专家们在赞同这个观点的同时，决定成立软件学院爱语吧创业实验室，聘请穆德国任爱语吧实验室的执行主任，带领云计算和交互式设计硕士研究生，学习、开发、应用相结合参与创新、创意、创业，打造最好的外语学习应用平台。

对于大学生创业者来说，一份有创意的、有执行力的创业计划书是创业成功的开始。但是如何将计划中的梦想变成现实，将是一件更加困难也更有挑战性的事情。

**思考**

1. 分析创业企业成功的案例，你认为创业成功哪一方面的因素是最重要的？

2. 一个好的创业项目是创业成功的开始，之后就需要做好创业计划书，请你思考创业计划书中最重要的一部分是什么？

3. 除了有一份好的商业计划书之外，你认为还有哪些因素是获得投资方认可的关键因素？

4. 请研究一下爱语吧的盈利模式，你认为爱语吧融资时有哪些优势？

## 一、了解创业计划书

谈到创业，拥有远大理想的大学生很多，但是在最后，真正实施创业的人却很少，这是因为，真正的创业是一件非常艰难的事情，要面对很多困难，并且还将要面对巨大的压力，为了更好地实施创业计划，需要创业者在前期就做好大量的准备，前期的准备越充足，后期应对困难的方案就会越多。在准备创业的过程中，创业者还需要解决很多问题，有时，这些问题是千头万绪的，这时，一份好的创业计划就可以帮助自己理清思路，找到解决问题的关键了。

创业计划书，即 Business Plan，又被称为商业计划书。在传统的定义中，其主要用途是交给投资商，从而使企业获得融资。但是，随着商业活动的不断发展，创业计划书也被广泛用于商业活动的各个环节，读者对象也不再限于投资者。它是一份有25～40页的书面文件，其中描述了公司的发展方向、希望实现的公司愿景、谁是风险的承受者、为什么市场上会需要你的产品和服务、需要借助什么来完成这些商业目标等。创业计划书有相对固定的格式，它的内容可以包括投资商所有感兴趣的内容。在创业过程中，创业者自己也需要一份创业计划。

## 二、撰写创业计划书的目的

撰写创业计划书可以使创业者系统地思考新企业的各个要素，换句话说，创业计划书是把计划中要创立的企业推销给创业者自己。硅谷著名的创业家和风险投资家盖伊·卡维萨基曾经这样写道，"一旦他们将商业计划写到纸上，那些希望改变世界的天真想法就会变得实实在在且冲突不断。因此，文件本身的重要性远不如形成这个文件的过程。即使你并不试图以它来筹资，你也应当准备一份创业计划书"。认真撰写创业计划书可以使你对自己的生意有更好的认识，即使你的创业项目完全可行，而且也有非常合适的市场，你也获得了资金支持，但是要真正将之变成一个实际盈利的企业，又是另外一回事情，创业者仍然有很多实际琐碎的事情要做。如果事先有一份创业计划书非常具有逻辑性，那么这些想法就可以成为行动的指导。创业者针对不同的人群选择写作不同的商业计划书，这样就能体现出商业计划书完美的工具作用。有些投资者在投资时，有严格的针对性，他们只对自己认为非常了解的企业投资。有些投资者会将自己的资金投入到一些高科技的企业中去，比如技术类、互联网、医药或者财务金融服务等行业。因此创业者要考虑哪些投资者或者投资团队与自己的需要相关，将商业计划书发送给那些适当的投资者。

创业计划书是企业的推销性文本，可以为企业向潜在的投资者、供应商、重要职位候选者和其他人介绍本公司提供的方法。

创业计划书是融资的"敲门砖"。制订创业计划，其中最重要的原因还是要运用创业计划筹资。无论是寻求初期资本或是为现存企业扩张而融资，在投资者眼里，一份有效的创业计划书对于任何企业融资都是一块敲门砖。创业计划书是建立企业的蓝图，它是描述公司经营目标的工具和如何在未来几年内实现目标的指南，商业计划书最基本的要求是概括出什么人、做什么、为什么、什么时候，以及如何做。投资者需要知道起到重要作用的因素、时间表和预期的现金流。因此，商业计划需要确立目标而且目标要切实可行。

招聘时也需要一份非常有远见的创业计划书，你要找的是一个业界高手，如何能够吸引他加入自己的创业团队是一个难题，高薪并不是打动对方的唯一武器，你的企业是一个新兴的小企业，你能给的其他大企业可以给得更多，而要打动对方是一份未来发展的蓝图，这样可以激发人的价值感和创业精神，使志同道合的人走到一起。

界定合伙人的职权关系。新创企业在寻找合作伙伴时也常常因为不被了解而为难。一份好的计划，应该有公司的长远发展目标以及清晰的盈利，并且制定一份清晰、适宜的法规也能帮助相互之间受托权利和责任，保护各自的利益，保证企业发展。

总之，创业者要有一份合适的创业计划书，并且对自己的创业计划书相当熟悉，必要时创业者要将自己的想法与公司的发展路线图相比较，看是否"公司的发展道路与自己当初的想法一致"。

创业计划书也可以成为自己的业绩标杆。

有些公司在转型期会利用创业计划作为自己的转折，有些企业的日常业绩很难进行可观的评判，创业计划中可以明确企业的业绩衡量标准，决定企业是否可以继续为生存而斗争还是应该考虑创业计划中的目标是否需要调整。

## 三、创业计划书的作用

1. 创业计划书是创业者实现创业目标、展开创业行动的总纲领

创业计划书帮助创业者确定企业发展的目标，明确企业发展方向；通过创业计划书，企业可以指定发展路线图，使创业团队形成一个统一的发展思路。创业计划书的写作过程，也是一个创业团队统一思想，不断根据实际情况进行

调整和完善，创业过程充满未知，创业者需要在实际过程中不断调整自己的经营思路或者营销计划，这时创业者需要一份创业计划书作为指导自己创业的纲领。

2. 创业计划书是创业者与潜在投资者之间的桥梁

从融资的角度看，创业计划书是投向投资者的"敲门砖"。创业计划书通常用于向商业合伙人介绍自己的企业，以便寻求合作。这份创业计划可以是书面的，也可以是口头的，可以是详细的，甚至还可以是路线图形式的，创业者需要在一份创业计划书中，写明投资者想要得到的信息，例如企业的现实状况与愿景、产品的竞争力、企业的现金流与偿还能力，以及创业者及团队的能力等。投资者关心的是企业未来发展的潜力，而一些翔实的数据可以打消投资者的顾虑。

3. 创业计划书是创业的"针对性文件"

创业者应当清楚在创业队伍中有不同的兴趣小组存在，因此要针对他们制定不同的计划，这对于公司来讲非常重要，一旦开始经营公司，就必须有一个生产产品或提供服务的计划，并且能使产品或服务进入市场，创业者要将经营、管理团队和融资纳入计划，这些都会使得公司有一个"良好的开端"。

4. 创业计划书为企业的经营活动提供依据和支持

在内容上，各类型的创业计划书并没有本质的区别，创业者撰写计划书的过程，也是自己为企业描绘蓝图的过程，企业的蓝图如果绘制地精彩就会吸引风险投资者的目光，为自己得到资金支持。创业计划书就像企业、投资方、利益相关者的"三方协议"，每一方都有责任也有义务。

当我在哥伦比亚大学商业计划竞赛中担任评委时，我首先会阅读执行摘要，接着是财务部分的内容。当他们提出的概念让我感兴趣时，我才会花时间去认真阅读整个计划。我们从头至尾差不多看了100份商业计划，说实话，阅读这些计划非常困难，在这些计划中只有5%让我感兴趣并想给他们投资。他们构想的确实是一份很详细的商业计划。

——克利福德·肖勒(Clifford  Schorer)
哥伦比亚大学商学院尤金·朗创业中心创业者

## 四、创业计划书的写作

首先，是价值体现的原则。创业计划作为创业行动的导向和路线图，既为创业者提供指导和规划，也为创业者提供与外界沟通的基本依据，这也是创业计划书的价值所在。创业者在写作计划书时，首先应该考虑自己的产品与项目的价值所在。产品的价值体现为是否能被创业者控制、是否能满足消费群体的特殊要求、盈利点是否充分等。

其次，是真实的原则。创业活动最大的困难就是不确定性。尽管有市场调查、财务预测、资金预测等一系列的保障，但仍会有不确定因素。写作创业计划书，一定要将这些困难真实地记录下来，不能为了吸引投资方的眼球而造假，这种商业上的不诚信不只会造成投资方的不信任，而更有可能造成的是整个企业的声誉问题，并最终给企业造成损失。

最后，是阶段性的原则。创业活动并不只是简单地建立企业，而是要让企业生存下去并且获得发展，因此，创业者首先应该对自己的创业过程很了解，哪些该做，哪些不该做，哪些先做，哪些后做，创业者要有轻重缓急，不能齐头并进（见表5-1）。

表 5-1　蒂蒙斯的创业建议

| 应该 | 不应该 |
| --- | --- |
| 让所有管理团队参与创业计划准备 | 创业管理团队中不要有伪命题的神秘人物，如现在就职于其他公司，后加入本公司的人 |
| 投入足够的资金和时间来准备 | 不能讲模棱两可、不能肯定的话语 |
| 分析存在的风险以及在这种情况下创业的可能性 | 语言不要过于专业化 |
| 分析企业存在的现实问题和潜在问题 | 不要过于讲究创业计划的包装而忽略了其本质内容 |
| 从市场需求出发，把顾客放在首位 | 遇到现实需求时，不要把时间浪费在撰写计划上 |
| 将假设建立在以现实的市场和销售预期来驱动财务报表的基础上 | 资金未入账前，不要假定自己已经成功了 |

| 应该 | 不应该 |
|------|--------|
| 分析可供融资的渠道 | |
| 分析股权结构和投资者获益的方式 | |
| 研究如何引起潜在投资者的关注和兴趣 | |
| 研究目标投资群及其喜好 | |
| 编制条例清楚、内容完整、简洁明快的创业计划 | |
| 尽快行动，将计划付诸实施 | |

撰写创业计划书是创业前期重要的一项工作，创业计划书可以帮助创业者理清自己的思路，获得更好的解决方案。撰写创业计划书本身是一件比较容易的事，但是撰写前的讨论和酝酿工作则是一个漫长而艰难的过程，创业者不仅要和团队成员而且还要向相关的专业人士进行咨询。撰写创业计划书的前期准备包括以下工作。

1. 进行有效的市场调研

在市场调研中最重要的是对潜在的客户市场进行调研。同时市场调研还应包含其他一些信息，例如，建立一般的销售渠道与售后网络需要的成本。另外，如果客户对公司预想产品提出特殊要求，那么要考虑对于公司来说这种要求付出的代价是多大。作为创业者在与一些特殊的大众进行讨论时，是否坚持自己的意见，也是要靠市场调查来实现。

2. 研究新产品的构想

创业者需要在撰写计划书之前就想好自己的产品与服务，作为新创企业，产品的创新是企业生存与发展的动力。创业者与创业团队，需要围绕新产品产生的业务进行构想，要对产品的技术、设计、专利及目标用户都十分清楚。创业者可以用换位思考的方式对产品进行优化，特别是一些新技术、新产品，创业者应当确定自己的产品是一件成熟的、市场化的商品，而不是一件实验室产品，一旦产品上市，出现微小的问题首先失去的不仅仅是用户而是竞争对手的赶超，因为对已有产品进行改进要比发明一件新产品简单得多。失去竞争优势的新创企业，其生存的机会会明显减少。如果创业者对自己的产品充满信心，那么在创业计划书中就要表现出这种自信，这对于投资者也具有相当大的诱惑。

3. 财务分析与预测

创业者首先需要关心的问题就是企业的财务状况，虽然企业都有自己的专门的财务人员，但是作为领导者，应当知道企业的财务状况，特别是新企业，创业者要对财务做出预测。在创业计划中，要有详细清晰的财务状况分析与预测，以便投资者了解未来可预见的风险。因此这些要在写进计划书之前就充分了解，特别是公司的现金流状况，创业者要充分了解现金流的情况，在向投资者介绍企业时，这些问题都是投资者关心的问题。

4. 团队讨论与修改

创业计划书并不是创业者自己的任务，在创业团队中，每个人都是相关的撰写者，撰写创业计划书的过程，是团队不断讨论统一思想的过程，团队中的成员在计划拟订的时候应该了解计划的内容，因为计划的执行是由团队来完成的。

## 案例

## 波迪商店的融资

为了取得进一步的发展，我必须获得一部分资金，戈登和我计算过，要创办一家企业，需要 4000 英镑，我想，将我们的旅馆作为抵押是没什么问题的。遗憾的是，我使用了错误的方式。在约见银行经理时，我穿了一件 BobDylan 牌 T 恤以及 Justine 牌牛仔裤。我没有意识到我应该穿得更正式一点。我充满热情地阐述着我的很多伟大的想法，述说着我如何在旅行中发现这些自然成分，并为之起了一个很伟大的名字：波迪商店。但我需要 4000 英镑来创办这家企业。当我说完的时候，这名银行经理往椅子上靠了靠，说他不会借给我任何钱，因为我已经有很多债了。

我已经准备放弃了，但是戈登比我更顽强。他说，我能够得到这笔钱，但是，我们要按照他们的游戏规则与其进行周旋。他让我先出去买一套工作礼服，然后找一个懂会计的朋友，做一份好看的、吸引人的商业计划，包括各项预计的损益数字及各种各样的文字说明，最后，把这些东西放在一个塑料套里。

一个星期后，我们回到了同一家银行，并约见了同一名经理。我们都穿着礼服，戈登递上了我们的资料。这位经理翻看了几分钟，就批准了我们的贷款计划，而且，正如我预计的，以我们的旅馆作为抵押。我如释重负，同时也为我第一次被拒绝而感到愤懑。毕竟，我还是我，还是这同样的想法，显然，这位银行经理不愿意和婆婆妈妈的人打交道。

资料来源：百度文库。

**【应用练习】**

1. 通过以下案例，请你思考。

张国林在一个小村里已经住了 10 年了。村子位于一个水库附近，有 275 口人。水库里的渔业资源很丰富。村里有一条老路，坑坑洼洼，春夏雨季，有些地方根本就没有办法走。不过这里正在修一条新路，再有 4 个月就可以完工了。

新路完工之后，旅游者驾车来到这里很方便。这里良好的垂钓环境很有吸引力，张国林计划开一家旅游用品商店。

张国林认真分析了他所有可能采用的各种企业形式的优缺点，认为独资方式比较好，他喜欢自己做老板。他存有 4200 元钱，还能借一点，总之，有足够的资金开一家店。

他同时又觉得合伙制企业也不错，一两个合伙人的加入可以使他们有更多的钱开一家更大一些的商店。另一种选择是开个有限责任公司，并出售一部分股份。这样的话，筹到的资金会更多些，用不着再操心还银行贷款，也会有钱做广告。张国林把这个想法告诉了村里的许多人，想看看大家是否有兴趣来开一个有限责任公司。结果，村里的大部分人都非常感兴趣，看样子能筹到的资金远多于开一家个体或合伙制企业。如果公司盈利，村子里许多人也将会从中受益。

问题：

1. 如果你是张国林，你将选择哪种企业形式？
2. 要想做出一个比较好的企业形式决策，张国林还需要了解什么信息？

## ·▸ 扩展阅读

## 信用 6C 分析法

信用 6C 分析法是商业银行传统的信用风险测评方法，当银行需要借款给企业时，专家会根据借款人和企业来评定其信用程度，共有 6 个因素可以作为根据，包括品质（Character）、能力（Capacity）、资本（Capital）、抵押品（Collateral）、经营环境（Condition）、连续性（Continuity），这些方面的第一个英文字母都是"C"。

1. 品质

借款人的品质直接反映在银行的还款速度与数额上。每一笔信用交易，都包含了客户对公司的付款承诺，如果客户没有诚意还款，那么应收账款的风险就大大增加，因此品质被认为是评估信用最重要的因素。

2. 能力

借款人的能力包括客户的经营能力、管理能力和偿债能力。客户的综合能力越强，企业经营状况就越好，银行从企业收回账款的风险就越低。

3. 资本

资本包括客户的财务实力和财务状况。这表明客户偿还债务的可能性，对于财务实力较强的客户，其信用程度就会提升。

4. 抵押品

当客户向银行提出借贷时，一般应当有相当的抵押品用以作为保证，这是客户在拒付或无力支付时被用作抵押的资产。这对不知底细或信用状况有争议的客户尤其重要。一旦收不到这些客户的款项，债权方就可以通过处理抵押品获得补偿。

5. 经营环境

主要是指客户运营的企业的内部和外部环境。如果这些环境发生变化，客户的企业运营业绩就会发生变化，因此偿债能力也会受到影响。如果负面影响很大，则客户的信用水平就将受到威胁。

6. 连续性

连续性是指客户持续经营的可能性。这需要从客户内部的财务状况、产品更新换代，以及科学技术发展情况等综合评价。

# 第二节　撰写和展示创业计划书

**学习目标**

学习本节后，你应该：

1. 学会写作创业计划书。

2. 评估自己的创业计划书。

# 引导案例

## 金晶和她的咖啡屋事业

金晶今年 25 岁，她的母亲经营着一家建筑设备租赁公司，父亲经营着一家私人音乐学校。读高中期间，金晶不仅是学校自然俱乐部的成员，也是创业活力俱乐部的成员。通过在俱乐部的工作，她接触了千年咖啡屋，这个咖啡屋在镇上成功的经营着健康食品的特许经销业务。在千年咖啡屋，金晶在所有的部门都工作过，还与雇员和经理们讨论过业务，因此她掌握了经营咖啡屋的诀窍，并获得了相应的资质证书。

多年以后，金晶读大学了，她主修信息和通信技术，辅修小型宾馆管理。

在学校要求的为期 3 个月的实践活动中，她为多家小宾馆设计和实施了一个 ICT 系统，并在全国未来年轻创业者创新展览上获得了宾馆项目类的第 1 名。毕业后，金晶在一家四星级宾馆工作了一段时间，接着她申请并获准经营进步咖啡屋。这家咖啡屋租用了一家私人机构辖下一幢建筑的底层和草地。

金晶基于早前对该咖啡屋的了解，以及与相关人士的探讨，已知晓下列信息：进步咖啡屋在获得市政府营业执照后，由另一名女士经营了 10 年左右，这位女士后来成立了一家公司为当地的超市加工营业食品，最近还移民到了国外定居。

进步咖啡屋空间非常宽敞，它的目标客户是那家私人机构下属人员，以及另外 3000 多名城市居民。他们中的一些人只是路过，另一些人则在那家机构附近的各种办公室和企业里工作。咖啡屋早上七点开门营业，晚上八点关门，每天大概接待顾客 900 余人。咖啡屋向附近的居民提供直接的配送业务、外卖服务及直接服务。在这个城市闹区周围还有其他 4 家咖啡屋。第一家由于营业空间太小，显得非常拥挤，第二家是一家国际特许经营店，价格很高，第三家位于隔壁建筑的第三层，而第四家则位于后街，而且这家咖啡屋没有设置座位。

一直以来，进步咖啡屋每年创造的净收入达 120 万元。从毛利润中扣除 23% 的营业税之后，每月的净收入为 10 万元，所有销售均是现金交易。每月的项目和食品支出以及其他直接费用占销售额的 50%，经营、管理费用占 28%，税收占 5%，净利润占 17%，每月的销售额高达 60 万元，项目/食品支出 30 万元。其他经营费用包括租金 2 万元、水费 0.45 万元、电话费 0.6 万元、电费 0.7 万元、运输费 0.5 万元、办公费 0.2 万元、维修费和清洁费 0.8 万元、还贷利息 4.5 万元和其他费用 1.3 万元。一年中所有月份的数据基本上不变。咖啡屋有包括所有者在内的 11 名员工，其中厨师 2 名（根据需要可再聘一些）、出纳 1 名、仓库保管员/采购员 1 名、服务员 4 名和清洁员 2 名。所有雇员都接受金晶的领导，所有雇员自咖啡屋开张之日就在此工作，并且都有相关的从业资格证书，因此他们能胜任自己的工作。咖啡屋重新开张还需要 200 万元启动资金：其中存货 30 万元，购买货车需 55 万元，购买库房需 25 万元，购买餐具需 18 万元，购买炊具 30 万元，购买家具需 23 万元，50 万元用于开业前的准备，预留 14 万元现金。金晶的储蓄只有一半，母亲将借给她余下部分的一半，无须偿还利息，而银行也将以 10％的利率贷款给她剩下的部分。

此外，进步咖啡屋与一家电话中心和温馨咖啡屋在一栋楼上，温馨咖啡屋由一家机构的创业者俱乐部经营。进步咖啡屋提供不含酒精的热饮、冷热点心、水果、蔬菜沙拉、冰激凌及健康易消化的食品等，价位在目标顾客的承受范围内，金晶计划维持这一价位不变。同时，为吸引更多的顾客，她计划实行以下策略：制作精美的宣传册，安装醒目的广告牌，播放高雅的背景音乐，为社区外顾客送货，提供优质餐具和舒适的环境，改进整体设计，要求雇员礼貌待客，提高服务质量，并且分区提供不同服务，避免拥挤。此外，她还计划资助 10 名本地艾滋病家庭中的儿童接受教育，向老年基金会捐款，辅导有志创业青年，参与推动城市美化环境活动，等等。

资料来源：共青团中央、中华全国青年联合会和国际劳工组织：《大学生KAB 创业基础》，北京，高等教育出版社，2007。

## 思考

1. 从案例中，你了解到金晶的哪些个人信息？
2. 你觉得金晶开办一间咖啡屋的业务好不好？
3. 如何分析咖啡屋所处的地理位置？
4. 你能否算出咖啡屋的每月支出总费用，列出第 1 年咖啡屋的预期收入与支出？

### 一、创业计划书的写作步骤

拥有完整的商业计划，在整个商业活动中格外重要，商业计划的撰写最终是为了完成融资的任务，那么商业计划的实施要比商业计划的写作更加紧要。在前面我们已经了解创业计划书的重要性了，如何撰写创业计划书，并且能够向投资者展示创业计划书获得融资成功，是创业者最终的目的。

创业者对创业计划的了解还来自于将要对不同的角色进行不同的陈述，他们必须为潜在的投资者、新的加盟者、新员工、财务顾问和潜在的商业伙伴陈述重点不同的创业计划，但是最为核心的一点是不会变的，那就是企业的未来——商业计划中的部分特征。因此，商业计划应该体现公司是如何由一个部分组建成为整体，从而形成一个可以实现目标的并且具有生存能力的创业团队，商业计划还应该向那些对企业投资有兴趣的人显示企业拥有的与众不同的竞争力。这些都是创业计划书中必不可少的内容。

1. 确定目标。创业者在撰写创业计划书时，要问清自己几个问题，分别是：听众是谁，他们想要了解什么，他们会如何运用你给他们的信息等。创业者要清楚的是，你将面对一组投资者，投资者想从创业计划中看到企业的发展目标，再决定是否值得风险投资。创业者作为管理人员，会把创业计划当做发展目标。对未来的发展产生动力。创业者制订商业计划时，会明确地考虑自己企业拥有的竞争优势、新机遇、有利的形势。创业计划书是一份创业者的执行路线图，投资者、创业者、合伙人都会明确地了解自己想要知道的事情。

2. 起草大纲。目标明确之后，接下来的大纲讨论就容易得多了，创业计划的大纲越详细越好，这对于创业者与阅读者都有益处。创业者应该列出所有信息，为下一步起草做准备。

3. 审查大纲。创业者要进一步细化商业计划中需要演示的内容。加入细致的市场调查，对大纲的内容进行修改，使自己的每一项断言与假设，都有详细的信息作为支撑。

4. 起草计划。如果有足够的信息作为支撑，计划起草之前的市场研究就会顺利进行，但是这一步不能省略，创业者通过市场调研收集企业或行业的历史财务信息。在完成初步调查之后，就可以开始起草初步的财务报表和计划了。通过准备这些报表，创业者从财务的角度出发，先确定战略，之后再花时间撰写详细的内容。

在商业计划的财务部分，创业者要展示企业如何生存。一般情况下，创业计划中会展示第 1 年至以后 3 年内的每个月和每季度的财务计划，由于创业者自身的原因，创业计划有时会存在不切实际的弊端，因此创业者需要对创业计划思考再三，并再将计划交给他人阅读之前做合适的修改。创业者也应该仔细记录阅读者在商业计划中提出的建议，便于以后对某些内容提出复议。

5. 执行概要。执行概要对于商业计划书来说非常重要，创业者应单独拿出时间进行准备。因为它是对商业计划书的概括文件，它的内容随文件其他部分的变动而变动，只有在其他所有部分彻底完成后才能完成执行摘要。创业者应该按照下面的内容起草执行摘要以确保将所有内容都包含进去。

如果创业者希望得到投资者的青睐，就需要将创业计划书的每一项内容都做得非常完备，一份执行概要则是对全部计划书的高度概括，需要在整个计划书完成之后再来撰写，内容包括：企业概述，用来描述企业以及企业的产品与服务，以及市场与竞争，重要的是要在这部分内容中清楚地表明企业销售的产品、对象、为什么会具有竞争优势；成功因素，或者叫作竞争优势，这一部分应详细介绍企业的成功发展，包括专利，技术优势，设施地址产品与服务的重要合同，试营销的结果等，因为投资者最看重的就是优势；目前状况，在这部分创业者应当提供关于公司的所有信息，企业的所有制形式，需要记住的是，一定要实事求是，因为投资者对公司的评估会非常严格，任何虚假的信息都会影响投资者对创业者的信任，并且一旦这种信任失去，有可能带来长久影响；财务特征，这部分会提供有关公司的财务信息，包括销售收入、利润、现金流以及投资回报等。

6. 检查并更新创业计划。在完成商业计划大纲后，创业者还需要从专业化的角度检查这份计划的完备性和有效性，创业者可以找到专业的咨询机构为自己把关。商业计划是随着目标的改变而改变的，一般情况下 6 个月更新一次。并且商业计划应当是创业者手边的一份文件，需要创业者不断检查与适时更新。但是在实际情况中，创业者很少使用最初的创业计划书，这是因为在创业过程中，实际的情况更加复杂。创业计划书的主要作用是获得银行贷款、找到其他股权投资者，创业者可以根据产生的偏差对计划书及时调整。总之，创业计划书是企业发展的未来规划，随着企业的不断发展，创业计划也在不断调整，银行与投资者会从商业计划书中对企业加以判断与考虑。

▶▶ 案例

## 撰写创业计划书应该重点思考的问题

《福布斯》杂志遴选出创业过程中要不停回答的 20 个最重要的问题，无论你是想建立一个伟大的商业帝国，或只是想开一家小公司，都先问问自己以下这些问题。

1. 你的价值主张是什么？

如果你不能用 3 句或更少的大白话解释清楚客户需要你产品的理由，你就没有价值主张，因此也就没有生意可言。

2. 你的产品是否有可行市场？

《宋飞正传》中的克莱默相信曼斯尔摩男性胸罩是开启财富大门的钥匙，但他没有经过市场调研，更没有想过吸引风险投资。永远不要以为在市场需求存在之前，你可以创造需求，不要寄期望于下一个曼斯尔摩。

3. 你的产品与竞争产品有何差异？

星巴克使人们相信他们需要价值 4 美元的含咖啡因调和物，路易威登可以忽悠人们用 1500 美元买下牛仔布材质的手袋，但只靠营销无法做到这一切。如果你想赢得业务，你需要提供其他公司没有的有形价值，例如极低的价格（沃尔玛）、巧妙的产品设计（苹果）、极大的便利（联邦快递）。找出你的优势，并强化它。

4. 是否具有业务规模？

小富和大富之间的差距是"规模"，有规模的企业能够用极低的成本生产下一个部件。以软件为例，一旦微软倾力研发出视窗操作系统的代码，每个拷贝的增量成本是微乎其微的。什么商业模式不需要规模？想想服务业吧，营业额越高，需要的人手越多。

5. 为实现这一切，你需要投入什么？

为了使业务走上正轨，你正准备在未来的两年内，每周工作 100 小时吗？一个合理的警告是，如果你想开创事业，你就要准备付出一切。

6. 你的强项是什么？

谷歌拥有强大的搜索算法，斯坦威利用木材创造奇迹，思科能嗅出有前途的新技术并购买它们。找出你的强项，并坚持下去，也许这是显而易见的理念，但是很多热心的企业家都迷失了方向，尤其是当世界看上去充满了可能性时。

7. 你的短处是什么？

有所为，有所不为。例如无数网上商户将网站和后台支付系统的设计外包。浪费资源只会变得平庸，这无异于自杀，所以专注你所了解的领域，寻找可信任的伙伴去处理其他事情。

8. 你的客户会支付什么价格?

为什么顾客愿意支付 2 倍于普通漂白剂的价格去购买乐高产品?谁知道呢,但是不论是 iPhone 或是一瓶漂白剂,确定客户愿意支付的上限,是任何商业模式的最大关键之一,咨询公司由于帮助公司确定合理价格,从而得到丰厚的报酬。

9. 你的买家拥有多大的权力?

没人只想把刮刀卖给镇上唯一一家车窗清洗公司,如果客户要求大降价,业务就结束了。使客户多元化,可以分散经营风险。

10. 你的供应商有多大权力?

供应商数量越少,变数越大,多节松木落地钟的生意听上去不错,但是,如果松木原料的产地只有一个,那怎么办?答案是你要付出代价,你同样要当心那些饥不择食的低成本供应商,他们会不想在乎质量。

11. 应当如何销售产品?

戴尔电脑跳过零售商,直接将产品卖给顾客,技术支持有限;通用汽车和可口可乐依靠经销商来配送车辆和汽水;诸如拉尔夫·劳伦这样的服装公司采用内外渠道并举的方式;苹果一直在增加时髦的体验店,有精通技术客服代表并以现场的产品教程加以完善。不管使用什么销售模式,务必保证它符合你的总体经营战略。

12. 应当如何营销产品?

20 世纪 90 年代,美国在线斥资在全球推广免费试用软件,最后只能通过资本化来弥补这些开支,掩盖财政大出血(管理人员后来擦除了上百万元的会计利润,掩盖了财务人员做的手脚)。

13. 市场新进入者的威胁有多大?

有钱赚的地方就有竞争。如果不构成直接的对手关系(参见在浏览器市场微软和网景之争),那么替代技术会带来优势(看看数字电视为柯达带来了什么)。通过登记专利,保障可观的租约货单,建立忠实的追随者,便可以在新入者之前建立起门槛。

14. 如何保障知识产权?

比如,你发明了一辆仅适用于有太阳就可以开到每小时 50 英里的汽车,过了几个月,5 个狡猾的对手利用"反向设计法"制造出这种车辆,并将自己的品牌投入到市场，所以，在你的原型车公之于众之前，请登记临时专利，这样做可以将你的创意保护 1 年，你可以利用这一段时间进行完善。

15. 你需要多少创业资本？

初期投资者或者小型企业顾问会告诉你大多数企业倒台的原因都是资本不足。这方面没有绝对的定律，但犹他州奥勒姆牙医办公室软件厂商 Curve Dental 的总裁吉姆·帕克认为："恐怕你要将最初的估计翻一番。"

16. 如何融资？

有一些选择，包括信用卡（很危险）、天使投资人、风险投资（如果真要大干一把的话）、银行贷款（看运气），以及最贵的一条途径——股票。不过，要注意，向公众出售股份会伴随着一大堆头疼的问题，包括所有权稀释、失去控制和监管障碍。如果可以的话，白手起家，自食其力。最后要记住，拿捏好资金的流入与流出的时机，从而承受住债务，如果时机不匹配，可能会有麻烦。

17. 要想在初期生存下来，需要多少现金？

对于那些渡过了上一次经济危机的人来说，请你们再次注意手中的现金。很多企业家吹嘘像曲棍球杆一样上升的财政计划，但当好时机来临的时候，他们的腰包已经空了，（还记得科技热潮时期倒闭的互联网公司吗）坐在艾龙椅上，在 Mac 机前守着，一直等到现金入大于出之后再添加足够的缓冲资金。

18. 你有什么样的财政计划？

如果没有目标，你便不能领导企业。财务计划中有两个里程碑：第一，在一定的时间内涌入企业的现金比流出的现金更多；第二，收回开始总投资的那一刻（包括根据货币的时间价值进行的调整）财务计划应当更加合理，如果绘制出过于诱人的前景，老练的投资者便会走开，更要命的是，你会资金短缺。

19. 如何让员工更开心？

《美国偶像》没有了西蒙·考威尔会怎样，我们很快便能知道结果，因为很多人认为，如果他一离开，节目便不会有这么大的吸引力了，如果你运气够好，能找到非常优秀的人才，这时就要激励他们——工资只是等式的一部分。

20. 最后一步是什么？

让自己的企业成为第一个吃螃蟹的人？MySpace 是这样，Facebook 不是这样，不同的最后一步需要不同的战略，时刻记住自己想要做什么。你要搞清楚，你是想建立起下一个大商业帝国，还是只是想赚笔钱走人。

了解创业的基本过程以及创业过程中需要不断思考和回答的问题，有助于我们在撰写创业计划书时把握重点。

### 目标人群的确定

创业计划书的读者对象应该是许多人，包括创业者自己在内，它是一份指导性文件，不同的时期，发挥的作用也不相同，针对不同的目标调整计划书的重点，会使计划书的任何一个部分都具有完美的工具作用。有些投资者只会对某些固定的企业投资，比如技术类、健康保护类或财务服务类。因此，创业者必须考虑哪些投资者或投资团队与他们的需要有关。将创业计划书发给那些适当的投资者，这些目标小组包括：

银行家，提供企业扩张和购买设备的资金；

企业经纪人，出售企业；

新的潜在的员工，了解企业；

投资者，向企业投资；

小企业管理局，批准企业贷款；

投资银行家，编写招股说明书；

供应商，建立购买信用。

# ▸▸ 案例

## 周鸿祎谈大学生创业

每次提大学生创业我都非常纠结，你知道有多少成功率？有人举比尔·盖茨，全世界就出这么一个人。绝大多数还是在这个市场里磨炼了至少十年以上：看许朝军，大学没毕业就跟着陈一舟干，所以今天可以创办点点网；再看最近这一年的上市热潮，优酷的古永锵原来是搜狐的 CEO 和联席总裁，人人网的陈一舟是十年的老兵了，当当网的李国庆更是在互联网第一波里打拼了十几年。

我的第一个建议，中国互联网的创业环境，前途是光明的，道路是曲折的，无线互联网的到来创造了更多的机会，但是对于创业者的要求比十年前高了很多，而这个门槛不是钱多就可以解决的问题。那时大家都傻呵呵的，谁拿到一笔钱，在互联网里占着一块地，只要自己不犯大错就可以"剩"者为王；现在有一些新的创业模式出来，创业公司趟一趟路，江湖大佬们会把这个模式拿来一搬。其实抄袭不可怕，可怕的是人家比你有资源、用户量。

　　第二个建议，别把创业狭义地理解成我今天开个公司、给自己印盒名片，管自己叫CEO，想要把对市场的理解、一个点子变成一个成熟的商业模式，需要经验的积累。所以，刚进入江湖的时候，加入别人的公司，花别人的钱练自己的能力也很好。而且随着经验的积累和提升，真的有一天你自己组建一个团队的时候，你会发现也不是自己就可以干的，可能还需要一个CEO、一个产品专家。

　　第三个建议，创业早期要少一点功利，不要为了去解决财务问题去创业。你真的喜欢什么、真的看到了一个什么问题，你可以解决它，那你就去做。不一定要融到巨资、要上市。如果连10万块钱都没有花过，非要去融上亿美金，我个人觉得这种历练是没有任何意义的。

　　第四个建议，我经常收到商业计划书，当然也可能我慧眼不够，但是从概率来说，如果一个人没有积累，商业计划书却要点一个很大的题目，我觉得是不靠谱的。拿Facebook举例，真实的历史是怎么样？是胸怀天下说我们有六度理论吗？是为了联系世界上每一个人吗？好像没有吧，据说是为了解决哈佛女生进来的时候，哈佛男生可以在一个网站上看到她们的照片。

　　乔布斯通过iPhone、iPad颠覆了手机行业、颠覆了平板电脑，搞得现在这个行业大乱，最早他的想法我觉得很简单，做电脑实在是做不过这帮人，市场份额太小；做操作系统，虽然操作系统很先进，但就是敌不过Windows 99.99%的占有率，怎么办？剑走偏锋，做一个MP3播放器吧。连这么大的公司一步一步起来都是靠一点一滴，我们干吗一出手就是要解决世界的问题呢？我们应该从一个很简单的需求开始，做商业计划，从小事起步，从细微处起步，最后你会发现一步一步越做越大。

　　做公司最重要的是什么？刚开始是做产品，找到你的用户，想办法把产品推销给用户。他们往往不是你身边的人，更不是那些VC和评论家。你应该天天跟用户泡在一起，越做越谦虚，越做越了解用户。我给大家算个账，在中国做一个再烂的产品，弄个 10 万用户是不难的。假设你有 1% 的粉丝率，1000 个粉丝；假设这 1000 个粉丝 10 天来一次你的网站和论坛，一天就有 100 个人；如果你的论坛上每天有 100 个忠实粉丝发言表扬你，这是什么感觉？论坛热闹极了。你马上就觉得你自己天下独一无二了。在产品的初期，一定要克服这种成功的虚幻，你要找到真正的大众用户在哪里；经常跟一些评论家在一起混，你只会离真正的用户越来越远。

这是我个人的一些很深的体会，我能站在这儿跟大家讲，因为我失败次数多了。每个人在早期创业的时候都会经过几次失败，你们身体好、年纪小，互联网拼的是长跑，要 Hold 住，未来就一定是属于年轻人的。

资料来源：http://news.cnblogs.com/n/119266/.

### 编制创业计划的时间

撰写创业计划书并不是连贯的行为，创业者需要花时间思考，还要和创业团队，特别是财务顾问商讨财务方案，并且获得缺失的信息。创业者也可以求助专业的顾问来一起撰写商业计划，这样有助于为创业者减轻负担，这一点很有价值。尤其是对第一次创业的人来说。但是创业者应当清楚的是，撰写商业计划书是创业者自己的工作而不是顾问的事情。好的创业计划，至少要经过两次撰写，专心制作一份创业计划书要经过至少 200 个小时，这样的时间安排有助于创业者仔细考虑自己的创业实际，但是如果想给投资者解释创业计划以获得投资，也可以将最初的计划以及那些已经了解清晰的有用的背景信息部分内容撰写出来。这样就把任务分解了，与在短时间要求撰写出全部计划相比，要容易得多，也便于后续进行内容的补充与修改。一份完美的商业计划是要经过深思熟虑、反复研究的，要经得起时间的考验，因此撰写商业计划也要经过仔细考虑，反复研究。商业计划书要经过银行与投资者的全面检查与评估，如果创业者无法全面确定计划，无法保证价值评估中每一点内容和论断都正确，那么创业者的能力就会受到投资者的怀疑。

### 创业计划能够回答的问题

创业计划书要能够有效回答以下问题。

1. 主要的产品与服务是什么？

2. 产品与服务是否有市场，是否有确定的机会？

3. 产品或服务的目标顾客是谁，你为他们提供产品或服务的价值是多少？

4. 定价结构怎样？

5. 谁是你的竞争者？行业的竞争堡垒是什么？

6. 市场风险和市场条件的限制条件有哪些？

7. 需要什么样的销售渠道用于销售产品或服务？

8. 管理团队的成员有哪些人，他们的才能有哪些？

9. 目前现金流和盈亏平衡的计划是什么？

10. 企业在财务上目前最需要什么？

11. 企业和创建者未来的财务目标是什么？

最后确定计划书的最佳形式、读者对象、时间和内容大纲。

## ▶▶ 案例

### 坚持自己的战略：创业者与投资者的博弈

1999 年互联网高潮到来的时候，陈天桥拿出了 50 万元的启动资金，创办了"上海盛大网络发展有限公司"，并推出了虚拟网络社区——"天堂归谷"，短短几个月，这个虚拟社区竟然拥有了 100 万左右的注册用户，并为盛大在 2000 年 1 月赢得了中华网 300 万美元的风险投资。2000 年盛大开始做网络动画。但是随着互联网泡沫的破灭，盛大并没有盈亏平衡。2001 年初，陈天桥决定放弃投入期长、回报期长的动画网络，回到网络游戏的经营上来，这时《传奇》走进了陈天桥的视野，当陈天桥把他给中华网写的厚厚一叠项目建议书递给中华网时，投资方中华网决定最终放弃投资。

最终，陈天桥与中华网分手，中华网按股份留给陈天桥 30 万美元。2001 年 7 月 14 日，盛大和《传奇》海外版权持有商 Actoz 以每年 30 万美元的价格签约。陈天桥则获得 27％的分成与国内的运营权，陈天华得以重新掌握盛大，并继续运营游戏，《传奇》最终获得成功，为盛大带来了丰厚的回报。

## 二、创业计划书的形式和内容

### 1. 创业计划书的形式

确定商业计划书的最佳形式是每一个创业者写作之前要考虑的问题，不同类型的创业计划书有不同的写作规范，一般创业计划书分为三个类型。

（1）完整的商业计划书。当创业者需要吸引投资者、战略合伙人和买方时，他需要一份完整的创业计划书向投资人详细地介绍企业。

（2）执行摘要计划。执行摘要是商业计划书的精华，要涵盖商业计划书的要点，以求一目了然，创业者要明白他自己所做的事情，执行摘要就不需要写的过多，通常用两页纸的篇幅、6～8个段落就足够了。如果创业者不了解自己正在做什么，就可能要写10页、20页纸。执行摘要通常用来满足投资者的兴趣和寻找战略合伙人，其用途是让VC用最短的时间"将珍珠从沙砾中挑出来"，然后再比较"珍珠"质量的优劣。

（3）行动计划。一份行动计划是管理者用来执行计划的文件，他一般详细地介绍了行动的内容和执行计划的时间表，其中每一项任务都应该有大致的执行时间，这些任务必须在限定的时间内完成。行动计划是创业者团队的内部计划，针对具体目标制定执行时间可以保证创业路线图的正确方向及完成的时间，便于创业者对计划做出正确评估。

### 2. 创业计划书的内容

**制作封面和目录**

创业计划书的封面一般包括企业的名称、地址、电子邮件地址、电话号码、日期、主创者的联系方式等信息，如果企业有网址的话，也应该将网址写在封面上。公司名称的字体要选用自己固定使用的文字字体，如果已经设计了商标，商标最好也要放在封面上，以表明自己企业的文化。

目录紧随封面页后，其作用是便于查找计划书的内容，因此，目录需要列出计划书的主要章节、附录和对应页码。

**执行摘要**

执行摘要是独立的内容，需要单独撰写，因为它是对商品计划的概括性文件，它的内容会随着文件的其他部分的变化而改变。因此通常只有完成了其他所有的部分，才能完成执行摘要。执行摘要的内容包括：企业概述。企业概述用来描述企业、企业的产品或服务、市场等，这部分必须清楚地介绍企业销售的对象是什么、对象是谁、为什么企业会有竞争力等内容。成功因素是介绍对于企业成功而言非常必要的任何发展，包括专利、样品等。

### 概述

概述用于描述企业如何利用所有要素构建一个企业，这部分的内容不需要太详细的介绍，因为大部分的内容会在后面的部分详细介绍。概述的写作一般要简洁明了，有一个原则必须遵守，即优势原则。因为内容简单，因此要写作最有优势的要素，这部分内容对于投资者来说是一个索引。投资人有时会根据自己的想法，在看到概述之后，直接翻到自己想看的内容进行评估。

### 市场分析

市场分析要写明自己的企业应对市场环境、促进销售、力保成功的方式与解决方案，还应向投资人解释为什么企业值得投资。投资者与创业者都知道，市场往往面临着巨大的挑战，只有克服挑战，才能获得成功。因此，投资者与潜在投资者对市场分析这部分内容很重视。事实上，风险投资者认为只有企业的产品和服务能够在市场上拥有自己的优势地位，才能够获得良好的效益。这是公司成功的最重要的原则。

市场是检验产品与服务的最好的地方，如果产品与服务不是市场需要的，那么再多的投资，再优秀的资源也不能让企业获得成功。

我们概括市场分析重要的方面包括以下几个方面。

（1）市场机会。市场的需求就是市场的机会，一方面产品和服务需要获得市场的认可，另一方面市场决定产品和服务的导向。同时创业者还需要量化市场的规模，投资者一般还会希望创业者获得全部的可利用的市场，以便在行业中保持有利的地位，如果能获得市场的100％的占有率，那么收益的规模也是投资者关心的。总之，投资者会关心自己投入到企业的钱，最后获得多少利益与多长时间获得收益。

（2）竞争。在这个环节的描述中，企业存在的市场就包含企业所面临的竞争情况，竞争的程度、影响企业竞争的因素都是创业者应当仔细考虑的问题，创业者还应当想到其他问题，例如，如果是国家鼓励的高科技企业，那么国家的政策法规就会帮助企业获得竞争优势。

（3）营销策略。在企业根据经验获得顾客需求量以及购买信息后，企业要有详细的经营活动的组织方案，并且要将方案写进计划书中，内容包括产品策略、价格策略、渠道策略和促销策略等。企业还应使用它的营销工具，如分销、广告和促销、销售奖励等。创业者的创业计划书可以根据不同时期、不同的销售额变换营销活动。

（4）市场调研。市场调研也是营销计划的一部分，有些计划书中会单独成文。大多数有价值的数据主要来自于市场调研。如果财务计划书中的定价能够指导产品或服务，那么市场调研就是成功的，在运用市场调研数据时，银行家与投资者一般会选择与潜在的顾客交流，顾客的积极反映有助于建立企业的信心。

（5）预测销售。销售预测的内容包括增长计划、市场份额和顾客购买额。这一部分内容一般包含在财务计划中，在市场部分可以适当地引入一部分，以便投资者对你的创业计划书有全面的了解。

（6）附录材料。创业者需要一些材料支持自己的计划，这样会使自己的计划更加可信，附件的材料包括行业研究、支持材料、说明书、评论，或者是与产品或服务有关的文章。

**产品和服务**

商业计划书中的产品和服务的部分应该描述产品或服务的特征与吸引力。这部分的内容包括产品原型、样本或展示产品如何操作。内容具体包括以下几个方面。

（1）产品特性描述。对产品特性的描述最重要的一点是向投资者介绍产品与服务的优势，创业者可使用包括照片、图片或说明书等资源。至于对服务的描述，经常是用一幅流程图帮助传达企业所提供的服务。

（2）产品与服务的吸引力描述。创业者应该对产品与服务的使用方法进行介绍，简单描述是什么构成了企业产品或服务的吸引力。在此，强调企业产品的的独特性、对顾客的价值主张、建立企业的潜在市场等都是一个很好的机会。

（3）关于发展阶段的陈述。创业者首先要向市场上的顾客进行介绍，内容包括产品的原型设计、质量测试、执行力等。

（4）推荐信。创业者可以让一系列专家或已经使用过产品或服务而对产品或服务很熟悉的顾客推荐你的产品或服务，如果有人能够对你的产品或服务给予正面的评价，那么这些推荐信可以以信函或报告的形式包含在附录中。

### 市场营销计划

商业计划中的市场营销部分描述的是企业制订了怎样的营销计划与如何执行这一计划已取得预期的结果，市场营销分析用于指导创业者的定价、分销、促销战略。这些会使企业在竞争中盈利。

### 定价战略

价格是市场营销组合中一个非常重要的组成部分，定价的目标是促进销售，获取利润，因此企业在定价时既要考虑成本补偿，又要考虑消费者对价格的接受能力，从而使价格具有买卖双方双向决策的特征。创业者要在创业计划中的市场营销战略部分写明有关折扣和价格变化的策略，并且要为投资者描述这些策略对总利润有何影响。以下定价策略可以供新创企业选择。

(1)成本加成定价：所有成本，无论是固定成本还是可变成本都要计算在内，在成本的基础上再加上一定百分比的利润。

(2)需求定价：企业按照市场的需求量或市场的承载量销售产品或服务。

(3)价值定价：企业销售产品的价格占据了为顾客提供的总价值中的大部分。

(4)竞争性定价：在企业进入市场，产品价格已经定好了，而且厂商生产的产品没有差异，在这种情形下，基本不太可能改变价格。

(5)溢价定价：是指企业在成本定价的基础上加上估计的利润，因为有些行业，如化妆品、医疗用品等，这些行业的利润会高于其他行业，在这些行业中就可以采用溢价定价的方法，通过价格获得最大化的利润。

### 销售渠道

销售渠道简单地说就是将产品与服务从生产者手中转移到用户手中的路径，创业者要从一开始就选好销售渠道，并且需要分析竞争者的销售渠道，在调研的基础上选取最合适自己的。一般的销售渠道有以下几种。

(1)间接分销渠道。间接分销渠道通常是指制造商借助于中间商将产品销售给消费者。这是一种采用的最广泛的销售渠道，我们网上消费品大多采用此种销售渠道。在创业者还没有能力建立自己的销售渠道的时候，可以借助已有的中间商推广自己的产品。这种方式还可以用来低成本的迅速拓展自己的市场覆盖率。

（2）直接销售渠道。这是指制造商直接将产品提供给消费者的一种方式，其特点是没有中间商参与。一般的工业品分销的主要方式都是采用这种方式。特许经营是这种方式的一个体现。

## ▸▸ 案例

### 联想特许专卖店经营

特许经营模式有效地避免了资源的分散与风险过大等问题，国外的特许经营发展得很快，特许经营的行业也从最初的餐饮业扩大到汽车维修、电脑销售等行业。1998 年，联想开始了特许经营模式的第一阶段，在上海、北京和广州开了 6 家店，接着又在全国开了 10 家店，并且都取得了好的销售业绩。然后，联想开始进入第二阶段——大规模发展阶段。在 1999 年，联想用了一年的时间开了 100 家特许加盟店，覆盖了全国 33 个城市，2000 年又扩大了加盟点的范围，并加进了一些三线甚至是四线城市。

比较两种营销渠道的优劣，联想的产品分为家用电脑与商业电脑两大系列。随着企业的快速发展，家用电脑如果由代理商代理就可能出现竞争无序等现象，如价格不统一、服务不到位等现象，不利于联想品牌的树立。采取特许经营的方式，可以提升管理水平，提高整体的产品竞争力，实现对产品的综合管理。

（3）平台式销售渠道。平台式销售渠道通常是食品行业建立的一种销售渠道，首先生产厂家有很多分装厂，由这些分装厂直接建立经营部，直接负责向各个零售点供应产品，从而建立以企业为中心的分销网络。如著名的可口可乐公司就是这种销售渠道的代表。这样做可以消除批发商，将货物直接送到零售店中，这种方式对零售点的规模有很高的要求，如零售点规模太小、每次进货量少、缺少库房停车场等必要的物流条件，如果直接供货就会使物流成本提高。针对这种情况，可口可乐公司的做法是开发一批小型的批发商，他们是最小的批发供应商，一般没有批发市场的摊位，只是安居在城市中，负责几条街道的零售摊和杂货店的商品供应，靠周边的送货服务和良好的客户关系维持经营网络。可口可乐由于开发了这种渠道模式成功的覆盖了销售终端。随着百事可乐和其他一些饮料公司的不断跟进，参与开发，使得这一有着中国内地特色的饮料配送体系逐渐成形，实现了可口可乐"随处可见""随手可得"的销售渠道建设目标。

（4）独家代理模式。独家代理模式是指企业在选择代理商时，在某个区域只选择一个代理商使用代理商的渠道网络进行销售的模式。一般情况下，新企业最常采用此种销售模式，这种模式销售代理可以获得稳定的利润并且销售的数量与利润直接相关，因此可以最大限度地调动经销商的积极性，价格也比较稳定。但是，产品的销售大权直接交给代理商，企业就会受到经销商的制约。

（5）网络渠道。网络渠道是新兴的一种销售渠道，这种渠道是借助于互联网络、电脑通信技术和数字交互式媒体来实现营销目标的一种营销方式。中国现已成为美国之后的第二大互联网市场，有庞大的互联网消费群体和网络营销空间，最常见的网络销售渠道模式是网上直销渠道，最为我们熟知的就是电子商务网站。生产企业通过建设网络营销站点，让顾客可以直接从网站进行订货。通过与一些电子商务服务机构如网上银行合作，可以通过网站直接提供支付结算功能，简化了过去资金流转的问题。对于配送方面，网上直销渠道可以利用互联网技术来构造有效的物流系统，也可以通过互联网与一些专业物流公司进行合作，建立有效的物流体系。因此网络营销渠道带动的不只是一个行业的发展。

（6）广告、公共关系、促销战略。企业也要将这一部分内容写入创业计划书，有些新企业的领导人认为，在企业追求进一步发展，获得较大收益之前，一些产品广告，公共关系或者促销策略都是多余的，甚至是浪费资金。但是对于投资者来，如何劝说顾客从你这里购买产品，如何在同行业竞争中获胜，是他们关心的问题，因此写明你的产品宣传、公关与促销，可以很快地获得投资者的青睐。同时，创业者还应该有幻灯片、曲线图、表和其他类型的图表，这些图表可以有效地表现出企业是如何整合营销力量，运用多种营销工具分配企业资源。

**运营计划**

创业者一般需要一份详细的、有深度的运营计划。在新兴的电子商务网站中，需要极大的关注运营问题。具体到企业的某一个项目，在向目标前进时，也需要制定一份有预见性的进程计划，编制运营计划的关键在于企业的本质，创业计划书的运营计划这部分内容包括以下几个方面。

(1)产品/服务开发。创业企业的创新能力是投资者关心的问题之一，新建企业要将新产品或服务的开发写进创业计划，即使产品已经开发完毕，也有必要进行二次开发并且使产品保持竞争优势，创业计划书在产品开发的内容中要有对产品的开发活动的总结。

(2)生产。创业计划书在生产部分的描述中，需要介绍工厂、生产设备、材料和劳动力，以及企业生产产品的过程。投资者对企业的生产充满兴趣这也是决定投资者是否投资的重要条件之一，在创业计划书中，创业者要介绍自己企业的整合资源所运用的技术，包括流水线和机器人技术，以及企业生产能力指标，如果这些运营项目是以外包的形式出现，创业者最好写明其分包商的情况。

(3)维护与支持。这一部分是企业的售后服务部分，有些行业对售后服务有严格的要求，例如软件服务行业，创业计划书中，应清楚地写明售后服务的条款与内容。

**管理团队**

管理团队是创业计划书中非常重要的一部分内容，创业者要向投资者详细介绍团队的成员的技术和管理能力，特别是要强调管理人员的能力，并指出为什么企业的管理会为企业赢得竞争优势。

创业者要清楚地知道，风险投资者投资的是人，而不只是一种想法，主要包括以下三类。

(1)管理人才和技术。创业团队中如果有专家，拥有技能、相关经验及有相关背景的人员，就应该向对企业起到关键作用的人进行介绍，这些关键的人员包括投资者、董事会成员、关键雇员、顾问和战略合伙人。创业者还要在介绍关键的管理团队成员之后，再提供一份管理组织图，以表明管理人员在企业中的职位与责任分工。

(2)对员工的政策和战略。创业计划书中需要描述企业在员工的管理、培训、选拔、激励等方面的内容，这对于投资者了解企业文化有很大帮助，如果能够描述企业的福利与奖励计划可以帮助投资者进一步了解公司的精神。

（3）董事会与顾问委员会。介绍组成公司董事会的董事数量，公司的创建者、个人或风险投资者都可能成为董事，这些董事将会给公司带来财务上的支持或是给公司的管理团队带来特定的经营管理经验。

**财务计划**

创业者在描述财务计划时，一般应真实、全面地反映财务预期表现。投资者会根据财务计划评价企业的吸引力，这也成为衡量企业的一个最重要的尺度。创业计划可以让大家了解企业的本质，而财务计划介绍的重点是财务方面的业绩，直接指出了企业的利益底线，也是投资者寻求投资回报、衡量企业业绩和了解退出战略的地方。

在整个创业计划书中，财务计划基本上没有多变的形式，每个财务计划一般都会包含相似的财务报表，每一个报表都要以财务常规的形式呈现出来，投资者会根据数字看出大量信息，不仅有助于了解企业，还体现了与其他企业相似的关系，总的来讲，财务计划这部分包括以下内容。

（1）假设条件。创业计划书中的财务计划需要描述计划成立的假定基础是什么，没有假设的条件，数据不会产生任何意义，这种假设条件应当与市场调查的情况相一致，只有投资者仔细的考虑这些假设，投资者才能合法有效地评估财务计划。

（2）计划损益表。这些财务报表至少要反映企业第一年每季度的利润增长，创业者应当提供未来2～5年的损益表。

（3）计划现金流表。对于第1年和第2年的现金流量表，创业者要尽量详细地制定。

（4）目前资产负债表。资产负债表反映企业一定时期的整体财务状况，编写资产负债表一般包括未来两年内的财务状况。投资者可以根据计划中的财务报表一目了然地看清企业的资产状况。

其他财务报表例如盈亏平衡分析也需要纳入到创业计划中，但是不是所有的财务报表都需要写进财务预算，有些项目可以以图表的形式写进附录中。

（5）财务条件。创业计划中资金的需求和使用。这部分内容应该描述企业所需要的融资资金数量、资金用途和资金的使用时间。对于产品研发期间就需要融资的企业，创业者要对研发使用的资金、购买所需要的设备和资产以及运营成本做出预测，特别是研发产品的时间如果较长，创业者就应该为这段等待时间做好融资准备。

### 三、了解商业计划失败的原因

创业计划书的最现实的目标是争取到投资人的注意，因此创业者在撰写计划书时，要考虑投资者的阅读情况。创业者要寻找一个好的方法确定自己的创业计划书能够吸引到投资者的关注，保证自己的计划书会获得优先考虑的机会。对于那些失败的创业计划书，有时失败的原因并不是创业项目没有足够的吸引力，而是其他方面没有做好，但是投资者绝不会清晰地告诉你他们为什么不阅读你的创业计划书，而是会寻找一个理由直接拒绝。

下面我们列举了一些失败的创业计划书的情况，便于创业者在撰写时与自己的进行对比。

（1）执行摘要的内容不清楚，不简洁，没有根据目标撰写不同的有针对性的内容。

（2）企业的基本概念没有经过推敲，不合理。

（3）企业没有对竞争对手做"合理的""真实的"分析，或者在创业计划书中没有提到竞争对手的任何情况；投资者都会很清楚，没有任何一个行业不存在竞争。

（4）财务计划不真实。大对数创业者会对财务计划做出过分乐观的估计，例如有些创业者计划企业的现金流会每年增长 200％。投资者会认为创业者的创业计划书过于乐观。

（5）创业企业没有注意到潜在的客户。创业者一般会在创业计划书中谈到市场与顾客，但是对于潜在的顾客，有些创业计划书往往会忽略，"我将生产一种新的健身器，会有顾客光顾"这样的创业计划书不会产生任何效果。

（6）创业计划书中没有对融资的使用情况进行讨论，也没有说明投资者如何收回投资，得到满意的投资收益。

（7）创业者如果在创业计划书中，表现出强烈的对公司的控制欲，而没有提到如何组建董事会，这样的创业计划书不会受到投资者的欢迎。

（8）创业者不能清楚的对自己的企业做出评估，过于乐观或过于悲观都会使投资者产生不现实的感觉。

（9）如果企业有自主的知识产权优势，就需要在创业计划书中明确知识产权的研究，以保证其他企业不会与自己的知识产权产生冲突。

(10)管理部分的内容不明确。创业计划书中的人员管理部分是一个非常重要的部分，它包含部分人员的简历，有时创业者会因为找到专家或者高手而将他们纳入管理层，但是投资者对这些人员并不看好。在写作创业计划书时，如果没有合适的人员，创业计划书中就可以将要找的人员空缺出来，并介绍如何完成招聘。

(11)财务计划的重点不清。创业计划书中将财务信息放到了无关紧要的方面，例如：对于重点基础设施的建设的撰写暴露出很多缺陷；有时创业者自己给自己过高的薪酬，也会影响投资者对企业的看法。

(12)诚信为先。如果企业没有在创业计划书中表现出足够的诚信来，那么即使再有利益的项目，也很难得到投资者的认可，创业者也不会得到任何借款与投资，因为没有一个人会与他不信任的人合作。

【附录】

商业计划书的目录样例

目录

第一部分　执行摘要

1. 企业的机会和愿景

2. 市场和规划

3. 竞争优势

4. 管理团队

5. 上市

第二部分　企业、行业、产品或服务

1. 企业概述

2. 行业简介

3. 产品与服务

4. 发展计划

第三部分　市场分析

1. 市场的规模与趋势

2. 目标客户

3. 竞争

第四部分　市场营销计划

1. 营销战略

2. 定价

3. 销售计划

4. 广告与促销

5. 分销渠道

6. 运营计划

第五部分　运营计划

1. 产品开发

2. 生产计划

3. 维护与支持

第六部分　管理团队

1. 组织图

2. 关键管理人员

3. 对员工的政策与战略

4. 董事会

5. 顾问委员会

第七部分　财务计划

1. 实际财产损益表与资产负债表

2. 损益预算表

3. 资产负债预算表

4. 现金流量分析预算表

第八部分　资金需求与运用

1. 财务需求量

2. 数量、时间和条件

3. 资本支出、运营成本

附录

财务数据的假定条件

展示和附录

## 四、展示创业计划书

不管商业计划书多么完美，除非能将商机清晰地与潜在的利益相关者（例如银行家、投资者或公司的合伙人）交流，否则无法吸引到资源来帮助公司。交流是创业者成功的关键。创业者还需要根据不同的对象准备不同的内容，例如，当寻找一个投资银行争取贷款时，创业者需要向银行表述尽量减少债权人的风险；如果交流的人换成风险投资者，那么创业者需要展示的是企业是如何按照投资者的要求进行运营的，要向投资者突出公司的快速成长，投资者日后如何成功退出。

与投资者的谈判是一个漫长而艰难的过程，双方会有很多次不同程度和不同形式的交流。其中第一次的交流最重要，一般是以"执行摘要"的形式出现，其口头形式就是我们常说的"电梯演讲"，当创业者在电梯遇到投资者时，要利用电梯升降的这段时间吸引投资者。一般要求创业者在一两分钟内，抓住主要信息，有效地表达出主要内容，便于投资者理解。如果电梯演讲非常成功，就意味着整个商业计划有足够吸引人的地方，将会不断吸引投资者，那么下一步工作就是邀请所有的投资者做一个全面的演讲。这个逐步加深与潜在投资者接触的过程就像是在钓鱼，一个好的钓鱼者会按照鱼儿所需要的食物精准投放诱饵，在鱼儿上钩后会小心翼翼地拉紧吊钩，避免出现任何意外，使鱼儿脱钩逃跑。

### 1. 寻找投资者

在考虑寻找投资者之前，创业者要准备好商业计划，10～16张演讲用的幻灯片和执行摘要。一般情况下，投资者非常繁忙，所以创业者要注意只接洽那些对他们的机会有兴趣的投资者，在接触投资者之前，创业者需要做好市场调研，其中最主要的就是与本行业的其他创业者交谈，了解其他人获得投资、还清债务、将投资者变成公司合伙人的方法。在如今网络发达的今天，创业者也可以从网上了解投资者的投资兴趣，找到合适的投资者。在相同的业务领域寻找投资者是一个非常好的方法，一方面，投资者喜欢投资自己熟悉的领域，另一方面，创业者也减少了调查与进行概念推广的工作，投资者参与公司不仅能带来资金，还可以获得更多利益，例如，充当创业者的顾问，成为商业密友，帮助寻找和雇佣到关键的管理团队成员，使企业进入行业的重要领域，当创业者遇到困难时提出建议和解决方案等。在某些情况下，投资者还会帮助创业者建立人际关系，网罗到顾客、供应商和潜在的公司合伙人。

创业者与投资者在初次交流时要讲述执行摘要，有时创业者还需要准备一份潜在的投资者名单，并打电话表达希望与他们见面交流的愿望。如果投资者直接索要创业者计划书，那么此时应向他们解释希望在发给创业计划书之前要召开会议，创业者可以将执行摘要送给投资者，并附上概括性介绍以方便阅读。还需要注意的是，创业者需要在两周后打电话给投资者，以便得到反馈，回答投资者的问题。

2. 执行摘要的准备

就像我们之前所讲的钓鱼者一样，诱饵的好坏是决定鱼是否上钩的关键因素，执行摘要就是一份好的鱼饵，这些文件必须毫无瑕疵、简洁，并且能够切中要点，能清楚地描述出投资者与合作伙伴从中获得的好处。

撰写一份清晰、简洁、精致、短小的执行概要是极其困难的。必须经过大量实践才能完成。创业者要在不断修改中加以完善，在修改中要以接受者的角度严格阅读，另外还可以邀请与企业毫无关系的、但有着丰富经验的人阅读一遍，提出中肯的批评和意见。执行摘要要逻辑性强，语句顺畅，句子结构合理，没有打印错误与错别字。

3. 电梯演讲

电梯演讲的实质就是商业计划书执行摘要的口头表达形式，即利用电梯从1楼升到30楼的时间说服相关人员，以达到自己的目的。实际上在一两分钟内，说服别人是很困难的事情，电梯演讲要经过反复练习，然后在听众面前展示自己。演讲者需要注意以下几点。

(1)要表达清楚自己，注意控制声音和语速，应该学习调节你的声音使其看起来动听且吸引人。在开始的时候就要让听众对你说的话感兴趣，从听众熟悉的项目着眼开始讲解，尤其是创业者的项目创意非常抽象或是高科技领域时。

(2)态度很重要。这是因为投资者如果觉得你自己都对这个机会没有兴趣，那么怎么有可能感染别人、希望别人有兴趣，因此，电梯演讲一定要首先倾注热情。

(3)控制你的身体语言与情绪，任何过度的肢体语言和情绪都会使投资者产生巨大压力，因此保持适当的举止对于演讲人来说是非常重要的，但是有些细节动作不合适，也会带来相反的效果，如双手插兜、嚼口香糖或伪装表情等，另外有些人会不自然地显示出焦虑或者兴奋的表现，这些都是不应当出现的。对于创业者来说，应学会充分享受这一过程，开始之前深呼吸，自然地发挥自己，避免矫揉造作。

（4）内容是重点部分，在电梯演讲中，要以内容为重点，不要喧宾夺主。要记住，有时一句话就可能使情况出现转机，因此，每一句话都应当是深思熟虑而不是随便说出口的。

# ▶▶ 案例

## 电梯演讲的忠告

无论你是身处一个社交事件、工作面试，甚至是在杂货店里，为进行一场电梯演讲做准备都意味着会造成抓住了机会或浪费了机会的区别。

"一个精心设计的电梯演讲会给你带来最好的提供良好的第一印象的切入点。如果你看看大多数雇主所列的好员工所具备的特点的清单上最重要的事项：做事有条理、自我激励、良好的沟通技巧，等等。你会发现一场有效的电梯演讲将会有助于建立起你是具备所有这些能力的人的印象。"《电梯演讲要点》的作者克里斯·奥利里（Chris O'Leary）说。下面是如何让你的电梯演讲达到巅峰的方法。

### 做彻底的自我介绍

电梯演讲是营销的一种形式，你需要很好地了解产品——你自己。"如果你没有花时间和精力真正地了解自己的长处，以及是什么让你与别人不同的话，你将无法容易地和别人交流你的个人品牌，你的个人品牌也将无法脱颖而出让你的社交网络中的人记住。"职业火箭专家（Career Rocketeer）的创始人、工商管理硕士品牌专家克里斯·佩里说。

## 把它打磨成三个部分

把你的故事编辑成三个部分被简化的推销游说。咨询顾问比尔·浮士德（Bill Faust）在他的书籍《推销你自己》（*Pitch Yourself*）中概括了这些内容。首先，是提供要点。浮士德说："要创造出让人买进反映了他们的需要的某些关于你的有趣的事情的情况。"其次，用你的工作经验展示出你能够满足他们的需求的证据。最后，向他们展示出能够证明你的能力可以满足这些需求的铁一般的事实。

## 不要吹牛

电梯演讲应该是动人的，但它们不应该是一个噱头。记住，相比较二手车销售员的推销言辞，这更多的是一段交谈的开始。"在我的记忆里，做得不怎么样的一个例子是当时某个人站起来说'我是乔纳森·史密斯（Jonathan Smith），我帮助人们实现自己的梦想'。"《言语锋利：优秀的介绍和工作简介中的"请介绍你自己"》的作者波拉·阿斯诺夫（Paula Asinof）说。做到动人并让你的信息能够得以表达，而不是过分夸大其辞来吸引听话者的注意，这对于电梯演讲者来说是一条原则。

## 背诵及定制

一旦你有了你的基本的推销游说的内容，你需要记住它以便能够在匆忙中对其进行定制，这取决于你在和谁谈话以及谈话的目标可能是什么。"你需要记住你的电梯演讲，这样能让你看起来有条理，但同时你也可以观察聆听者并获得任何有关你的电梯演讲进行得如何的线索。"奥利里说。这样，如果你的听众并没有认真听，你就可以采取不同的方法或是截短所说的内容以让他们重新把注意力放在你的谈话内容上。

### 询问自己"那又怎样？"

电子书《五大新电梯演讲》的作者克里斯·威斯特福尔（Chris Westfall）说："在你进行电梯演讲时询问你自己这个问题至少三次。这个问题将会帮助你把注意力集中在让你的解决方案对聆听者来说能够具有的意义上。这种换位思考常常会带来意想不到的结果。"

### 确保精悍

结束时要让你的聆听者意犹未尽。"这并不意味着所讲的内容是短小的，因为事实上这是要看情况而定的。取而代之的是，优秀的电梯演讲就像是手风琴，它可以延长或缩短，以适应从 15 秒和 2 分钟的时间段。"奥利里说。但是，你只能有在彻底地了解你的基本的推销游说的内容且能够在不打断谈话的情况下定制其内容时，才能做到这一点。

### 不要害怕谈论结果

听着，女士们，"女性们所具有的一个共同的问题就是她们认为谈论结果是吹牛，并且她们都被教导说吹牛是不好的。因此，她们的电梯演讲并不像其应该的那样有吸引力。而事实是，如果你预见的结果真的是你努力可以达到的话，即使结果看上去不那么真实，那也并不是吹牛。"奥利里说。

### 停止谈话

一旦你已经表达了你的重点，那就可以闭上你的嘴并打开你的耳朵了。佩里说："虽然这样做是很有挑战性的，但你的沉默将会提示其他人予以回应和/或询问更深层次的问题。这将会引发可能会引起一个更强大的人际关系甚至一个新的业务或事业机遇的交谈。"换句话说，你要尽你的努力来完成这项工作。

资料来源：http://www.exam8.com/qiazhi/zhichang/goutong/201202/251023.

如果你的电梯演讲打动了投资者，那么下一步就将会是投资者向你索要一份商业计划书，在递出商业计划书几天后，创业者需要打电话询问一下投资者的意见并为下一步开始商业会议做准备。如果投资者在看到商业计划书后希望进一步了解信息，他们通常会要求创业者做一个口头演讲，这是非常重要和关键的一步。这一步比起执行摘要或者电梯演讲更加正式，通常创业者会在一排投资者面前宣讲。而此时，为了日后公司能获得成功，创业者要借此机会同那些今后可能成为公司新股东或者合伙人的投资者建立关系。创业者也可以让自己创业团队的其他成员列席会议，准备回答现场提出的问题。为见面会做好充分的准备是非常必要的，还需要注意的是，在产品研发过程中的保密条款。多数投资者在这一阶段都不会签订保密协议，创业者应该了解这样的一个事实，即投资者感兴趣的是商业机会，而不是发明本身。因此，创业者应该指明发明的用途，而不是技术本身的原理。创业者也可以这样告诉投资者："它已经通过独立设备的测试，我可以将测试结果与大家分享。估计每年市场上对这种产品的需求是 9 亿美元。如果你决定向我们公司投资，在对我们公司进行全面的价值评估后，我们将会和您签订一份保密协议，到时候我们会向你公布发明细节。"

## ▸▸ 扩展阅读

### 你不知道的演示会小细节

首先，你要尽量早的来到演讲场地，以便有充裕的时间布置会场。观察会场很重要，按照会议演讲的形式布置会场。演讲时首先要自我介绍，交换名片，展开一般的闲聊，以便缓和气氛。

其次，要询问投资者参会的时间，把握好演讲的时间长度，使投资者有机会提问。要有慧眼，用心观察以确定这一组投资人中的灵魂人物，针对关键人物的提问与不确定的事情，给予满意答复；但有时面对的问题一时找不到答案时，不要因此就停顿或者害怕，你可以直接告诉投资者这个问题将在两天内得到回答。

公司的管理团队也应当一起出席会议，但需要确定一位成员来回答问题，避免打断自己团队成员的讲话，切记千万不要出现团队自己内部成员意见不一致的情况。

演讲者的演讲在不计算提问时间的情况下一般不应超过 20 分钟，可以使用 12～16 张幻灯片涵盖此次演讲内容。还要事先预测那些值得探究的问题，切中要点，并做好备份的幻灯片，这些很重要。正式演讲不要超时，那样会让你无法展开彼此之间的互动，你也因此而丧失良机。

资料来源：[美]杰克·M. 卡普兰、安东尼·C. 沃伦：《创业学》（第 2 版），冯建民译，北京，中国人民大学出版社，2009 年。

## 投资者上的一堂课——一个失败创业者的亲身经历

创业是很多青年的梦想，也是当今流行的话题，这个来自美国的青年以自己亲身的创业失败过程得出了对于任何一个创业者都十分珍贵的几条金科玉律！

毕业后不久，我和一些朋友开始经营一家媒体公司。我们用了几周的时间来策划经营内容，撰写商业报告，然后开始寻求资金。很快地，我的团队得到一个机会和一位知名的投资者坐在一起讨论融资的可能性。即使我们的生意还没有开始赚钱，我们中也没有人曾经担任过 CEO 职位，但我们都很自信。毕竟，我们已经预计过公司融资以后毛利润可以到 2 亿。投资者又怎么可能拒绝我们的要求呢？

我们肯定会富有的。我们所需要做的就是筹集到一小笔资金——1500 万。

我记得当时在想："这能有多困难呢？"我们那时候太幼稚、愚钝和异想天开了。

我们的计划有个小小的问题。我们没有人知道如何迎合投资者。所以我做了任何没有线索的企业家都会做的事情：上网查询"怎样迎合投资者"。

我在网上没有看到任何对于我有帮助的信息。就在没踏入会议室前，我们很快地发现我们的演说要失败。事实上，在我们开始撰写商业计划的时候就已经失败了。

在会议开始之前，其中一个投资者让我给他一页计划简介。我们当时没有准备简介，所以我从 95 页长的计划书表面给了他前 11 页。

32 页的幻灯片我还没放到 4 页，第二位投资者打断问我："好的，停下来。我懂了。你完全不需要这 1500 万"。

为了融资计划，我过度自信地辩护道："这个利润如果少了这笔钱就不能实现。"

"真的吗？不能实现？"他就像一个嘲笑者笑着回答。

然后两个投资者同时提出一大堆问题：

"你们自己投入了多少钱到这个公司里？差不多有1500万吗？"

"我为什么要给20个人工资，为什么要给没有记录的高管10万的高薪？"

"到今天为止你的公司盈利多少？"

"在你的公司还没有赚到1500万的时候，我为什么给你1500万？"

"你怎么证明你在第三年可以有2亿的毛利润？"

"为什么你们要同时生产，销售10种产品，假如已经有了一个企业可以生产10合1的产品呢？"

问题一个接着一个。没有一个问题是赞成态度的。

你可能已经猜到，我们并没有从那次会议里融到那1500万。尽管如此，我后来才意识到其中一个原因是我比较青涩（没有任何经验）的职业生涯造成的。我在这30分钟的会议里学到了真实世界的融资问题，比很多创业者一生学到的还要多。为了纪念这一天，每当我要迎合投资者解决融资问题的时候，我总是会清楚地记得以下六个珍贵的教训。

一、越少越好

目的明确直截了当很重要。累赘的演说和冗长的解释将不会打动投资者，还很可能把他们吓走。用简短、动人、精确的方式来展现你的商业计划书。投资者需要自信的知道你的公司会吸引客户并留着客户。如果投资者在一小段时间无法理解你的公司经营理念，他们可能会假设顾客也不会理解。

二、杜绝猜测：执行，执行，执行

用事实而不是猜想来激发你的自信。大多数投资者寻找低风险类的企业，他们青睐那些可以尽可能给他们承诺的实战经理人。一个拥有现金流、商业操作记录和真实的经验的公司往往比那些在计划书中预计给投资者巨额回报的公司更容易融到资金。寻找一个只用少量或者不用资金的方法来测试你的公司是否可以生存，然后在你寻找到资金前把这个点子转化成功能性的商业计划。

三、避免大话，空话

让投资者对你描述的蓝图激动起来，但是这个蓝图要合理和可行。避免说大话、空话。如果你描述毫无意义的财政预算并鼓吹你的公司利润在3年的时间里可以从10万增加到5000万，那么受尊敬的投资者是不会认真对待你的项目的。给投资者展示你根据现实构建的3种财政预算方案：最好的方案、一般的方案和最差的方案。

四、学会爱上打折店

便宜的东西是时尚的。在一个不会控制自己花钱的年龄，你需要证明在财政上你是一个理性的经理，你知道怎样利用好每分钱使其发挥最大的作用。给你的运营和市场预算上留点周旋的余地，但是避免太过于保守。绝对不能要求高薪或者高额补贴。投资者希望你处在公司所有的东西都已经开始运营的位置。

五、罗马城不是一天建成的，你的公司也不会是

投资者对于激进的创业者是很谨慎的，激进的创业者总是会"眼大肚子小"。要百万元投资到50个部门和百余个产品之前，你要证明你可以创造，管理好一个单一商品并且让消费者满意。展示出你的公司在你表态之前它就已经发展到下一个阶段。完善你的市场策略、销售策略和运营程序。投资者喜欢你的公司拥有可持续的分步骤重复，这样的模式可以让公司发展呈指数成长。记住，即使是谷歌的成功也是在一个单一产品的基础上发展起来的。

六、选择做不是最聪明的那一个

懂得你已经知道的，知道你还不知道的，发掘那些你不知道他们却知道的人。建立一支可信任的专家队伍。世界上最聪明的领导者是那些周围充满智者的人。投资者投资一支管理团队和他们投资一个商机所花的钱是相同的。

资料来源：http://www.jb51.net/yunying/20-74.html.


【应用练习】

1. 作为一名创业者，你也会有电梯演讲的机会，请来试试吧。

你认为你的创业计划中哪一点可以为你吸引投资者的关注？

你与你的财务人员讨论财务计划了吗，你认为你的财务计划中_____最吸引人。

2. 设想你就是一位投资者，你觉得会投给一家你不信任的企业吗？你需要什么样的信息决定你的投资？

3. 电梯演讲中最重要的是一句话抓住对方的心，你觉得哪句话最重要？

4. 上网查询有关电梯演讲的相关资料，学习演讲的方法，拟一个演讲的大纲，把你认为重要的事件写下来，与创业团队讨论。

# 第六章　新企业的开办

　　一些创业者从一开始具有一个创业的想法和计划，伴随着这一想法的成熟，最终会以创业者开办企业并且使企业获得生存为创业的成功，因此我们在讲述创业基础这门学科时，将新企业的开办与管理作为创业者实现创业计划的最后一步。无论如何，创业者合法的构建一个企业都是一个创业梦想的最终实现。

　　对于新注册的企业来说，选择企业适合的组织形式，非常重要。

## 第一节　成立新企业

### 学习目标

　　学习本节后，你应该：

1. 分析各类因素，选择最适合你的企业组织形式。

2. 学习企业注册的流程，明确相关的法律和法规。

3. 了解新企业的选址技巧。

4. 明确新企业的社会责任与如何得到社会认同。

## 华为的创新企业组织形式

华为技术有限公司的全资股东是深圳市华为投资控股有限公司(下称"华为控股")。华为控股是100％由员工持有的私营企业,没有任何第三方持有华为控股的股份。

截至2009年12月31日,华为控股的股东及出资比例如下:

| 股东名称 | 出资比例 |
|---|---|
| 深圳市华为投资控股有限公司工会委员会 | 98.58％ |
| 任正非 | 1.42％ |

华为控股通过工会实行员工持股计划,员工持股计划参与人数截至目前为61457人,全部由公司员工构成。全体在职持股员工选举产生持股员工代表,并通过持股员工代表行使有关权利。员工持股计划将公司的长远发展和员工的个人努力有机地结合在一起,形成了长远的共同奋斗、分享机制。

华为的薪酬架构由工资＋奖金＋股权分红组成。创办初期,华为采用了全员持股的方式吸引人才。据悉,华为有两大股东:一是代替员工持股的深圳市华为投资控股有限公司工会委员会,持股比例为98.58％;另一个股东为自然人任正非,持股比例为1.42％。但是,华为从未公布过其总股本。

华为目前有11万员工,其中6万多人持股。据了解,近5年,华为业绩每年都实现了24％以上的增长,利润更是高达50％以上,经营活动产生现金流也每年增长49％以上。这保证了员工每年都能拿到极高的分红,2010年每股红利达到2.98元。一华为员工表示,"每年分红后,车库中都会多出不少好车。"

"员工持股后,就与企业利益捆绑,分享企业发展的回报,个人目标与企业目标达成一致。"陈朝晖表示。

但是,华为有着相当严格的薪酬制度,企业职工并不能根据员工入职的年限来猜测其薪水高低和股份多少。据华为员工介绍,新员工在进入公司2年之后，如果绩效突出，就可以加入员工持股计划，自愿购买公司根据绩效和级别指定的一定额度的股票，此后每年公司根据绩效情况进行配股。

由于分红与业绩直接相关，因此，从华为方面也了解到，若华为总体业绩增长不强劲的话，其分红也有可能会降低。

2010年，华为的营收达1800亿元。但华为并未上市，公司管理层至今也不打算让华为上市，华为的模式是全员持股，这一点也算特立独行。

**思考**

1. 企业的组织形式与企业的发展有什么关系？
2. 作为一个创业者，你熟悉哪些企业的组织形式？
3. 你作为一个小的门店的老板，该如何拓展你的事业，哪种企业组织形式适合你？
4. 作为一个创业者，你认为什么时候确定你的企业组织形式？

## 一、企业的组织形式

企业的组织形式是指企业的财产及其在社会上的一种构成方式，一般企业的组织形式是与企业的财产构成、内部分工协作与外部经济联系方式结合在一起的。目前最常见的企业组织形式有个人独资企业、合伙企业与公司制企业，其中公司制企业包括有限责任公司与股份制公司。

创业者在选择建立企业时，首先需要确立企业的组织形式，但是以什么样的组织形式注册企业，并没有一个"最好"的标准，相反，创业者需要根据公司的环境确立企业组织形式。创业者需要考虑诸如"资金""税收""业务要求""优惠政策"等多种因素来决定。

## ▸▸ 扩展阅读

### 决定公司所有权形式的几个因素

在选择公司所有权的形式时，创业者必须牢记，没有一个准则是"最合适"

的，究竟哪种形式最好依赖于公司的环境。决定公司所有权形式需要首先明确以下因素。

1. 自己企业中的业务能力和业务潜力有多大。

2. 在公司的决策过程中，创业者希望在多大程度上拥有公司的控制权，是否希望与企业团队的合伙人分享你的理念，并分出一些业务。

3. 业务的发展需要的资金数量。

4. 哪项税收对自己最为合适、政府的税收优惠政策、员工的工资支出等"钱"的问题。

5. 如果创业失败，创业者个人能够对业务的损失和产生的债务有多大的责任能力。

6. 如果中间有合伙人退出或拥有者发生意外，是否希望企业继续运营下去。

7. 在公司取得成功后，创业者希望谁将是唯一的或者主要的受益人，受益者是否愿意或者能够与别人一起分享收益。

8. 创业者在注册公司时，是否想要得到一些政府优惠政策的扶植，更多的扶植也就意味着更多的责任与限制。

1. 个人独资企业

个人独资企业按照《个人独资企业法》的规定，由一个自然人投资，公司财产为投资者个人所有，投资人以其个人财产对企业债务承担无限责任。个人注册成立个人独资企业，要求个人出资经营，归个人所有和控制，并全部享有经营收益。在其运营过程中，个人独资企业的业务可以在任何时候终止，企业的所有者是唯一的，掌握着对企业事务的决策权。而所有者个人也必须负责所有与企业有关的债务和合约。在征收税时，需缴纳个人所得税。

（1）个人独资企业的特点

①方便创业。个人独资企业的最大方便就是可以最快地展开经营活动。对于创业者来说，个人独资企业的注册门槛相对较低，注册流程简单，这些都方便创业者展开创业。

②较低的启动费用。个人独资企业是创业者启动资金需要最少的企业，在企业注册时，一般没有对资金的要求，在交税的时候，按照个人所得税缴纳。

③完全的决策权。由于个人独资企业在创业者完全的控制下，因而能够针对市场做出快速反应。创业者可以自由地设定公司的活动内容，对于企业的所有者来说，可以应对市场变化，根据需求调整公司业务，自行决策公司的发展方向。

④容易终止公司的业务。当企业的所有者不能继续经营公司时，可以迅速地终止业务。但是企业法人要完全承担企业的债权和债务。

⑤无限的个人责任。独资企业最大的缺点就是无限的个人责任，也就是说，唯一的所有者要对企业的一切债务负责。假如企业经营失败，企业的所有资产都会被变卖以偿还债务，如果仍有债务需要偿还，那么债权人就有权出售企业所有者的个人资产来还清余下的债务。企业经营失败就会导致所有者破产。在法律上，企业的所有者与企业是等同的，企业的债务被视为个人的债务。企业所有者的个人技能和承受力直接影响企业的发展，创业者的教育背景也会直接影响到企业的绩效。

⑥吸收投资途径有限。如果个人独资企业希望获得成长和扩张，企业的所有人需要吸引投资。在个人独资企业，所有者将自己的资产投入到公司，利用自己个人的资源获得贷款担保。因此除非所有者个人拥有巨大的个人财富，否则他们在维持个人所有权的前提下，很难获得额外的资金。企业的业务从长期来看是健康的，但是在短期内会出现现金流困难的财务困境。针对个人贷款资格，银行与贷款机构并不看好，结果是企业所有者无法获取企业所需要的资金。

⑦企业经营缺乏持续性。企业经营缺乏持续性是个人独资企业与生俱来的本性。假如所有者放弃经营或者无力继续经营下去，企业就会自动终止，有些个人独资企业会采取家庭成员或者雇员接替经营的情况，这样可以避免企业陷入危机之中。

## ▸ 扩展阅读

### 个人独资企业和一人公司的区别

一人公司是指只有一个股东的有限责任形式的公司，即公司的投资人为一人，由投资人独资经营，但投资人对公司债务仅负有限责任。我国新修改的公司法规定了一人有限责任公司，自然人和法人都可以出资设立一人有限责任公司。除自然人和法人出资设立的一人公司外，我国公司法上的国有独资公司也属于一人有限责任公司，只是其股东地位特殊而已。个人独资企业和一人公司都是一个主体出资建立的企业，但两者性质是完全不同的，体现在以下几个方面。

1. 出资人不同。个人独资企业只能由自然人出资设立，一人公司既可以由自然人出资设立，也可以由法人出资设立，还可以由国家出资设立。

2. 主体资格不同。个人独资企业属于非法人组织，不具有法人资格，一人公司作为公司的一种，是企业法人，在公司成立时取得法人资格。

3. 责任承担不同。个人独资企业的投资人对企业的债务承担无限责任；一人公司的投资人(股东)仅以出资额为限对公司负责，即负有限责任。

4. 注册资本要求不同。对个人独资企业，法律并无最低注册资本的要求，而一人公司法律有最低注册资本的要求，依据公司法的规定，其最低注册资本为10万元，且需在公司成立时一次足额缴纳。

5. 设立的法律依据不同。个人独资企业依照个人独资企业法设立；一人公司则须依照公司法设立。

6. 税收政策不同。个人独资企业只需企业所有人交纳个人所得税，一人公司要交纳企业所得税。

(2)独资企业的申请流程

申请个人独资企业一般又被称为个体工商户，个体工商户开业登记，需要到经营所在地工商所申请，申请人要具备相应的经营能力与条件，本人除提出书面申请外，还应提供相关证明(件)如下。①身份证明：申请人应提供本人身份证。②职业状况证明。③经营场地证明，需要注意的是，如果利用公共空地、路边弄口等公用部位作经营场地的应提供市政、城管、土地管理等有关职能部门的批准件或许可证。④从事国家专项规定的行业应提交有关部门的审批件等。

2. 合伙制企业

(1)合伙制企业的概念与特点

合伙制企业，是由两个或两个以上的自然人建立的联盟，一般由两人共同出资经营，利润共享，共同承担企业的连带责任。在建立之前，双方应订立正式或口头的合伙协议，以保证双方的利益与责任。我国合伙组织形式仅限于私营企业。合伙制企业一般无法人资格，不缴纳所得税。

# 案例

## 如何订立合伙协议

为了避免经济纠纷，在合伙企业成立时，合伙人应首先订立合伙协议（又叫合伙契约，或叫合伙章程）其性质与公司章程相同，对所有合伙人均有法律效力，一般包括以下内容。

1. 合伙企业的名称（或字号）和所在地及地址；
2. 合伙人姓名及其家庭地址；
3. 合伙企业的经营以及设定的存续期限；
4. 合伙企业的设立日期；
5. 合伙人的权利和义务；
6. 合伙人的投资形式及其计价方法；
7. 合伙人退伙和入伙的规定；
8. 损益分配的原则和比率；
9. 付给合伙人贷款的利息；
10. 付给合伙人的工资；
11. 每个合伙人可以抽回的资本；
12. 合伙人死亡的处理以及继承人权益的确定；
13. 合伙企业结账日和利润分配日；
14. 合伙企业终止以及合伙财产的分配方法；
15. 其他需经全体合伙人同意的事项。

相对于独资企业，合伙制企业最大的优势是资金的聚集，公司的每个合伙人都可以为公司筹资，每个合伙人都可以对公司的股权做贡献。而合伙人的个人资产也可以加入公司从而增强公司的贷款能力。

合伙人的互补性。在独资公司，创办者个人需要做很多事情，既包括生产技术也包括公司的管理；这种跨行业的技术，对于一个人来说很难完成。而在一个成功的合伙制企业中，合伙人的技能往往是互补的。例如，在一个软件公司，技术型的创办者就可能需要一个能够胜任公司的管理，为公司带来激情的合伙人，共同构成一个坚实的团队。

利润的分配协议解决。在合伙制企业中，合伙人应当在建立企业之前，就签订好合伙协议书，只要遵循这一协议不侵犯任何一个合伙人的权利，企业对利润的分配就不会受到其他干扰。

有限合伙人。2006年《合伙企业法》修订草案首次提交审议，此次提交审议的修订草案主要增加了有限合伙人这种新企业形式是只要公司有一个普通合伙人就可以吸引有限合伙人，并且有限合伙人的人数不会受到限制，有限合伙人不执行合伙事务，不对外代表组织，只按合伙协议比例享受利润分配，以其出资额为限对合伙的债务承担清偿责任。不同于普通合伙人的需要承担无限连带责任。其对企业承担着主要的投资任务，不得以劳务或信用出资。投资公司也可以作为一个有限合伙人加入。如果企业能够获得成功，可以吸引到一些投资者，作为有限责任的合伙人，而这些人发现以有限责任合伙人的身份向一些高潜能的发展公司进行投资回报会很高。这种局面会产生双赢的结果。

灵活性。合伙制企业虽然不像独资企业那样灵活，但是一般最大合伙人只有一个，因此也可以对市场的变化做出快速反应，这种合伙制企业的组织结构不会扼杀公司对于机会的快速反应与企业的积极进取精神。

税收简便。根据国务院的规定，从2000年1月1日起，合伙企业不再缴纳企业所得税，只对投资者个人取得的生产经营所得征收个人所得税。因此合伙企业只需将经营所得按照约定直接分配给合伙人，合伙人再支付他们的个人所得税。

合伙人的个性和利益关系不同。合伙人企业与独资企业的不同在于企业的决策权是和合伙人共同拥有，这就造成合伙人之间的摩擦不可避免，有时还会难以控制。在制定决策的时候常会发生合伙人之间意见不统一的问题，这种冲突有可能导致合伙人的最终解散或企业最终死亡。

合伙人缺乏持续性。合伙企业要求合伙人在企业中担任同等重要的角色，一旦中间一个合伙人出现死亡或其他情况退出企业，就将会出现复杂的情况，合伙人如果退出企业，股份可以经过协商由另外的合伙人继承，如果企业只有两个合伙人创建，那么企业就会变成一个独资企业，而其他有限责任合伙人并不希望企业发生这种变化，因此在企业创立之初，最好在合伙关系协议中制定相关的解决方案，避免由于合伙人死亡而导致企业解散。

对合伙人的掌控。在合伙制企业中，当一方的合伙人做出以下举动时，都会对企业造成影响。如合伙人出售股份。绝大多数合伙制企业都会用协议的方式对合伙人所持的股份做出限制，合伙人一方将自己的股份出售给其他人的现象很常见。但需要注意的是，如果出售的股份数量过于巨大，即使当时的协议规定了合伙人必须将企业股份全部卖给其他合伙人，仍然不能保证其他合伙人将会有足够的资金购买股份。这时其他的合伙人就要准备接受一个新的购买了股份的合伙人，或者选择解散合作关系分配资产重新建立企业。

企业中最大的劣势是合伙人如果死亡或者抽取了在合伙制企业的股份，即使依靠法律公司得以保存但是合作关系会就此自动解散。

无限责任。在合伙制企业中，必须有一个最大的合伙人。最大的合伙人承担无限的个人责任。

## ▸ 扩展阅读

### 万通六君子——以江湖的方式进入，以商人的方式退出

1991 年 9 月 13 日，海南农业高技术联合开发投资公司（简称"农高投"）在海南正式成立，创始人为冯仑、王功权、刘军、王启富、易小迪和李宏（黎源）。为创办公司，六个人一共凑了 3 万多块钱，这些钱大都用在注册公司等前期费用上，拿到执照后只剩几百块钱，是一个典型的"皮包公司"。冯仑等人就此开始了在海南的"淘金"之旅。这就是"万通"的开始。

在第一次界定合伙人利益关系时，冯仑等人采用的是水泊梁山的模式——"座有序，利无别"。大家虽然职务有差别，但利益是平均分配的。在当时，董

事长的位置并不重要，大家关注的焦点是法人代表和总经理。大家一致认为，王功权当法人代表和总经理比较合适，于是，法人代表和总经理就由王功权担任。冯仑则担任副董事长（当时董事长职务必须由投资主管单位的人担任），王启富、易小迪和刘军担任副总。1992年初，潘石屹加入了公司，最初担任总经理助理兼财务部经理，后来也变成副总。

虽然都是副总，但权力并没有办法详细规定，所有事情都要六个人在场讨论。冯仑曾回忆："这时情况变得比较微妙，最后谁说了算呢？名片、职务不同，但心理是平等的。后来功权说他是法人代表，要承担责任，得他定，但如果大家不开心，以后可能就没责任负了，所以多数时候他会妥协。"

1992年，通过运作海口"九都别墅"项目，"农高投"赚得了"第一桶金"。此后，"农高投"用这笔钱去操作"莲怡庐"等项目，不断在海口、三亚炒房炒地。公司经济条件宽裕后，很多老员工都拥有了"四个一"，即一套房子、一万块钱存款、一部电话和一部摩托车。

在"农高投"成立之初，人员并不多，除去王功权、冯仑等六个"高层"，只有两个员工，一个是王功权的老婆，一个是王启富的哥哥，大家一起干活、一起吃饭，谁也没把自己当"干部"。完成原始积累后，公司开始招聘新人，这才有了真正意义上的上下级关系。由于王功权、冯仑等人的座次排得很模糊，导致六人权力均等，因而产生了一个问题：下面的员工自觉不自觉地会"站队"，形成各式各样的派系，导致组织运行效率低下。

1993年1月18日，"农高投"增资扩股，改制为有限责任公司形式的企业集团，即万通集团，主要股东除冯仑、王功权、刘军、王启富、易小迪，还有后来加入的潘石屹，以及中国华诚财务公司、海南省证券公司等法人股东，由冯仑担任董事长和法人代表。

在之前，冯仑等人的合伙人关系是虚拟的，没有股权基础。通过这次改制，冯仑等人开始建立了财产基础上的合伙人关系。冯仑提出一个观点：按照历史的过程来看，缺了谁都不行，每个人的作用都是百分之百——他在，就是百分之百；不在，就是零。

从这个角度出发，万通六君子在确定股权时采取了平均分配的办法。由于是平均分配，大家说话的权力是一样的，万通成立了一个常务董事会，重大的决策都是六个人来定。

1993 年 6 月，由万通集团投资并以定向募集方式发起组建了北京万通实业股份有限公司，公司实收资本金 8 亿元人民币，成为北京最早成立的以民营资本为主体的大型股份制企业。同年，万通在北京开发了"新世界广场"项目。通过和香港利达行主席邓智仁的合作，万通新世界广场大获成功，卖到了当时市价的 3 倍。万通新世界广场的成功，让大众和业界开始关注万通，同时，也奠定了两个地产大佬冯仑和潘石屹的"江湖地位"。

随着企业的高速发展，最初建立企业时的合作伙伴之间也出现了严重的分歧，这在中国的民营企业中是一个非常普遍的问题，万通公司也不可避免。最初合作的六个合伙人，对公司的发展战略也产生了分歧。有的人比较激进，主张进行多元化，有的人比较保守，认为应该做好核心业务；有的人不愿意做金融，有的人不愿意做商贸。有的项目在某几个人强力主导下，会做，但做得顺利还好，一旦不顺利就会导致怨言。例如 1994 年收购东北华联，六个人的意见并不统一，在冯仑和王功权的主导下，万通用 7000 万元收购了，但之后的整合一直不顺利，成了一个费时、费力、费钱的乱摊子，最后赔了 4000 万元，冯仑和王功权的权威受到了挑战。

就在六个人都很痛苦、很矛盾的时候，两个契机让事情有了戏剧性的转变。一是 1995 年，王功权去了美国管理分公司，在美国吸收了很多商务、财务安排的方法，以及产权划分的理论。二是 1992 年，张维迎把《披荆斩棘，共赴未来》这篇文章带到了英国，张欣看到这篇文章后很兴奋，决定回国，张维迎就把张欣介绍给了冯仑。通过冯仑，张欣又认识了潘石屹，两人开始谈恋爱。张欣对问题的看法完全是西式的，认为不行分开就可以了——她把西方商业社会成熟的合伙人之间处理纠纷的商业规则带给了万通。

王功权和潘石屹都接受了西方的思想。开始劝说冯仑。冯仑开始不同意，但后来去了一趟美国，见到了著名经济学家周其仁。两人聊得很投机，冯仑讲了困扰自己已久的问题，周其仁讲了"退出机制"和"出价原则"，给冯仑以很大启发。于是，六个人中的三个人接受了新的游戏规则。

回国后，冯仑提出"以江湖方式进入，以商人方式退出"。虽然是商人方式，但冯仑等人只是对资产进行了大致的分割，并没有锱铢必较，还是保留了传统的兄弟情义。走的人把股份卖给没走的人，没走的人股份平均增加，把手中的某些资产支付给走的人。

1995年3月，六兄弟进行了第一次分手，王启富、潘石屹和易小迪选择离开；1998年，刘军选择离开；2003年，王功权选择离开，至此，万通完成了从六个人到一个人（冯仑）的转变。

从第一次分手到最后王功权离开，冯仑等人也越来越接受和认可了这种退出机制。冯仑回忆道："最早潘石屹发给我们律师函，指出不同意就起诉时，我和功权特别别扭，像传统中国人一样认为那叫'忒不给面子'。但越往后越成熟，最后我和功权分开时只请了田宇一个人，连律师费都省了，一手交支票，一手签字。"

分手后，万通六君子都实现了各自的精彩。冯仑、潘石屹和易小迪成为了地产界的大鳄，王功权成为了知名的风险投资家，王启富和刘军也在其他领域开创了一番事业。在中国改革开放后的商业史上，万通六君子"以江湖方式进入，以商人方式退出"的事件则成为了一段佳话。

资料来源：http://finance.jrj.com.cn/biz/2010/10/2116448386038-2.shtml.

(2)合伙企业注册流程

如果你与合伙人准备好要注册自己的合伙企业，你需要做以下工作。

核名。需要准备企业名称核准申请书，由股东本人签字，提供法人和股东的身份证复印件，并提供公司名称2~10个，写明经营范围、出资比例等需要的信息。企业的名称可以由各行政区工商局统一提交到市工商行政管理局核准，再由区局核发"企业名称预先核准通知书"。

提供证件。新注册公司申办人提供一个法人和全体股东的身份证各一份。并且需要提供经营场所的产权证明和租赁协议复印件等，以及合伙人个人存折、合伙人协议、申请书、委托书等相关证件。

审批。合伙人企业如果手续健全，审批将会很快。需要注意的是，一些有特殊经营许可的项目还需要首先获得相关部门的审批，办理特种行业许可证，根据行业情况及相应部门规定不同，分为前置审批和后置审批。（特种许可项目涉及卫防、消防、治安、环保、科委等）

刻章。企业办理工商注册登记过程中，需要使用图章，因此由公安部门刻出公章、财务章、法人章、全体股东章、公司名称章等。

申领营业执照。工商局经过企业提交材料进行审查，确定符合企业登记申请，经工商行政管理局核定，即发放工商企业营业执照，并公告企业成立。

代码证。合伙人企业必须申办组织机构代码证，代码证又称"单位身份证"，它是政府给每个机关、企事业单位和群团组织颁发的，证明该单位具有法定代码的凭证。有了代码证就为代码在各有关业务部门的应用提供了查验依据。代码证的使用非常广泛，可以作为企业的身份代码来使用。一般代码证可以由企业提出申请，通过审定，由中华人民共和国国家质量监督检验检疫总局签章。

税务登记证。每个企业都需依法纳税，企业开办需要办理纳税登记证。办理税务应提供的材料包括：经营场所租房协议复印件、所租房屋的房产证复印件、固定电话、通信地址等。如新公司需领取增值税发票的还应准备以下材料：经营场所的租房合同复印件1份；经营场所的产权证复印件1份；租金发票复印件1份；财务人员会计上岗证复印件1份；财务人员身份证复印件1份；企业法人照片1张；另需企业购买发票人员照片1张和身份证复印件1份，办理发票准购证件。

银行开户。创办企业需设立企业账户，在开设银行基本账户时，可根据自己的具体情况选择银行。在手续齐全的情况下，企业账户的办理一般需要1周左右的时间。

发票领购簿。发票领购簿是纳税人到纳税机构办理领购发票手续的凭证，有了发票领购证，作为纳税人的合伙人企业可以到税务机构领取发票并办理纳税的相关事宜。发票领购簿一般由企业向所在税务局申请。

开设纳税专户。纳税专户是企业专门用于上交税金的账户。纳税专户不能购买转账支票向外转出资金，能转入其他单位开给的货款转账支票，不能当一般账户使用，只能用于存税款。纳税专户到企业清算时才能转出。企业开设之前，需到税务部门开设纳税专户手续，所需材料包括：公章、法人章、财务专用章；法人身份证复印件；基本账户管理卡；填写纳税专户材料。

购买发票。发票是一切单位和个人在购销商品、提供劳务或接受劳务、服务，以及从事其他经营活动所提供给对方的收付款的书面证明，是财务收支的法定凭证，是会计核算的原始依据，也是审计机关、税务机关执法检查的重要依据。企业发票一般多由税务机关管理，购买发票时应出具以下材料：发票购用簿及填写发票申请报批准表、办税人员（一般为财务人员或企业法人、职员等)的身份证或证件照 2 张、办理发票准购证。需要注意的是第一次领发票需法人签字，所以需要法人同去税务部门。

正式经营。全部注册公司事宜结束，企业进入正常经营阶段。

3. 有限责任公司

有限责任公司是指根据《中华人民共和国公司登记管理条例》规定登记注册的，由 50 个以下的股东出资设立，每个股东以其所认缴的出资额对公司承担有限责任，公司以其全部资产对其债务承担责任的经济组织。按照《公司法》的规定：有限责任公司的最低注册资金为 3 万元，其注册资本为在公司登记机关登记的全体股东认缴的出资额。公司全体股东的首次出资额不得低于注册资本的 20%。股东可以用货币出资，也可以用实物、知识产权、土地使用权等可以用货币估价并可以依法转让的非货币财产作价出资。但是，有限责任公司的股份只在公司内部发行、流转，而不可以公开出售，公司的股东可以将自己的股份出让给公司的其他股东或者由自己的子女继承而没有公开发售的权利，出售或转让时双方只需要订立转让或出售协议即可。

有限责任公司(有限公司)是我国企业实行公司制最重要的一种组织形式，企业根据《中华人民共和国公司登记管理条例》规定登记注册。其优点是设立程序比较简单，不必发布公告，也不必公布账目，尤其是公司的资产负债表一般不予公开，公司内部机构设置灵活。其缺点是由于不能公开发行股票，筹集资金范围和规模一般都比较小，难以适应大规模生产经营活动的需要。因此，有限责任公司这种形式一般适合于中小企业。

一人的有限责任公司。有限责任公司包括普通有限责任公司与一人有限责任公司，一人有限责任公司是指有一个自然人股东或者一个法人股东注册的有限责任公司。一人有限责任公司注册的最低资本也是 10 万元，股东应当一次性的缴齐注册资金，并应当在公司登记中注明自然人独资或者法人独资。

有限责任公司相对于独资企业的优势在于，企业的所有者不必全部承担债务责任，不会面临破产危险，他们只需要按照缴纳的费用承担责任，与个人财产不发生关系。

根据认缴财产的多少，公司有不同级别的成员，并且股东之间可以互相转让股份。在公司扩大经营时，也可以较快地融资。

有限责任公司由于出资人数较多，因此，当其中一个股东退出时，不会影响到企业的生存发展，他手中的股票可以继续持有也可以选择卖给其他股东。而当商机出现时，公司也能够较快融资去开展和扩展新的业务，一般情况下风险投资者和银行等专业机构都比较喜欢这种组织结构。在持续经营能力方面，有限责任公司也有着较强的优势，在理论上，可以无限期地经营下去。因为公司的存续不取决于任何个人决定。

有限责任公司的所有权可以进行转移，股东可以将自己的股份出售给其他人，这些问题在公司成立之初，应当以文件的形式加以确定。股票可以通过继承的方式留给所有者的后代，股票也可以拿来进行交易，而在所有权进行变更时期，公司的经营不受影响。

与独资企业相比，有限责任公司可以用股票吸收和利用中高层的管理人员，董事会成员，以及能够为公司的发展做出贡献的人员，保持公司的稳定发展。

办理有限责任公司注册前，你应当具备开办公司的一些基本条件，包括：股东符合法定人数，为2人以上；股东出资达到法定资本最低限额，根据行业的不同有所不同，股东出资额度一般三档，即10万元、30万元、50万元；股东共同制定的公司章程；有公司名称，建立符合有限责任公司要求的组织机构；有固定的生产经营场所和必要的生产经营条件。

有了这个基础，你就可以按照下面的程序办理登记了。

首先，你需要向公司登记机关申请名称预先核准。申请名称预先核准，应当提交下列文件：有限责任公司的全体股东或者股份有限公司的全体发起人签署的公司名称预先核准申请书；股东或者发起人的法人资格证明或者自然人的身份证明；公司登记机关要求提交的其他文件。公司登记机关自收到文件后，一般在10天内作出核准或者驳回的决定。公司登记机关决定核准的，会发给《企业名称预先核准通知书》。

如果获得核准，接下来你要准备好有关申办材料，到公司所在地工商登记部门去办理登记，这些材料一般包括：申请报告；全体股东指定代表或者共同委托代理人的证明（委托书）以及被委托人的工作证或身份证复印件；企业名称预先核准通知书；股东的法人资格证明（需要企业法人需加盖发证机关印章）或者自然人身份证明；公司董事长签署的企业法人设立登记申请书；股东会决议，需要全体股东盖章、签名；董事会决议（需要全体董事签名）；监事会决议

（需要全体监事签名）；公司章程（全体股东盖章），集团有限公司还需提交集团章程（集团成员企业盖章）；载明公司董事、监事、经理的姓名和住所的文件及有关委派、选举或者聘用的证明，其中包括任命书（国有独资）、委派书（委派单位盖章）、法定代表人的暂住证复印件（指外省市身份证）及公司法定代表人、董事、监事、经理任职证明；具有法定资格的验资机构出具的验资证明或国有资产管理部门出具的《国有资产产权登记表》；公司住所证明，租赁房屋需提交租赁协议书，协议期限必须1年以上（附产权证复印件）；集团有限公司需提交成员企业加入集团决议书；法律、行政法规规定必须报经审批的项目，国家有关部门的批准文件；国务院授权部门或者自治区、直辖市人民政府的批准文件；相关的其他材料。

　　具备了以上这些材料，就可以方便地注册成立公司了。

# 扩展阅读

## 一些特殊行业的注册规定

　　当经营的企业有一些特殊性，在注册企业时，还有材料还得要根据工商部门的要求另行提供，比如你的公司属于饮食行业，需要卫生局的批准，那么你可能要到卫生局去办理一些手续。下面是可能你要跑到的政府管理部门以及需要办理的手续。

　　文化局：文化经营项目许可证审批。

　　卫生局：食品及公共场所卫生许可证审批。

　　商委：烟、酒类专卖零售许可证、粮油资格、食品交易和农贸市场展销会的审批。

　　科委：科技经营证书的核准审批。

　　技监局：企业、事业、机关和民办非企业代码登记。

　　财政局：财政政策登记、受理小企业贷款信用担保登记。

　　提交了这些材料以后，需要等待管理部门的审核和批准，一般不会超过

15 天。等你拿到了工商局的《企业法人营业执照》，那么你的公司就算正式成立了。然而，事情并没有结束，根据法律的规定，你还要在规定的期限内办理其他一些相关的手续，如到税务部门办理税务登记。

是不是被以上烦琐的手续吓了一跳呢？其实不用害怕，有些事情看起来很麻烦，其实并不难办，真正难办的其实是那些看起来很容易办的事，比如找几个好的合作伙伴。如果你嫌办理这些手续太烦琐，不想亲自去跑，你可以找专门代理办公司登记的中介公司代为办理，一般不到 1 个月，就可以把全套手续办得妥妥当当。如果想省点钱，那就要自己多辛苦点了。

### 4. 股份有限公司

股份有限公司中，公司资本由股份组成，股东以其认购的股份数量为限对公司承担责任，成为企业的法人。设立股份有限公司，应当有 2 人以上 200 以下为发起人，注册资本的最低限额为人民币 500 万元。由于所有股份公司均须是负担有限责任的有限公司(但并非所有有限公司都是股份公司)，所以一般合称"股份有限公司"。股份公司产生于 18 世纪的欧洲，19 世纪后半期广泛流行于世界资本主义各国，到目前，股份公司在资本主义国家的经济中占据统治地位。

在股份制有限责任公司中，公司的资本总额平分为金额相等的股份；公司可以向社会公开发行股票筹资，股票可以依法转让；法律对公司股东人数只有最低限度，无最高额规定；股东以其所认购股份对公司承担有限责任，公司以其全部资产对公司债务承担责任；每股有 1 份表决权，股东以其所认购持有的股份享受权利，承担义务；公司应当将经注册会计师审查验证过的会计报告公开。

### (1)股份公司的特点

股东具有广泛性。股份有限公司通过向社会公众广泛的发行股票筹集资本，任何投资者只要认购股票和支付股款，都可成为股份有限公司的股东。

出资具有股份性。股份制公司中，股东的出资具有股份性。这一特征是股份有限公司和有限责任公司的区别之一。股份有限公司的全部资本划分为金额相等的股份，股份是构成公司资本的最小单位。

股东责任有限性。股份有限公司的股东对公司债务仅就其认购的股份为限承担责任，公司的债权人不得直接向公司股东提出清偿债务的要求。

股份公开性、自由性。股份公开性、自由性包括股份的发行和转让。股份有限公司通常都以发行股票的方式公开募集资本，这种募集方式使得股东人数众多，分散广泛。同时，为提高股份的融资能力和吸引投资者，股份必须有较高程度的流通性，股票必须能够自由转让和交易。

公司的公开性。股份有限公司的经营状况不仅要向股东公开，还必须向社会公开。使社会公众了解公司的经营状况，这也是和有限责任公司的区别之一。

(2)股份有限公司的上市

上市公司是指所发行的股票经过国务院或者国务院授权的证券管理部门批准在证券交易所上市交易的股份有限公司。股份有限公司上市的条件有以下几个方面。

①股份有限公司的股票经国务院证券监督管理机构核准已向社会公开发行。

②公司股票资金本金总额不少于人民币3000万元。

③股份有限公司开业时间在3年以上，最近3年连续盈利。

④持有股票面值达人民币1000元以上的股东人数不少于1000人，向社会公开发行的股份达到公司股份总数的25%以上；如果公司股本总额超过人民币4亿元的，其向社会公开发行股份的比例为10%以上。

⑤公司在最近3年内无重大违法行为，财务会计报告无虚假记载。

⑥国务院规定的其他条件。

(3)股份公司的设立流程

①公司法人领取并填写《名称(变更)预先核准申请书》，同时准备相关材料；

②递交《名称(变更)预先核准申请书》，等待名称核准结果；

③领取《企业名称预先核准通知书》，同时领取《企业设立登记申请书》等有关表格；经营范围涉及前置许可的，办理相关审批手续；

④准备材料，报市工商局、市发改委、市财政局审批(上市公司须报市政府和证监会审批)；

⑤凭《企业名称预先核准通知书》到经工商局确认的入资银行开立入资专

户，办理入资手续（以非货币方式出资的，还应办理资产评估手续）；

⑥递交申请材料，材料齐全，符合法定形式的，等候领取《准予行政许可决定书》；

⑦领取《准予行政许可决定书》后，按照《准予行政许可决定书》确定的日期到工商局缴费并领取营业执照。

## 二、企业组织形式的优劣势比较

各种企业组织形式并没有绝对的好坏之分，对创业者而言，需要考虑的是选择一种更加有利于自己的企业生存与发展的组织形式。如表 6-1 所示，创业者可以根据企业组织形式的比较来分析适于自己的形式。

表 6-1　企业组织形式的优劣势比较

| 企业组织形式 | 优势 | 劣势 |
|---|---|---|
| 个人独资企业 | 企业的设立、转让、解散等行为手续简便，只需向登记机关登记即可，费用较低。<br>企业拥有者对企业拥有绝对的控制权。利润归创业者所有，不需要对其他人负责。<br>只需缴纳个人所得税，无须双重税收。<br>在技术与经费方面保密性高。 | 创业者需对企业负无限责任。<br>企业筹资困难，难以获得企业外部的资金支持。<br>企业会随着创业者的退出而消亡，企业寿命有限。<br>企业的生存与发展更多依赖于创业者的个人能力。 |
| 合伙企业 | 企业设立较简单，费用较低。<br>企业的生产、经营具有高度的灵活性。<br>企业资金来源广泛，信用度较高。<br>企业拥有一个整体团队。 | 合伙人承担企业无限责任。<br>财产转让困难。<br>企业的规模难以扩充，融资能力有限。<br>关键合伙人的退出，会使企业消亡或解散。<br>合伙人之间的分歧会导致企业决策困难。 |

| 企业组织形式 | 优势 | 劣势 |
|---|---|---|
| 有限责任公司 | 股东风险较小。<br>公司具有独立的寿命，易于存续与发展。<br>公司的拥有权与经营权分离，符合现代企业制度，适应市场竞争。<br>以出资额为限承担公司的经营，不会影响拥有者的生活。<br>聘任职业经理人的做法，有利于科学决策，优化公司的组织结构形式。<br>可以吸收多人投资，有利于资本优化。 | 公司的设立程序较为烦琐，条件较为复杂。<br>公司开办的费用较高。<br>有双重税收压力，税收负担较重。<br>不能公开发售股票，公司发展的规模与途径受到了限制。<br>公司的产权不能流动，资产运作受限。 |
| 股份有限公司 | 股东承担有限责任，风险较小。<br>公司具有独立的寿命，易于存续。<br>公司的产权可以以股权的形式流动、变更。<br>公司的拥有权与经营权分离，有利于公司的经营。<br>公司的筹资能力强，对公司的扩大发展较为有利。 | 公司的创立程序复杂，费用高。<br>税收负担较大，有双重的税收压力。<br>政府限制较多，法规要求较高。<br>公司需要定期报告财务状况，对财务有着严格的审查制度。 |

# ▸▸ 扩展阅读

## 股份有限公司的发起与募集

股份有限公司的设立指的是为正式成立股份有限公司、取得法人资格而依法进行的一系列筹建准备行为。股份有限公司的设立程序因发起设立和募集设立的不同而有所区别，下面就这两种情况分别进行介绍。

一、发起设立的程序

1. 发起人之间以书面的形式订立发起人协议。发起人协议是公司设立程序的第一步，它是发起人之间以书面形式表达的有关公司的组建方案、发起人之间的职责分工等的共同意愿。发起人协议通常包括以下一些主要内容：发起人的姓名以及住所；公司拟发行的股份类别，每股的面值、发行价；每个发起人的认购数额、出资类别；发起人缴纳股款、交付现物、转让财产权利的时间和方式，以及发起费用的预算、开支和每个发起人的发起费用的负担等。

2. 发起人订立书面协议以后就应该按照协议的规定缴纳出资认购股份。发起人缴纳出资的方式主要有以现金缴纳或者用实物、工业产权、非专利技术、土地使用权来抵充股款。以现金之外的其他财产或财产权利出资的需要由有关的中介机构进行评估，并且要依法办理有关的财产权利的转移手续。

3. 发起人交付全部出资以后，应当选举董事会和监事会，并由董事会向公司登记机关报送设立公司所必需的批准文件、公司章程、验资证明等文件，申请设立登记。

二、募集设立的程序

1. 发起人首先要做的是与前述的发起设立的程序中前两步相同的步骤，有所区别的是，在发起设立中，发起人要认购全部的股份，而在募集设立中，发起人只认购全部股份中的一部分，我国公司法规定认购数额应不少于首期发行股份数的35％。

2. 制定招股说明书。招股说明书是向非特定的社会公众发出的认购股份的书面说明，该说明书在发出以前应当经过国务院证券管理部门的批准。

3. 向国务院递交募股申请。申请时，还必须同时报送《公司法》规定的一些文件，比如公司章程、经营估算书、发起人的姓名、认购的股份数等。

4. 募股申请经国务院主管部门批准以后，发起人应该公告招股说明书，并制作认股书。公告招股说明书时应该根据所要募集的范围在相应的报纸杂志上予以公告。同时，发起人必须制作认股书，认股书应载明《公司法》所要求的内容，由认股人填写有关事项，比如认购的股数、金额、认股人的住所等。

5. 发起人应该同依法设立的证券经营机构签订承销协议，并与银行签订代收股款的协议。发起人要募集股份，必须通过证券经营机构进行，而且必须与银行签订代收股款的协议，由银行代为收取和保存认股人缴纳的股款。

6. 取得验资证明。发起人在股款募足以后，必须请中立的机构或专家出具证明全部股份已经如数缴纳的文件，这一文件是申请公司注册的必备文件。

7. 召集由认股人组成的创立大会。创立大会的工作主要是选举董事会、监事会成员，并审议发起人的募股情况，并作出设立公司与否的决定。

8. 由创立大会选举的董事会向公司登记机关报送有关文件，申请设立登记。董事会应该在创立大会结束后的法定日期内向公司的登记机关报送公司法要求的相关文件，申请设立公司。

## 三、选择企业组织形式需要考虑的因素

企业组织形式反映了企业的性质、地位、作用和行为方式，规范了企业与出资人、企业与债权人、企业与政府、企业与企业、企业与职工等内外部的关系。毫无疑问，企业的建立必须和我国的社会制度相适应，和我国的生产力发展水平相适应，同时创业者也要充分考虑到企业的行业特点。企业只有选择了合理的组织形式，才有可能充分地调动各个方面的积极性，使之充满生机和活力。在决定注册企业时，要考虑的因素很多，但主要有以下几方面。

1. 税收

在西方发达国家，企业创办人首先考虑的因素是税收。在美国《公司法》中，也将这一因素称为决定性因素。以我国为例，我国对公司企业和合伙企业实行不同的纳税规定。国家对公司营业利润在企业环节上课征公司税，税后利润作为股息分配给投资者，个人投资者还需要缴纳一次个人所得税。而合伙企业则不然，营业利润不征公司税，只征收合伙人分得收益的个人所得税。再对比合伙企业和股份有限公司，合伙企业要优于股份有限公司，因为合伙企业只征一次个人所得税，而股份有限公司还要再征一次企业所得税。如果综合考虑企业的税基、税率、优惠政策等多种因素的存在，股份有限公司也有有利的一面，因为国家的税收优惠政策一般都是只为股份有限公司所适用。一般情况下，规模较大企业应选择股份有限公司，规模不大的企业采用合伙企业比较合适，因为规模较大的企业需要资金多，筹资难度大，管理较为复杂，如采用合伙制形式运转比较困难。

2. 企业的业务需要

创业者在考虑选择企业的组织形式时，首先想到的是企业自身的因素。不论是哪一种企业组织形式，都有自己的优势与劣势，创业者要认真考虑每种所

有权的形式所产生的结果和要求，还必须结合自己的实际情况，一般来说，需要考虑的问题包括启动资金与资金增长潜力、企业团队人员的合作与结算、企业的业务诉求、企业的运营计划等，事实上，没有一种所谓的"最好"的企业组织形式，只有"最适合"自己的，新创企业一切都应以盈利为标准，以便能保证满足企业的业务要求。

3. 企业外部环境的支持

企业外部环境的支持，是指国家及地方政府对某些企业进行的扶持与帮助。创业者在注册企业之前，要花时间了解所在地方政府对不同企业的支持政策，在建立企业时予以参考。除此之外，创业者需要经常打交道的还有银行，不同的银行对中小企业的借贷也有不同的政策。同时各地的税收也有不同。因此，信息的搜集对创业者来说是十分重要的。

4. 利润和亏损的承担方式

由于受到中国传统文化的影响，一些企业家在与人合伙时，总是无法涉及利益的分配与责任的划分，这种情况对企业以后的发展极为不利。在创建之初就建立现代企业制度是非常重要的。独资企业，业主无须和他人分享利润，但其要一人承担企业的亏损。合伙企业，如果合伙协议没有特别规定，利润和亏损由每个合伙人按相等的份额分享和承担。有限公司和股份公司，公司的利润是按股东持有的股份比例和股份种类分享的。对公司的亏损，股东个人不承担投资额以外的责任。另外创业者也需要考虑，在业务获得长足发展之后的上市问题，需要在建立之初就有一个长远的规划。

# 案例

## 瓦伦汀商店企业组织形式选择案例分析报告

[案例简介]

瓦伦汀作为一名成功的独资经营的汽车经销商，现由于自己年龄问题，他考虑将自己的商店留给自己的儿孙，在组织形式的选择问题上，有如下要求。

1. 所有权。瓦伦汀希望他的两个儿子各拥有 25％的股份。五个孙子各拥有 10％的股份。

2. 存续能力。瓦伦汀希望即使发生儿孙死亡或放弃所有权的情况也不会影响经营的存续性。

3. 管理。当瓦伦汀退休后，他希望将产业交给商店的雇员乔·汉兹来管理。虽然瓦伦汀希望家族保持产业的所有权，但他并不相信他的家族成员有足够的时间和经验来完成日常的管理工作。

4. 所得税。瓦伦汀希望企业采取的组织形式可以尽可能减少他的儿孙们应缴纳的所得税，他希望每年的经营所得都可以尽可能多地分配给商店的所有人。

5. 所有者的债务。瓦伦汀希望能够确保在商店发生损失时，他的儿孙们的个人财产不受任何影响。

你认为瓦伦汀先生应该采用何种组织形式来建立自己的企业呢？

[分析]该企业应该选取有限合伙企业制。

有限合伙定义：是指 1 名以上普通合伙人与 1 名以上有限合伙人所组成的合伙，由 2 个以上 50 个以下合伙人设立；至少应当有 1 个普通合伙人。虽然在表面上及一些具体程序与做法上，它是介于合伙与有限责任公司之间的一种企业形式，但必须强调的是，在本质上它是合伙的特殊形式之一，而不是公司。

合伙企业在经营过程中不需要缴纳企业经营所得税，只需要各合伙人缴纳个人所得税，这样企业的经营所得税就可以尽可能多的分配给商店的所有人。

A. 所有权。瓦伦汀希望他的两个儿子各拥有 25％的股份。五个孙子各拥有 10％的股份。但考虑到实际情况有限合伙企业中必须有 1 名普通合伙人，可以考虑从儿孙所持有的股权中拿出一部分作为普通合伙人的股权，如 10％，具体数额可以由各有限合伙人协议约定，但不影响到家族控股权。

B. 存续能力。有限合伙制企业，股权随投资人的死亡而终结，有限责任公司的股权则可以永续。瓦伦汀希望即使发生儿孙死亡或放弃所有权的情况也不会影响经营的存续性。所以事先协议规定，在不影响家族控股权的情况下，股权只能在家族内部进行转让。

C. 管理。乔·汉兹以普通合伙人身份参与合伙，在合伙协议中确定执行事务和报酬提取方式。有限合伙人不执行合伙事务，不得对外代表有限合伙企业。

D. 所得税。合伙企业的生产经营所得和其他所得，按照国家有关税收规定，由合伙人分别缴纳个人所得税，不需缴纳公司所得税而有限责任公司和股份有限公司需缴纳公司所得税，个人投资还得缴纳个人所得税。

资料来源：百度百科，作者整理加工。

## 四、企业注册的相关问题

### 1. 注册企业还应当熟悉一些相关的法律问题

在进行企业注册之前，创业者需要了解一些相关的法律问题，这对于企业的建立与发展有相当大的帮助，例如，如果企业需要雇佣员工，那么作为企业的法人代表，需要了解《劳动法》的相关规定，其他如《合同法》《环境保护法》等。此外，还有一部与创业者关系较大的法律文件是《知识产权保护法》。但是创业者也不必太过紧张，企业在创建过程中会遇到很多不可知的法律问题，随着企业的发展壮大，创业者可以慢慢学习相关的法律、法规，也可以为自己的企业聘请一位专业的法律顾问帮助自己解决法律问题。

### 2. 注册企业时应注意重要信息的保护

我们在前文所讲的"宣纸技术的泄密"就是一个意义深刻的商业信息保护的案例，企业特别是一些高新技术企业，在建立之初就应当注意核心技术的保密。即使有时客户与合作伙伴做出保证，信息最好也不要向对方公开，重要的信息对一个企业创业者来说是有价值的，一旦公开，可能陷入商业秘密的陷阱。

商业秘密是指任何形式的、给它的使用者潜在或者实际的经济及组织带来竞争优势的信息或者技术专利等。为了使商业秘密合法化，创业者如果也是商业秘密的所有者，必须采取合理的措施来保护。

### 3. 影响企业选址的因素

创业企业的发展受到很多因素的影响，企业本身的因素作为内因而存在，但是影响企业发展的外因很重要的一点是营业地址的选择，这也同样影响着企业的发展。创业者在选择在哪里开启自己的事业时，往往会受到以下一些因素的影响：政治、经济、周围环境、技术因素、人口因素等。

企业的选址首先是选择自己熟悉的地方，包括熟悉的环境和已经获得的人脉关系，在此基础上，企业需要研究政府的相关信息，特别是政府对于新创企业在政策上的支持和一些有利于创业的法律、法规，以获得政府对企业的帮助。

企业的经营项目不同，对注册地的经济条件的要求也不相同，例如零售企业的注册，就需要选址在一个人口集中、消费水平较高的地区，另外企业选址也要考虑银行、税务等机构的分布情况。

技术因素。以科技与生产项目为方向的高科技企业，在选址时创业者可以考虑将新企业建在科技园或某些研发中心附近。这样，企业可以及时了解和掌握国内外新技术发展变化的规律，避免技术本身难以预测性和技术市场变化给企业带来的影响。

新企业在选址时，需要对企业的消费群体和客户有所了解，要重点了解所在地区的人口结构、人口素质等人口因素，企业可以根据自己的经营特点结合所在地的人口状况，展开宣传，使自己赢得发展先机。

# 案例

## 加多宝与王老吉的商业之争

### 王老吉品牌渊源

凉茶是广东等地的一种由中草药熬制，具有清热祛湿等功效的"药茶"。在众多老字号凉茶中，以王老吉凉茶最为有名。王老吉凉茶发明于道光年间，至今已有175年，被公认为凉茶始祖。20世纪50年代，王老吉凉茶完成公有化改造，成为今天广药集团旗下的一个品牌茶品。

1992年广州羊城药业有限公司成立并于同年推出盒装王老吉及罐装王老吉凉茶，在华南地区进行销售。

### 王老吉案件

1995年羊城药业与鸿道集团签订合同，授权鸿道集团在一定期限内生产和销售王老吉，鸿道集团下设子公司王老吉公司生产销售王老吉凉茶。1996

年广药集团成立，王老吉商标等无形资产按照有关规定成为广药集团持有。2000 年 5 月，广药集团与鸿道集团签订了授权许可，将王老吉的商标使用权租给鸿道集团，期限从 2000 年 5 月到 2010 年 5 月，共 10 年。

2002—2003 年，鸿道集团向广药集团原总经理李益民行贿 300 万港币，欲将王老吉商标许可年限延长至 2020 年，每年的许可使用费仅 500 多万元。案发后广药集团原班 2 名领导因受贿受到法律制裁，但是鸿道集团仍然违法使用王老吉商标。2010 年 5 月，广药集团与鸿道签订的合同到期后，广药集团要求重新商议许可证的使用问题，但鸿道集团并未回应。

2011 年 4 月，广药集团向中国国际经济贸易仲裁委员会提出仲裁，启动了被称为"中国商标第一案"的"王老吉"商标维权案。2013 年 1 月，广州中院下达诉中禁令裁定书，裁定广东加多宝有限公司等被申请人立即停止使用"王老吉改名加多宝""全国销量领先的红罐凉茶现改名加多宝"等相似的广告宣传语。至此，这个著名的商标侵权案以加多宝公司的失败而告一段落。

**【应用练习】**

1. 作为创业者，你明白你在将创业计划书交到投资者手里之前，应当怎样保护自己的商业秘密吗？

2. 如果你办了一家小型互联网服务企业，你将会遇到哪些与专利技术相关的问题？

3. 你如果在创业前，已经有了自己的发明，你该如何保护它不被别人抢走？

4. 面对同行业一个强劲的竞争对手，你如何利用自己的商标，将对手打败？

# ▸▸ 内容拓展

## 与企业类型相关的选址因素

1. 零售企业

对许多零售商而言，停车是否便利和交通情况是主要问题，但开在购物中心里的商店很少遇到这种问题。零售店还要考虑周围店铺的业务类型。有研究表明，服装店就不适合设在加油站旁边。路过店铺旁边的步行人数情况也是个重要因素，可以问问自己：路过这里的人是去公共汽车站还是去电影院？去看电影的人停下购买东西的可能性不是很大。

2. 批发企业

批发商从制造商那里大量购进商品，然后再小批量地卖给零售商。批发类企业选择位置主要考虑两个问题：一个是良好的交通条件，像铁路、公路；另一个就是要适当便利，如在建筑、设备、公共设施等方面。没有这些便利条件，批发企业就很难处理大量的货物。有些地方对批发业务会有一些限制，要了解相关的规定，批发企业也要尽可能的接近它的客户。

3. 服务性企业

服务类业务应尽可能地靠近大型购物中心，但像电视维修店、干洗店、牙科诊所、修鞋店或是儿童看护等业务，就没有必要设在高租金地段。为了得到较好的服务，消费者情愿多花些时间多走点路。所以这类业务可以选择适当"偏僻"的位置，但在服务类企业中，位置的好坏也会有很大的差别。让干洗店靠近食品杂货店和药店就可能是个不错的选择，较大的客流和便利的条件有利于干洗店取得成功。但类似的位置却不一定适合牙科诊所。

4. 制造类企业

生产性企业的选址不同于零售、批发及服务类企业。办制造企业时，要考虑交通情况和原材料的远近，其他要考虑的因素还有离客户的远近、设施情况及当地的规定等。在研究企业的选址一般性和特殊性因素的时候，既要考虑企业目前的需要，也要考虑将来的需要。

资料来源：共青团中央、中华全国青年联合会和国际劳工组织：《大学生KAB创业基础》，北京，高等教育出版社，2007。

## 第二节　新企业的生存管理

**学习目标**

学习本节后，你应该：

1. 理解新企业的生存管理内容。

2. 学习如何使企业从小到大获得发展。

3. 学习初创企业的现金流管理。

# 引导案例

## 蒙牛：模仿式创业的成功

蒙牛是一本创业教科书，从它身上我们可以学到当企业还很弱小的时候，如何与行业龙头博弈；在利用国际资本这把双刃剑时，如何才能不伤及自己。牛根生所领导的蒙牛从 1999 年开始创业，从一无所有开始，在群雄并立的"乳业江湖"硬是拼下了最大的一块地盘，到 2004 年蒙牛已经成为行业老大，其收入达 72.138 亿元人民币，仅次于伊利的 87.34 亿元，而蒙牛 3.194 亿元的净利润却远远把伊利抛在后面。

6 年打造出一个年收入超过 70 亿元的巨无霸企业，以退为进的竞争策略和破釜沉舟的团队激励方法是其所向披靡的两把板斧。

### 板斧一：以退为进为企业营造最好的生存环境

1978 年，20 岁的牛根生进入了养牛场工作，5 年后牛根生进入了伊利，从一名洗瓶工干起，随后逐步升任车间主任，1992 年起担任伊利的经营副总裁，1998年牛根生被伊利董事会免职。不甘落寞的牛根生选择了自主创业。1999年1月，蒙牛正式注册成立，注册资本100万元，基本上都是牛根生和妻子卖伊利股票的钱。"当时在呼和浩特的一个居民区里租了一间小平房作为办公室，一共只有53平方米，月租金200多元。蒙牛成立的时候，仅仅在内蒙，以伊利为首的乳品企业就有数百家。和蒙牛同在呼和浩特市的伊利集团那个时候已经上市多年，有完整的冰品、液态奶和奶粉生产销售体系，当年的纯利润达到8000多万元。而1999年蒙牛刚诞生的时候，没有奶源，没有厂房，没有市场，可以说是一无所有。"

但是，牛根生有人。牛根生的蒙牛大旗一扯天下英雄归心，得知此消息还在伊利工作的老部下放下高官厚禄开始一批批地投奔而来，总计有几百人，无怨无悔跟他从零开始打江山，但是在乳业江湖的利益格局基本形成的时候，蒙牛的生存空间饱受挤压，或明或暗的算计来自各个角落。

有竞争对手开始希望将蒙牛这个初生婴儿扼杀在摇篮中，蒙牛经历了广告牌被砸、牛奶被拦截倒掉等事件。面对竞争对手的明枪暗箭，牛根生选择了以退为进的策略。

当时的伊利总裁郑俊怀对于牛根生的能力有深刻了解，所以伊利也是对蒙牛打压得最厉害。但是牛根生对于曾经狠狠地抛弃了他的伊利，在任何场合都表现出了满怀尊敬。蒙牛在刚开始的时候很谦虚，打出的广告口号是"向伊利学习为民族企业争气"。当时蒙牛对外宣传是内蒙古第二大乳业品牌，第一是伊利。牛根生在不同的场合提及伊利，言辞中总是充满对伊利的眷恋和对老领导郑俊怀的敬意。牛根生的做法逐步赢得了更多的同情与支持。

对于自己当时为什么要这样做，牛根生的解析是"打不还手，骂不还口，只有这种方式才能活下来，同时还能长大"。面对竞争对手想要置之死地的策略，牛根生坦言："如果不还手是掐不死的。只要一还手掐死的可能性是特别大的。当时挨打和挨骂是为了将来不挨打不挨骂，为了自己能够生存出、发展好，最后能够不挨打不挨骂。当你打了好几年，打的和骂的过程都经历了以后，就要学会怎么样不打能赢，怎么样不战能胜。"

## 板斧二：破釜沉舟成就火箭速度

弱小总是容易受人欺，为了谋求快速壮大的机会，牛根生想到了借力资本高手。2002 年 6 月，摩根斯坦利、鼎晖投资、英联投资 3 家国际机构入股蒙牛。但是打着"除强扶弱"口号的摩根斯坦利等 3 家投行除了带给蒙牛总计6000 万美元的风险投资以外，还给牛根生套上枷锁：未来 3 年，如果蒙牛每年每股盈利复合增长率低于 50%，以牛根生为首的蒙牛管理层要向以摩根斯坦利为首的 3 家外资股东赔上 7800 万股蒙牛股票，或者以等值现金代价支付；如果管理层可以完成上述指标，3 家外资股东会将 7800 万股蒙牛股票赠予以牛根生为首的蒙牛管理团队。

在强敌环伺的制造行业里每年获利 50%，这在很多业内人士的眼中是一个天方夜谭，这是没有胜算的赌博，看来牛氏军团打下来的江山只能让别人去享用了。

但是在强敌环伺的时候，只有"快鱼"才能生存，否则就只能被"大鱼"吃掉。牛根生同意了国际银行的条件，决定破釜沉舟，背水一战。

有了资金支持的蒙牛就像插上了翅膀，在竞争对手的枪林弹雨中，蒙牛迅速成长，从 2001 年到 2004 年，蒙牛销售收入从 7.24 亿元、16.68 亿元和40.715 亿元人民币跃升至 72.138 亿元。"蒙牛速度"在中国企业界引人注目。CCTV2003"中国经济年度人物"对牛根生的颁奖辞写道："他是一头牛，却跑出了火箭的速度。"

蒙牛的速度让外资股东无话可说，按照协议的要求，蒙牛乳业 2004 年的净利润是以 3 亿元为界限，而蒙牛公布的 2004 年业绩为 3.19 亿元，超出了外资股东的期望值。

2005 年 4 月 7 日，摩根斯坦利等外资股东提前终止了与管理层之间的对赌，代价是将其持有的本金额近 5000 万元的可转股票据给蒙牛管理层控股的金牛公司，这接近机构投资者所持票据的四分之一。这些票据一旦行使，相当于 6260 万余股蒙牛乳业股票。以 8 月 18 日收盘价每股 5.850 港币计算，3.6621 亿港币的财富又进了蒙牛管理层的口袋。

"一招鲜，吃遍天"，牛根生凭借两把板斧奠定了他的乳业江山！

资料来源：http://news.xinhuanet.com/fortune/2010-10/01/C_12624792.htm.

## 思考

1. 请你思考：创业初期，蒙牛是如何进行品牌开拓的？

2. 蒙牛对伊利企业的态度，给我们怎样的启示？

3. 与牛根生一起创业的，都是伊利出来的老员工，这些对你的创业有怎样的启示？

## 一、新企业生存管理的特点

新创业的企业在建立之初，会有1～2年或者更长时期的初创期或者叫生存期，这一时期企业往往面临着新的市场建立、寻找固定的或潜在的客户、企业内部组织形式的确立、企业制定发展战略、修改发展方向等一系列问题。在这一时期，企业应当以生存为第一要务。创业初期的企业订单往往会对企业的生存起到重要作用，因此经营活动就成为企业最重要的问题。但是这一时期的企业也会面临许多其他问题，这些问题不能得到及时解决，企业也会陷入困境，因此创业者在新企业建立之初，往往会发现手头的工作繁杂而琐碎，这也是新企业发展的必经阶段。以下是我们列举的新创企业的除经营以外的其他生存问题。

首先是新企业的内部管理问题。新企业由于规模较小，因此在组织结构、人员设置上会有很大的缺陷，如多数企业在开业之初会采取雇佣兼职的财务人员以减少成本，但是这会造成企业财务管理的不便。其次是企业的现金流问题。由于企业现金流动性较差，不能对抗市场风险，在遇到非系统风险时，往往会导致现金流断裂，造成企业的死亡。一项调查发现，在企业创建的最初两年中，是企业发展的生存期，虽然企业的发展各不相同，但是企业最初的两年时间是最容易死亡或者消失的两年。即使企业可以勉强生存下来，但是由于新企业的市场狭窄，客户群单一，一旦订单减少，客户出现流失，就会造成企业出现生存危机。新企业在建立之初，所面临的问题往往是生存管理。只有度过了生存期的企业，才会走上发展的道路。

这一时期的创业者应当充分了解新企业管理的特点，才会对企业进行针对性管理。新企业的管理特点体现在以下几个方面。

1. 作为新创企业，管理的重点是避免现金流的断裂

作为一个新创企业来说，由于没有经营历史，没有销售业绩，没有信用记录，没有抵抗风险的成功案例，因此很难得到银行的贷款，而企业的启动资金已经在创业过程中被消耗了许多，因此资金困境是始终困扰企业发展的困境之

一，新企业在资金管理上必须想尽一切办法保证现金充足供应。在企业发展初期，企业需要想方设法以自有资金创造自由的现金流。以往的企业破产的案例告诉我们，企业即使已经获得了足够生存的订单，但是由于没有资金作为生产组织资金，仍然会走上破产之路。因此作为一个新创企业的管理者，时刻关注现金流的管理是第一重要的事情，企业的生产准备金至少要保证充足供应半年到1年的时间，才能使企业的生产经营活动顺利进行。

2. 新企业的团队管理，应当是一种"所有人做所有事"的群体管理模式

新企业的"所有人做所有事"的管理方式是一种在企业内部组织结构尚未完善时，人员较缺乏、一人多责时可以采用的一种管理方式。新企业在建立之初，员工与领导人之间的界限较为模糊，管理者对公司的具体事务亲力亲为，企业会建立起一种平等、团结、具有亲和力和凝聚力的企业文化。员工在参与公司的管理与发展时，也会更加努力与积极，使企业建立起一种平等、和谐的企业文化。在新企业发展的过程中，需要特别重视企业的目标与绩效管理。

3. 创业者在管理企业时，需要深入企业运作细节来管理

创业者在企业新创时期，需要亲力亲为，深入生产第一线，跑市场，亲自与客户谈判，甚至需要亲自装车、运输、亲自制订财务计划、制定薪资标准等，这些细节的掌控，可以使创业者迅速向管理者转变，可以使创业者全面而准确地了解企业的发展，而且也可以为企业的员工树立工作的榜样。随着企业度过生存期，企业的规模不断扩大，公司的结构组织也日趋完善，这时候创业者就不需要再深入细节了，而只需要进行全局掌控、制定公司的战略发展就可以了。这也是为什么新创业的管理者比普通企业的管理者更加忙碌的原因。

## 扩展阅读

## 企业管理中的目标与绩效管理

企业目标管理是以目标为导向、以人为中心、以成果为标准，而使组织和个人取得最佳业绩的现代管理方法。目标管理的特征包括：①共同参与定制；

②与高层一致，即下一级的目标必须与上一级的目标一致，必须是根据上一级的目标分解而来，所有的下级的目标合并起来应当等于或者大于上一级的目标；③可衡量，即在目标管理中，所设定的目标必须符合SMART（目标管理）原则，即具体的、可衡量的、可接受的、现实可行的、有时间限定的，其中可衡量的关键，在于事先双方需约定衡量的标准，这个标准同时也是事后评估的标准；④关注结果，不论对于企业管理者还是对于企业员工，目标管理关注的都是结果——目的达成了没有，而不是"工作"或者"活动"的本身；⑤及时地反馈和辅导，反馈是管理者将员工的工作状况与设定的目标比较，将结果及时通知员工，使员工自己纠正偏离的行为，除此之外，管理者还要对企业成员进行辅导，以帮助企业提高工作效率；⑥以事先设定好的目标评估绩效，由于企业员工共同制定了企业的目标，并且共同约定了绩效考核标准，因此作为目标的执行者，在评估绩效时，就会容易得多。

所谓绩效管理是指管理者与员工之间在就目标及如何实现目标达成共识的基础上，激励和帮助员工取得优异绩效，从而实现组织目标的管理方法。绩效管理的目的在于通过激发员工的工作热情和提高员工的能力和素质，以达到改善公司绩效的效果。

在企业中，各级管理者和员工为了达到组织目标共同参与的绩效计划制订、绩效辅导沟通、绩效考核评价、绩效结果应用、绩效目标提升的持续循环过程，绩效管理的目的是持续提升个人、部门和组织的绩效。对于新企业来说，绩效考核的目标并不是难点，难点在于对绩效的评估。作为企业的领导者，绩效的评估直接影响企业员工的工作效率。在新企业中，由于员工数量较少，也会有一些成员曾经参与创业，这就是创业者在管理时，不能兼顾目标与绩效，有时会出现不公平的现象。这种现象如果多次发生，就会导致员工有情绪，这对新企业的发展是极为不利的，这一点创业者要注意避免。

绩效管理所涵盖的内容很多，它所要解决的问题主要包括：如何确定有效的目标？如何使目标在管理者与员工之间达成共识？如何引导员工朝着正确的目标发展？如何对实现目标的过程进行监控？如何对实现的业绩进行评价和对目标业绩进行改进？绩效管理中的绩效和很多人通常所理解的"绩效"不太一样。在绩效管理中，我们认为绩效首先是一种结果，即做了什么；其次是过程，即用什么样的行为做的；最后是绩效本身的数字。因此绩效考核只是绩效管理的一个环节。

## 二、新企业成长的驱动因素

在企业度过生存期之后，会走上快速成长时期，这一时期，企业的订单增加，销售收入不断增加，市场逐步扩大，企业运营流程不断完善，这一时期，创业者的管理方式的不同会使企业走上截然不同的成长道路。如果创业者坚持创业理想，仍旧敢于不断创新和突破，企业就会不断发展壮大，但是也有可能造成企业的冒进，使企业陷入困境。还有一部分企业家会选择小心谨慎地维持企业的小幅度进步，企业的发展较为缓慢或者长时间不发展。

新企业的成长是一个特殊的过程，每一个企业的发展都具有不可复制性，但是同时又有可以借鉴的地方，新创业的企业成长起来的驱动因素包括以下几个部分。

1. 创业者的驱动。创业者创办企业，是企业的灵魂，发挥着决策与领导的作用；同时创业者在企业中担任着多种管理角色，领导企业的发展与扩张；创业者还是企业的家长，带领企业战胜各种困难，在逆境中奋进，在顺境中壮大。创业者是否具有企业发展愿景。是企业成长与发展的关键因素。创业者必须具有使企业发展的欲望。在企业的产品投入市场，获得利润，企业与创业者第一次获得成功之后，创业者会获得巨大地成就感。如果创业者是一位成长型的创业者，在成长欲望的支配下，会将企业的利润不断投入到企业的发展中，企业会走上扩张壮大的道路，而如果创业者是生活型的创业者，企业往往会稳定生存，长期保持创业初期的状态。

2. 创业团队的驱动。创业团队是影响新企业成长的重要因素，企业建立之后，创业者的角色由创立者变成了管理者，创业者的管理能力直接关系着企业的发展。企业的管理问题，在管理学中被称为"逆向选择"。所谓逆向选择，是指随着企业需要的雇员人数增加，找到合适雇员、给予适当岗位并提供充足的监督。企业成长的速度越快，管理者考虑岗位应聘者是否合格的时间会变得越来越短。同时，对于核心团队的凝聚力建设也会由于时间的减少而减少，创业团队就会面临解体的可能。在创办企业之后，团队中的角色会不断增加，对于增加的团队成员，由于创业时间比较晚，会与最早的创业团队成员发生股份利益的争论，作为一个高明的管理者，一定是一个能够平衡各方面利益关系使企业继续前进的人。

3. 市场驱动。市场的作用在促进企业高速发展的过程中起着不可替代的作用。在实际社会中，没有一家企业可以在没有竞争的环境中生存下来，竞争的市场环境可以促使企业不断研发新的产品，不断增进自己的服务，改善与客户的关系，更快的适应市场的要求，从而使企业获得发展。另一方面，企业的成长也意味着要从竞争对手手中抢得一定的市场份额，对手的报复也将开始，一位成功的管理者应当在企业建设过程中就制订出应对这一切的计划，在这种报复过程中，新企业将成长得更快也将变得更加强大。

4. 财务驱动。之前我们在讲创业时讲到了企业的现金流管理，对于一个新企业来说，现金流管理意味着企业的生命线。新企业创建之初可能会面临承担很多订单但是顾客的支付比较滞后的情况，这就导致了一个新企业可能有100万的应收账款但是却负担不了5万元的账单。因此，新企业必须谨慎地管理现金，以确保维持足够流动性来发放薪水并支付其他的短期债务。新企业也会遇到价格带来的机遇与挑战，一个新的企业必然会带来市场的变化，产品的价格及成本的增加都会影响企业的发展，新企业的规模相对较小，应对新情况要比成熟的企业快得多，对于市场的变化也有更加灵活的掌握，这些都是面对价格变化时，企业的优势。

5. 技术创新。设计、生产和销售一款新产品是增加企业收入和盈利的一种方式，也是企业成长的一种驱动因素。在很多快速变动的产业中，新产品的开发与研制本身就是一种竞争的需要，如食品和计算机软件行业。软件企业必须有正在开发的新产品，对某些新企业来说，研发新的技术和开发新的产品，本身就是一种生存与发展的必需。

6. 企业文化与品牌驱动。新企业的成长过程同时也是企业进行自我宣传，以及与其他企业进行合作的过程，企业的文化建设直接关系到企业的外部形象，而企业的品牌是一个企业产品的信誉度的直接体现，作为一名企业的管理者，注重企业的文化建设，可以在一定程度上弥补新企业其他方面的劣势，对企业的招聘、融资、宣传等起到良好的作用，同时，对于企业自我建设来说，一个企业的文化是企业发展的目标，在企业的内部招聘管理、招聘中也起着巨大的作用。

### 三、新企业成长的管理策略与技巧

经历了创业的艰难，创业者成功地建立了自己的公司，如何使新企业获得健康快速的成长是摆在每一位创业者眼前的事实。在创业初期，企业的生存是最重要的，但是公司的成长阶段更加危机重重，因为一些不可预见的风险往往在创业者毫无准备的情况下突然出现，造成企业蒙受损失，甚至有经营失败的可能。

对处在成长期的企业进行管理，创业者需要做好以下两件事。

1. 制定公司发展战略，为公司成长做好准备

公司在草创时需要创业者全身心投入，也正因为他们深入细节，忙于各种具体措施，所以对企业的发展前景近乎没有时间进行考虑。在成长期的企业，如果遇到一个好的发展机会，例如公司的业务受到客户青睐或订单的需求量大增时，创业者往往会感到明显的准备不足，从而错失企业发展的良机。因此，在企业进入成长期后，创业者应当尽快改变自己的角色，变成一名成功的管理者，并且为企业制订出相应的成长计划，使企业获得良好的发展。

（1）要为自己的企业成长做好准备

这些准备包括至少要拥有一支经验丰富的顾问团队，在企业的创业时期，团队成员往往是睡在上铺的兄弟与志同道合的朋友或亲戚，但是在企业的发展过程中，创业者会发现"义气"与"利益"并不能兼得。到了企业的快速成长期，因为有更多的企业发展的决策需要制定，如果有一支经验丰富的专业人士组成的顾问团，在企业的成长过程中提供指导，就能使企业获益匪浅。此外，创业者还应该有专业人士来协助制定企业的成长策略、监管集体制，这样的企业更加符合现代企业的发展。如聚美优品网站的建立，CEO陈欧在发展初期，正是因为获得了著名天使投资人徐小平的帮助，才使企业获得了成功。创业者利用创业计划建立了企业，而一份成长计划则可以帮助创业者不断拓展业务。成长计划应当是一份企业整体成长的策略，包括：特定的执行计划与执行时所需要的资源；为应付工作量的增加而添加的工作人手；为工作流程制定出的系统或流程；设立管控机制；相应的运营资源，等等。

（2）留意企业成长的因素

还应包括在公司度过生存期之后，创业者往往有松了一口气的感觉，但实

际上这种做法是非常错误的，因为扩展业务就像上战场一样，只有知己知彼，方能百战百胜，企业管理者需要时刻关注业界的整体变化，专注机会，全力投入，找准机会扩大生产，企业不断发展创新。影响企业成长的因素包括：创业者的意图，有些创业者只是希望获得较高的财富，享受企业带来的利润，而另外一些创业者则希望企业能够快速发展，成为行业的领头羊。创业的意图不同，导致企业的发展不同；目标市场性质，目标市场的规模及其购买力对企业的成长程度及速度会起到制约作用；竞争，创业者选择哪些人作为竞争对手将会影响企业的市场界定，新创业的企业如果打算与规模更大、根基稳固的老字号硬碰硬，就是在自找麻烦，最好是创造一个尚未有强势对手存在的客户市场空间，以便在大公司插足此项服务之前站稳脚跟；业界对创新的态度、进入所在产业的障碍及克服所需的代价等。

（3）企业的成长需要创业者对未来的展望

展望前景对于创业者来说就像黏胶一样，通过一个共同的目标将企业当中的每个人都牢牢黏在一起。虽然不做长期打算，企业也可能在一定时期内赚钱。但是想要永续经营，展望是必不可少的，企业必须界定自己的核心价值，并且要求每一位员工都参与其中，这对于新企业来说是容易实现的。

（4）为企业选择正确的成长策略

企业的成长策略包括在既有市场中的成长、在业界内的成长、在业界外的成长、在全球领域内的成长。其中新创业的企业应首先考虑在企业所在的市场范围内争取更多的客户。不断挖掘既有的市场，不断研制新产品或提供服务项目，销售给既有客户。考虑企业的成长，其中心问题就是拓展市场争取新的客户，采用市场兼并或并购等措施。

（5）正视成长策略中遇到的问题

不管成长策略考虑得多么周全，还是可能遇到这样或者那样的问题，并且无法对所有可能出错的事情做出预测。因此创业者必须小心关注一些危险信号，提醒自己。遇到的问题包括：管理问题、与客户沟通不畅、缺乏财务分析等。

2. 确立制度，建立完善的人力资源管理模式

许多企业在快速的成长过程中总会遇到困难，主要原因之一在于没有确立有效的制度及管控，企业的管理需要行事准则及程序规范，只有设置相互制衡

的机制才可能保证公司没有偏离目标。缺乏这些因素公司就可能失控。确立制度及管控的目的就在于管理组织的各项活动，以确保公司在持续成长的过程中能达到预期的业绩。

人力资源的管控包括：建立完善的聘请、留用及解雇员工的制度，同时兼顾员工培训与发展。对信息资源的管控意味着掌握情报，以期维持市场竞争力，例如销售预测、市场分析及生产规划等。

建立能干专业的管理团队。仅仅依靠创业者的实力与专业技能，在一定的时间里公司是能够正常运转的。然而，创业及渡过初期难关的技巧与才能并不足以将公司推进到下一个阶级。当公司面临扩展，由小型企业发展成为中型企业，或者是由中型企业发展成为大型企业时就需要专业的管理技能，然而这些技能却是大多数创业者所不具备的。在企业进入成长期后，只有那些在财务管理、市场营销、企业经营等公司核心功能运作方面拥有丰富经验的专业人才，才能实施有效的管理。也只有他们，才能建立起适当的体系、制度，使公司在更高水平的竞争领域具备能力，能与其他大公司争夺市场。他们还能够为企业主提供正确的策略，以便管控日益增大的需求量。

建立能够随机应变的弹性组织形式。刚起步的企业应当采用一种弹性的企业组织形式，才能快速适应环境生存，并且更有能力做出改变。弹性的组织可以使新企业在市场中更加灵活，由于企业小巧，应变能力强，在与秩序井然的大公司竞争时具有一定的竞争优势，可以快速找到自己的特殊的市场定位，还可以为想要快速适应市场变化的大公司提供服务。在企业的管理上，这种扁平的组织形式可以通过较少的中层环节使领导者的决策更快地被全体员工所熟知，有利于企业的发展。

寻找并聘用一个顾问团体引导公司的成长。当企业进入高速成长期时，会遇到许多专业化的问题和困难，寻找一支专业的顾问团为企业出谋划策，可以使企业少走弯路，快速成长。一个人才济济的顾问团可以为企业带来新鲜空气，帮助企业规划未来的前景，还可以为企业带来一些全新的创意。在组织企业的顾问团队时，最好能有一些专业人士，如会计、银行职员、其他公司的CEO、律师等。建立高效的顾问团是一件费时费力的事情，但是我们不建议让自己的朋友或家庭成员加入顾问团。

在 20 世纪 80 年代，许多大公司开始缩编，这一举动被认为是大公司为了增加利润而不惜牺牲雇员所采取的措施，很久以后，人们才发现，那是因为公司意识到环境已经发生了变化，科技革命（大型电脑缩小为个人电脑，使小企业也能取得这项科技）造成了企业环境的重大变革。事实上，美国麻省理工大学的一位教授发现，企业界人数减少与资讯科技的增长之间有着密切的联系。一般而言，小公司较有弹性，能够较快调整以满足市场环境变化的需求。

积极寻找投资人，带动企业发展。对于创业阶段的企业来说，私人投资者是企业资本来源的好的渠道，私人资本往往本身就是一个企业家，他们理解创业者的辛劳，创业者一定要注意建立自己的人际关系网，以便在自己需要资金时有所准备。

3. 关注市场，积极寻找并保持企业的竞争优势

所谓企业的竞争优势就是将企业与市场上的竞争对手区分开来的特点，这应当是企业的创新之处，而并非是产品或者服务。例如我们之前介绍的著名企业维珍集团，就是靠着独特的经营理念与企业文化而闻名于世。

要找出企业的竞争优势，需要对企业所处的整个产业有一定的了解。每一种产业无论多难经营，仍然有许多机会来创造竞争优势。创业者需要每时每刻仔细审视自己的企业，为了把握即将到来的机会，必须要做好必要的资源及运营规划，企业的管理者应当在这个瞬息万变的时代时时追踪各种变化，以便把握时机，夺得优势。企业的竞争优势需要从以下几个方面考虑。

（1）特许经营能使业务获得有效成长。特许经营就是将成功的企业整体经营方式卖给其他企业主，企业提供的是一项产品或者服务、既有市场、打出名号的商标、会计及财务控制系统、营销计划、大批量采购及统一进行广告宣传等好处。代销者只需自行担负设备、店面的花销，并且付给加盟费用及特许权使用费等。著名的特许经营如麦当劳等企业都是采用此种方式。新成长的企业既可以加盟特许经营来化解企业在产品可信度、经营管理技能、资本需求、经营经验等方面的风险，也可以加强宣传，使自己成为特许经营上游的企业，以

使自己的产品迅速成长。

（2）建立合作伙伴可以加速企业成长。企业必须与其他企业建立合作伙伴关系，取长补短，这样才能加速企业的成长。这类伙伴关系又称作策略联盟。策略联盟有很多好处，创业者可以将部分业务承包给其他公司，将自己的精力、时间、资源集中在企业所擅长的领域。如果能够选择行业的佼佼者作为合作伙伴，企业获得的整体质量的提高远胜于独自生产获得的成就。

# 案例

客户手工艺金属制造公司是美国伊利诺伊州的一间小公司，在20世纪80年代后期，该公司的主要客户是摩托罗拉。当时，摩托罗拉决定减少供应商的数量，而让保留的厂家成为事业伙伴。对于手工艺金属公司来说，它必须考虑与这家电子业大亨分享商业机密，或是要冒着失去这个大客户的风险。结果，它选择了建立伙伴关系，并且意外地发现自己大有收获，不仅从摩托罗拉公司那儿学到了改革创新的方法，而且随之也有能力为客户节省成本。事实上，该公司在10年内，年营业收入从600万美元上升至3000万美元。

（3）制定完善的科技策略，并使其成为企业的竞争优势。当今时代，科技的影响可以从产业的面貌、行径中得到体现，科技的进步打破了长久以来存在于产业界的藩篱，建立起崭新的、更具创新精神的新型企业。成长中的小企业在科技与资讯的获得方面，丝毫也不逊于强大的竞争对手。研究表明，企业的失败最关键的因素之一是管理不善，而科技策略也属于管理方面的问题，例如我们现在的商业交易更讲究即时性，不但在信息的接受与传送上，甚至是在信息的获取上，这种即时性都是以前所不具备的，我们还可以做到全球任何角落都能够进行交易。

（4）制订资金管理计划，积极筹资来帮助企业成长。企业从创业之初就会经历一个长期的资金短缺的状况，此时企业的资金往往会用来维持企业的正常运转，企业的成长计划需要创业者继续筹资来完成。比起创业时期的筹资来，这一阶段的筹资会容易得多。但是创业者需要知道的是企业的成长资金应当如何使用，并且应当投入一定的筹资成本。

（5）充分利用客户资源，制定企业成长的战略。创业者都应当明白，是客户在养活自己的企业，客户才是自己的老板，没有客户就没有生意。一个成功的企业应当在每一个环节中都听取客户的意见，从产品的开发、设计到收费、交易等。企业的管理者不仅要想到令客户满意，还应做得更多，寻求能更好地服务客户的方式。企业的经营者需要注意搜集客户的资料，思考客户的需要。例如著名的餐饮企业海底捞，就是依靠服务于客户，提升满意度获得了成功。

（6）利用网络寻找并留住潜在的客户，也是企业快速成长可利用的条件之一。据统计，全世界的人口 35％ 左右都在使用网络，因此，现代企业，即使是那些传统行业的企业，也应该学会利用网络获得成功。在企业初创的时候，销售量的增加有可能需要付出高昂的广告费用，但是通过网络来投放广告，借以增加知名度，可以使企业降低广告成本，扩大企业的销售。另外企业还可以通过传递邮件的方式，让企业在还没有自己的网页之前获得知名度，在邮件中可以加载一些企业的趣闻或资讯，从而帮助客户更快地了解企业，带来忠实的客户。企业需要不时地提供新东西将老客户留下，目标就是让客户回头寻找企业。

企业面临的问题就是吸引潜在客户的注意，网络上的网站有很多，新创业的企业可以用以下方式来吸引客户：在网络以外宣传推销自己的网站；利用名片、企业的宣传物品等印刷自己的网址，来吸引客户的注意；将企业的网站与其他兼容网站链接在一起，例如开办旅行社的企业可以与度假中心链接在一起，这样客户在登上度假中心网页时，可以直接连上旅行社的网页，定下旅游行程。

4. 建立自己的企业文化，创造企业的核心价值

研究发现，企业文化对企业的获利及发展贡献巨大，研究人员对企业文化定义并不一致：有些人认为，那是创业者核心价值的外在体现，应该是持续不变的，也有人认为企业文化会随着公司组成人员的行为及态度而有所改变。无论你同意哪一个观点，企业文化及是公司特有的经营方式，也是公司全体人员创造出来的独特气氛以及他们的做事方法。

那么如何定义你的企业文化呢？创业者首先需要问自己几个关键性的问题。

（1）你希望员工如何工作？融入团队还是单打独斗？

（2）贵公司应对变化的方式是什么？

（3）贵公司如何面对失败？

（4）如何做出决策？由谁做出最关键的决定？

（5）如何排定工作的优先顺序？

（6）如何在组织内、外分享信息？

（7）在决定方面，公司是以长期还是短期为着眼点？

（8）公司如何确保员工的能力表现？

（9）公司是否鼓励多元化发展？

（10）公司如何对待员工？员工在公司的前景规则中扮演何种角色？

举例而言，一个采用团队合作、崇尚合作、能从失败中吸取教训、授权各层级作出决定并能够自由交换信息的公司，与一个奖励个别行为表现、逃避失败、限制信息流通及决策由上达下的公司是很不相同的。显而易见，前一个公司比较有弹性，能适应快速变化的环境。

企业文化的重要性在于它对公司的表现有重要的影响。如果企业成员有共同的核心价值，则企业文化就更有重心，也较易达成目标。创业者应当了解的是，企业文化的基础在于企业的核心价值，而且影响是遍布全公司的。每一位员工必须真正相信这些价值及文化，才能使其扎根，只有建立起健全的企业文化，企业才可能健康茁壮地成长。

为了保持自己的企业文化，创业者在招募自己的成长团队时，必须找寻一些具有相同核心价值的人，才能与企业融合。招募人才并不是一件容易的事情。大多数新企业在招募时只重视应聘者的技能，其实企业在招聘时应将应聘者的工作态度、主动性、沟通技巧及个性考虑在内。

5. 企业的成长需要不断学习，不断创新以实现快速增长

当今世界各国的联系越来越紧密，事情变迁的速度也越来越快，而且由于科技的应用，资讯也更加容易获得，大多数企业再也不能在一个稳定的环境中生存了，今天，成功的企业必须不断地进行改变。

在这样的环境中，企业必须为自己设定一个学习模式，开发一套不断寻求新资讯并运用于企业经营的系统。彼得·辛基在他的新书《第五规范》中强调，未来的强势企业应该是那些鼓励公司各级从一个人、团队到部门、组织不断学习的类型。

一个学习型的组织首先应当关注信息的更新，更重要的是应该把重心放在

组织与个人的不断更新上。创业者应当要求企业中的每一位成员都为自己设立发展的目标，目标的制定要具体并可执行，无论雇员选择哪种目标，管理层都有责任帮助他们，通过培训、引导、支持等方式帮助他们。前景规划也是企业发展成功的一个重要组成部分。前景规划不是自上而下的指令，而是一股推动组织成员努力达成企业目标的凝聚力。某个科技公司的产品开发小组在公司面临危机时，被迫研制一种新型电脑。在此工程中发现关键软件的设计进度严重滞后，为了挽救公司，这群工程师牺牲了自己的时间及健康，拼命赶工，一夜之间就完成了两三个月的工作量。这种努力合作的态度正是共享前景的证明。

新企业从创立之初就应当将创新视为企业发展的动力。企业的创新中最能推动企业发展的就是创新的模式，如果企业的业务是研发科技产品或是网络服务，那么传统的经营模式就不会带来更多的利润，如果企业的产品是科技，那么其应用周期就会不同于大多数其他产品。

在引进新产品时，特别是那些会在市场中掀起革命的产品，首批购买者就是我们所说的"早期采用者"。这些人不断地寻找新产品，而且希望自己是第一个拥有者，他们往往会参与科技研发者的"贝他测试"，以便在新科技产品上市之前找出问题，这对于新科技产品的生命周期来说是一个关键时期。主流市场还未能对新产品完全认同时，会在旁边静观其变，这被称为"断层期"。如果早期采用者对产品相当满意，并且口碑相传，市场就有可能从旧科技全面转向新科技，也就是新产品扬眉吐气的时刻了。企业一旦度过"断层期"，就可以开始寻找特殊利益市场，这时候必须尽可能找出更多的利益市场，并维持其动力。正是在对科技渴求的推动下，企业才进入超速成长期。这段高速成长的时期被称为"旋风期"。在"旋风期"内事情的发展非常快，如果企业事先未能做好准备，成长可能逆转，不但无法满足客户的要求，更有可能被竞争对手超越。

## ▸▸ 扩展阅读

### 上市与否必须仔细斟酌

在商业社会中，最刺激且最能感受到绝对权力的莫过于股票首次公开上市。当然，在当今的网络市场中，Geocities.com 及 Amazon.com 等网络公司不但吸引了数以百万美元的投资资本，并且市值也高涨至数 10 亿美元，自然大家都一窝蜂地跟风上市。对于那些幸运的企业家来说，这可算是他们所经历的最精彩的探险，但对于其他企业主来说，即使没有遭受灭顶之灾，至少也是犯了巨大的错误。1996 年，加拿大阿尔伯达省卡加力市的一间办公家具装潢公司史密德国际公司公开上市，并在 1 天之内集资了 4200 万美元。但是 4 个月后，由于亚洲金融危机以及国际业务大幅下滑，该公司的股票从每股 20 美元一路下挫至 5 美元。该公司裁减了 350 名员工之后，又引来投资者的极端不满，因此，史密德集资的 4200 万美元顷刻间成了重负。这个例子或许反映了公开上市公司的最大缺点，一旦上市，你首先就要对股东负责，而公司的目标只得退居第二。

由于美国证券交易管理委员会已把小公司上市的手续简化，成本降低，所以很多小公司都争相走上公开上市之路。上市是募集巨额免息资本的渠道，可以资助公司的成长与发展、付清债务或进行产品的开发。公开上市的公司在业界中也较具声誉和影响力，比较容易进行第二次股票发行以募集资金或以股票作抵押借款。而且，上市公司也因可以提供员工股票选择权而较易吸引人才。

不过，企业老板也应该仔细考虑一些负面的问题。经统计，上市公司的成功经营率是需要正视的问题。20 世纪 80 年代，3186 间上市公司中，只有 58% 目前仍然在某些股市挂牌；更值得注意的是，其中只有 1/3 的股票价值高于当初的发行价。

公司上市成本昂贵，通常不少于 30 万美元，这个数字还不包括 7%～10% 的承销商佣金。上市的过程也是费时的；许多大老板都表示自己在上市的准备工作中大概要花上 4～6 个月的时间，而且每周的大部分工作时间都用在上市的相关事务上。

一旦公司上市，公司的一切行动都变成公开消息，公司的年度财务报告也不例外。同时，美国证券交易管理委员会也对财务报告有严格的要求。最后一点是上市公司将承受极大的压力，为了满足投资者就必须在短期之内提供给他们一定的股利，结果或许不得不牺牲公司的长远目标。

公司上市与否是一个重要的决策，影响重大。正在考虑上市策略的企业老板应该向有经验的前辈请教，仔细斟酌利弊得失。如果保持公司文化，达成长期目标对你而言十分重要，或许你应该选择寻求私人投资者的资助。

资料来源：http://wiki.mbalib.com/wiki/.

## 四、新企业的风险控制与化解

新企业在生存与成长过程中，由于外部环境的突变与内部环境的不确定性，因而给企业带来风险，新企业由于自身的规模与经验不足，造成对风险的抵御能力低下，这些都是企业失败的原因之一。

1. 风险的概念与特征

企业风险是指企业的一种变化，是企业决策者对未来的决策及企业外部环境的突变而造成企业的收益预测与实际情况产生偏差的情况。企业中的风险通常具有不确定性与不可预测性，同时创业者也应该明白，企业的风险是不可避免的。新企业由于规模较小资金不足，经营渠道、市场、客户等资源缺乏造成应对风险的能力不足，这是普遍存在于新企业，甚至是中小企业的现象。

在企业管理中，风险管理以作为一门新的管理科学被广泛的研究，保险学者威廉姆斯在《风险管理与保险》一书中指出："企业风险管理是通过对风险的识别、衡量和处理，以最少的成本将风险导致的各种不利后果减少到最低程度的科学管理方法。"

2. 新企业的风险

新企业的风险包括：缺乏流动资金、缺乏日常管理、缺乏支持系统、缺乏消费市场等。

缺乏流动资金。创业者的创业资金流动不充分或将过多的资金投在企业固定资产等方面，致使处于起步阶段的新企业缺乏流动资金，必然会影响企业的生存与发展。

缺乏日常管理。新企业在起步阶段，各项生产经营活动千头万绪、齐头并进，团队成员均忙于各项事务，创业者自身管理能力不强，新企业管理难以摆脱混乱、无序的局面，给新企业生存带来困难。

缺乏支持系统。为了新企业经营活动的顺利起步，创业者需要与政府管理部门、投资商、供应商、股东和消费者等主动接触与沟通，并形成有利于新企业生存的社会网络系统。如果创业者得不到各方面的支持，创业者就会失去竞争优势。

缺乏消费市场。新企业处于起步阶段，生产经营活动的成功与失败取决于市场对其产品或服务的检验结果。若创业者判断不准确，过高地估计企业产品或服务的市场前景，就会造成产品或服务的销售收入与企业市场预期目标相差甚远，进而使新企业收支持续不平衡。

3. 新企业的风险控制与化解

建立科学的决策制度，有效规避风险。由于对风险管理的重视，一些国际大企业都建立有一套比较系统科学的应对风险的管理方法，借鉴这些大企业的风险管理经验，新企业可以根据自身的经营特点、资源、管理理念、战略目标和外部环境，建立适合自己的应对风险的管理方法。例如新创企业发现从事某一项活动会涉及过高的风险时，创业者应当立刻做出决策，减少或放弃这项活动，以便减少甚至完全避免风险。避免风险可以有两种方式：一种是完全拒绝承担风险，另一种是放弃原先承担的风险。然而，这种方法的适用性很有限。首先，避免风险会使企业丧失从风险中可以取得的收益；其次，避免风险的方法有时并不可行。举例来说，如果一家运输企业为了规避铁路运输所带来的延时的风险而选择公路运输，那么企业管理者就有可能遇到诸如车祸等货物被损的风险，因此创业者在作出决策前，需要对两种运输方式作出权衡，再行决策。

分散风险是指企业采取多元化的经营、投资、筹资策略，以及吸引多方供应商、争取多方客户，达到分散企业各种风险的目的，它是一种以不同产品和服务满足不同市场需要，求得市场综合发展的一种策略。人们日常说的"不要将所有的鸡蛋都放在一个篮子里"讲的就是风险分散的原理。

新创企业为了避免自己在承担风险后对其经济活动的妨害和不利，可以事先对风险采用各种不同的转移方式，例如新创企业可以通过保险或非保险形式转移风险。现代保险制度是转移风险的最理想方式，新创企业特别是中小企业应当增强保险意识，即使当新企业在资金缺乏的情况下，也应当在财产、医疗等方面投入保险力度，把可能存在的风险损失转移给保险公司。

新创企业还应当建立完善的组织形式，健全企业的各项制度，以保证企业能够有效应对风险。

建立完善的财务制度，是企业化解风险的有效手段，新企业成长初期创业者需要亲力亲为，编制好财务计划，做好财务预测，制定并实施日常的财务管理制度，有效控制成本，增加收入，要知道资金特别是现金流是企业生存并发展的保证。

建立健全企业的人力资源管理制度。人力资源的有效管理，对人才的有效利用可以保证企业的公平竞争，激发企业的职工的主人翁意识。新创企业由于规模小，人才相对比较缺乏。而且由于发展空间有限，人才特别高素质的管理人才、技术骨干流失严重。因此，对于新企业来说，建立切实有效的激励机制，激活企业的人力资源更有其必要性和紧迫性。通过激励机制充分激发员工的积极性、创造性，挖掘员工的潜能，把员工个人的发展与企业的发展紧紧地联系在一起。

加强信息建设，建立数据分析系统，可以有效防范风险。信息充分是风险管理成功的基石。新企业在数据保管方面存在不足，往往成为风险管理的一大障碍，因此必须建立健全风险信息系统，才能及时识别风险，正确评估风险并反馈结果。企业还可以在信息系统的基础上，建立预警机制，设置预警指标体系及其值域和临界点，迅速捕捉风险前兆，提醒决策者和管理者及时采取防范和化解措施。新企业在开拓市场与潜在客户时，更要及时处理与外部的事项、活动及环境等有关的信息，与外部顾客、供应商、政府主管机关和股东等利益相关者做有效的沟通，确保市场、政策、技术等外部信息及时输入内部，这样可以有效地弥补公司内部控制的缺失。

要设置完善的风险学习机制，不断增强风险控制与化解能力。风险知识的学习和积累是企业获得和保持风险管理能力的一项重要途径，由于时代的快速发展，带动产业的发展，使得企业每天需要应对千变万化的市场、客户等内容，研究表明，没有一个企业可以一成不变的经营，即使是国际大企业也需要不断变换经营模式以适应国际市场的发展。作为新创业的企业，在应对风险方面既有有利的一面也有不利的一面，针对此种情况，创业者更应当不断学习，不断提升管理能力。企业的学习还应包括全体成员的共同学习，企业应当建立一种长效的学习机制，营造一种平等竞争、激发智慧的环境，弥补个人与团队的能力差距，不断地获取知识、更新知识、使用知识、创造知识，从而不断强化现有的风险管理能力，开发和学习新的风险管理能力。从这个意义上看，风险的学习机制决定了中小企业在风险中成长的时间路径和抵御风险的能力大小。

**【应用练习】**

邹凯经营他的维修站已经 20 年了，这 20 年中，每一件事情他都自己亲自去做，抽燃油、修发动机、修轮胎、开拖车、记账、扫地等。

邹凯是一个讲义气爱交朋友的好人，他工作勤奋，诚恳待人，顾客口碑很好，经过多年的经营，他的维修站已经具有了一定的规模，而且生意一直十分红火。现在，他觉得再也不能这样事事亲为了。他决定雇一个帮手。对他来说，下这个决心并不容易。这些年来，他已经习惯于独闯天下了。在他的维修站附近，有好几家小企业，它们都曾经招聘过帮手，但缺少称心如意者。这其中的酸甜苦辣邹凯一清二楚。不过，邹凯想如果他采取正确的方法来招聘员工，未必会发生别的企业那样的事情。他的想法是这样的："我实际上面临的是两个问题，一是寻找合适的工人，二是把经过培训的熟练工人留住。好员工很容易流失。一旦我把招聘来的工人培训好了，别的创业者很可能会把他们挖走。要找到合适的工人，我应该做好下面几件事情：(1)理清楚什么工作是我想让我的帮手去做的，什么工作是我想留给自己去做的；(2)记下新员工必须做的每一项工作，我得把工作中的每一个细节交代清楚，这样我的帮手就能准确地理解我希望他做什么了；(3)搞清楚我想要找的是什么类型的工人，我不想让每个人都觉得他能够胜任这份工作，我的企业对于我来说非常重要，我希望我的帮手不仅熟悉维修站的各项业务，而且知道如何侍候顾客，让顾客高兴而来满意而归；(4)在做完上面这些事情之后我将会起草一份招聘广告，并把我需要帮手的消息发布出去，我不仅要把广告贴遍整个村镇，而且要贴到附近的村镇上去，这样求职者就会有很多，我选择的余地越大，因而越有机会找到我需要的合适人选。"

请你在阅读上面的材料之后思考：

1. 邹凯招聘员工的具体步骤有哪些，请记录下来之后进行讨论。

2. 你同意邹凯关于一个好老板的看法吗？

3. 你是否认为管理员工的能力是创业者必须具有的一项重要能力？

4. 你怎么理解"人事管理"的含义？

# 如何进行时间管理

时间管理可以与好的工作习惯相提并论。把时间利用到最好的程度就意味着在给定的时间里获得了最大量的产生。下面，我们介绍几种教你如何利用好时间的方法。

确定每天必须完成的具体工作任务。你必须理解每一天想要做的事情。到达办公室之前，或者开始工作之前，你要根据各项工作轻重缓急，把一些工作先放一边，直到你把最重要的工作做完为止。不要让外界的各种干扰妨碍你的工作。主要的工作任务需要你投入全部身心去做。在任务没有完成之前，你不要停下来，要排除干扰，要避免分心，你要安排好日常事务，当你不在办公室的时候一切都能够照常运转。如果你总是被办公室的各种事情打扰，不能专心去做你认为最重要的工作，那么，你必须对办公室的日常安排做出调整。

自我激励。创业者被认为是目标明确、干劲十足的人，无论什么工作他们都喜欢去做，大多数人都能做好那些与他们想要做的工作相类似的事情，然而，创业者却能够激励自己，有些事情不是想做，而是必须去做，在那些他们必须去做的事情中，他们能够获得最大的产出。

确定最后期限。当你去完成某一个具体项任务时，如果确定了某一个具体的最后期限，那么，你就能够在这期间做得更多。但是，你必须保证你所设定的最后期限是符合实际的。最后期限一旦设定就不能轻易更改，你必须想尽一切办法在最后期限到来之前完成各项既定任务。

使用电话或者手机。电话或者手机是你和你的生意圈进行沟通的主要工具。有时写信也是必要的，但是，写信只能为你提供一个单向沟通的渠道，而且这样沟通起来也实在太慢了。因此，应该把这种沟通方式限制在最低程度，如果使用电话或者手机，许多问题都能够迅速得到解决，而且，电话交谈也是一种双向沟通，可以达到最好的沟通效果。

做笔记。要随时给自己准备记事用的便笺，把工作中遇到的关键问题记下来。董事会谈话的内容，电话中谈到的事情，和员工或者客户讨论的问题，或者你自己的想法，这些都草草地记下来，并永久地记录加以保存。你不仅可以记下自己的思想或想法，还可以草草记下将来的约会、你要见的人的名字、你要联系的电话号码等。

不要事必躬亲。有句老话是这样说的"如果你想把某件事情干好，就请一个大忙人来"。创业者就是一个大忙人，但是他们的活动是有目的性的，他们只专注于做好重要的事情，由于有目标导向，创业者所从事的活动就能够产生重大的效果。所以，创业者要有选择性的参加活动，要避免一开始就陷入各种复杂的事务当中，要学会对那些浪费时间的活动说不，因为这些活动与你的首要目标毫无关系。

把时间切成几大块。要尽量把重要的事情放在一天当中你感觉效率最高的一段时间（3～4个小时）里去完成。同时，让其他活动避开这一段时间。如果这一段时间把午餐时间也占用了，那就把早餐安排得丰盛一点，把午餐省了。当你处理某个特殊问题或者遇到某个特殊情况时，连续几个小时专心致志地干，不受外界任何干扰，一定会取得很好的成效。尽管为一项活动安排出一整段时间可能有点困难，但是，要解决好某个特殊问题，有时你也不得不如此，因为这是唯一有效的解决办法。

在开始工作之前先提出各种问题。要知道，几乎每一件事都可以做得更好。在你开始去做之前，首先明确一下这样一些问题：是什么？在哪里？什么时候？是谁？为什么？对这些问题的回答将有助于你拿出更加有效的办法来完成你的工作。在从事某项活动的时候，每进一步你都要问一问自己："为什么我必须这么做？"对这个问题的回答将可以帮助你决定活动当中哪些步骤或任务是必要的。

保持行动导向。一旦你决定要解决某个问题，你就必须大致列出你所采用的行动的大致步骤，然后开始行动。事情一经开始，你就要想办法尽可能多做一些。这种行动导向将有助于你避免为某个问题犯愁。而且，如果你把每个问题都看做是今后进一步改进的一个机会，你就会更加留意用创新的或创造性的方式去解决问题。

经常反思自己。反思就是从自己过去、现在的行动中吸取经验教训的行为。许多人对他们的所作所为采取一种无所谓的态度，因而不愿意花时间进行反思。事实上，只要你能够独自一人进行思考，你就会有时间去反思，比如在你睡觉之前、在你的旅途中、在你等待转站的过程中或在你独自一人散步的时候，你都可以把时间利用起来好好地思考一下自己的工作。

给明天订下详细的工作计划。在每天工作结束的时候，你要为第二天的活动安排准备一个时间表。你甚至可以把其中的一项活动先做起来，这样，第二天就有了一个好的开端。一天结束的时候也是检查你这一天里浪费了多少时间或者有效地利用了多少时间的时候。把你浪费的时间记下来，这样，将来你就有可能避免发生同样的错误。